未
ADR | 文学家

U0449085

UNREAD

致年少时的我

100封写给自己的信

Jane Graham
［英］简·格雷厄姆 —— 编著

青立花 —— 译

LETTER
TO MY
YOUNGER
SELF

北京联合出版公司
Beijing United Publishing Co.,Ltd.

致年少时的我：100 封写给自己的信

[英] 简·格雷厄姆 编著
青立花 译

图书在版编目（CIP）数据

致年少时的我：100 封写给自己的信/（英）简·格雷厄姆编著；青立花译. --北京：北京联合出版公司，2022.4
ISBN 978-7-5596-5976-7

Ⅰ.①致… Ⅱ.①简… ②青… Ⅲ.①名人－生平事迹－世界－现代 Ⅳ.① K812.5

中国版本图书馆 CIP 数据核字（2022）第 027267 号

LETTER TO MY YOUNGER SELF

By Jane Graham and *The Big Issue*

Copyright © *The Big Issue* and Jane Graham, 2019
Illustrations © Lyndon Hayes
Originally published in the English language in the UK by Blink Publishing, an imprint of Bonnier Books UK Ltd. through Big Apple Agency, Inc., Labuan, Malaysia
Simplified Chinese edition copyright © 2022 United Sky (Beijing) New Media Co., Ltd.
All rights reserved.

北京市版权局著作权合同登记号 图字:01-2021-7498 号

出 品 人	赵红仕	
选题策划	联合天际·文艺生活工作室	
责任编辑	龚　将	
特约编辑	沈妍君　杨　嵘	
封面设计	木　春	
美术编辑	夏　天	

出　　版	北京联合出版公司	
	北京市西城区德外大街 83 号楼 9 层　100088	
发　　行	未读（天津）文化传媒有限公司	
印　　刷	三河市冀华印务有限公司	
经　　销	新华书店	
字　　数	315 千字	
开　　本	880 毫米 ×1230 毫米　1/32　11.75 印张	
版　　次	2022 年 4 月第 1 版　2022 年 4 月第 1 次印刷	
ISBN	978-7-5596-5976-7	
定　　价	58.00 元	

关注未读好书

未读 CLUB
会员服务平台

本书若有质量问题，请与本公司图书销售中心联系调换
电话: (010) 52435752

未经许可，不得以任何方式
复制或抄袭本书部分或全部内容
版权所有，侵权必究

献给所有销售或购买《大志》杂志的人

目 录

前言 — Foreword　　　　　　　　　　　　　　　　　　i
约翰·伯德勋爵 — Lord John Bird　　　　　　　　　　v

第一章　梦想

对我而言，成为空军的梦想就像黑夜中的灯塔，一直指引着我前行。
　　　　　——蒂姆·皮克

多莉·帕顿 — Dolly Parton　　　　　　　　　　　　3
玫兰妮·切斯霍姆 — Melanie C　　　　　　　　　　 8
理查德·格兰特 — Richard E. Grant　　　　　　　　11
蒂姆·皮克 — Tim Peake　　　　　　　　　　　　　15
迈克尔·温纳 — Michael Winner　　　　　　　　　　18
杰米·奥利弗 — Jamie Oliver　　　　　　　　　　　 21
保罗·吉亚玛提 — Paul Giamatti　　　　　　　　　　24
巴里·麦圭根 — Barry McGuigan　　　　　　　　　　27

第二章　创新

真正重要的是你的与众不同。

——汤姆·琼斯爵士

贾维斯·卡克 — Jarvis Cocker	33
汤姆·琼斯爵士 — Sir Tom Jones	38
约翰·利特高 — John Lithgow	41
迈克尔·佩林爵士 — Sir Michael Palin	45
翠西·艾敏 — Tracey Emin	48
拉尔夫·费因斯爵士 — Sir Ranulph Fiennes	50
马克斯·黑斯廷斯爵士 — Sir Max Hastings	53
丹尼·德维托 — Danny DeVito	56
约翰·莱顿 — John Lydon	59
洛德·斯图尔特爵士 — Sir Rod Stewart	62

第三章　自信

不要被那些不了解你的人的恶意批评所束缚。

——切尔西·克林顿

切尔西·克林顿 — Chelsea Clinton	69
玛丽·简·布莱姬 — Mary J. Blige	72

戴安娜·阿伯特 — Diane Abbott	75
玛维丝·史黛波 — Mavis Staples	77
沙米·查克拉巴蒂男爵夫人 — Baroness Shami Chakrabarti	80
苏·帕金斯 — Sue Perkins	83
罗杰·达尔特雷 — Roger Daltrey	85
詹姆斯·厄尔·琼斯 — James Earl Jones	89
玛丽安娜·菲斯福尔 — Marianne Faithfull	91

第四章　学习

在生活中,你所做的事往往都是兴趣决定的,而不是你通过的考试。

——阿尔曼多·伊安努奇

艾利斯·库柏 — Alice Cooper	95
詹姆斯·布朗特 — James Blunt	98
奥斯华·宝顿 — Ozwald Boateng	100
洛福斯·温莱特 — Rufus Wainwright	103
沃纳·赫尔佐格 — Werner Herzog	107
维果·莫特森 — Viggo Mortensen	110
卢比·瓦克斯 — Ruby Wax	112
阿尔曼多·伊安努奇 — Armando Iannucci	114
哈里·谢尔 — Harry Shearer	117

第五章　家庭

家庭是所有人生存的支柱，而我的家庭是我强大的后盾。
　　——狄昂·华薇克

大卫·格鲁 – Dave Grohl	123
理查德·奥斯曼 – Richard Osman	129
多米尼克·韦斯特 – Dominic West	133
大卫·田纳特 – David Tennant	137
普鲁·利思 – Prue Leith	141
狄昂·华薇克 – Dionne Warwick	145
玛丽·罗宾逊 – Mary Robinson	147
伊恩·麦克尤恩 – Ian McEwan	151
迪伦·莫兰 – Dylan Moran	154

第六章　友谊

你终会遇到志趣相投的伙伴。
　　——梅拉·沙尔

朱丽·沃特斯爵士 – Dame Julie Walters	159
梅拉·沙尔 – Meera Syal	164
威廉姆·亚当斯 – William Adams	167
克里希·海德 – Chrissie Hynde	172
本杰明·泽凡尼 – Benjamin Zephaniah	174

第七章　毅力

> 毅力会让你到达你想去的地方，
> 感恩会让你在前进的道路上保持正确的方向。
> ——亨利·温克勒

迈克尔·弗莱利 – Michael Flatley	179
伊梅尔达·斯汤顿 – Imelda Staunton	182
乔安娜·林莉 – Joanna Lumley	184
格雷厄姆·莱恩汉 – Graham Linehan	187
亨利·温克勒 – Henry Winkler	191
萨尔曼·鲁西迪爵士 – Sir Salman Rushdie	193
伊万·麦格雷戈 – Ewan McGregor	198
罗杰·班尼斯特爵士 – Sir Roger Bannister	201

第八章　勇气

> 别担心失败，要去尝试，不管事情有多糟，
> 只要有良好的心态，都能克服。
> ——戴维·卡梅伦

安德烈·波切利 – Andrea Bocelli	205
比利·简·金 – Billie Jean King	209

德斯蒙德·图图大主教 – Archbishop Desmond Tutu	213
威尔伯·史密斯 – Wilbur Smith	216
戴维·卡梅伦 – David Cameron	219
奥兹·奥斯朋 – Ozzy Osbourne	221
哈里特·哈曼 – Harriet Harman	224
艾迪·伊扎德 – Eddie Izzard	227

第九章 命运

要么因痛苦而沉沦，要么化悲痛为力量。
——保罗·麦卡特尼爵士

乔恩·容森 – Jon Ronson	233
琳达·拉·普兰特 – Lynda La Plante	236
莫·法拉赫爵士 – Sir Mo Farah	239
仙妮亚·唐恩 – Shania Twain	243
杰弗里·阿切尔爵士 – Lord Jeffrey Archer	246
保罗·麦卡特尼爵士 – Sir Paul McCartney	249
菲利普·格拉斯 – Philip Glass	253
奥莉维亚·纽顿-约翰 – Olivia Newton-John	256

第十章 成熟

别再把过于夸大的事放在心上，一切都会好的。
——玛格丽特·阿特伍德

比莉·派佩 – Billie Piper	261
格雷森·佩里 – Grayson Perry	265
戴维娜·迈克考 – Davina McCall	268
贝尔·格里尔斯 – Bear Grylls	272
杰弗里·拉什 – Geoffrey Rush	276
玛格丽特·阿特伍德 – Margaret Atwood	279
罗杰·摩尔爵士 – Sir Roger Moore	282
阿拉斯泰尔·坎贝尔 – Alastair Campbell	285
班尼·安德森 – Benny Andersson	289

第十一章 责任

我认为我们绝对需要派遣人类去永久占领火星。
——巴兹·奥尔德林

斯特拉·雷明顿爵士 – Dame Stella Rimington	295
理查德·哈蒙德 – Richard Hammond	298
马尔科姆·麦克道威尔 – Malcolm McDowell	301

巴兹·奥尔德林 – Buzz Aldrin	305
伊恩·兰金 – Ian Rankin	308
乔治男孩 – Boy George	311
密特·劳弗 – Meat Loaf	315
米克·弗里特伍德 – Mick Fleetwood	318
玛丽·比尔德爵士 – Dame Mary Beard	321
科尔姆·托宾 – Colm Tóibín	323

第十二章　爱情

我想我要娶你，因为我再也不会感到无聊了。

——尼尔·盖曼

E.L.詹姆斯 – E.L.James	329
尼尔·盖曼 – Neil Gaiman	332
林-曼努尔·米兰达 – Lin-Manuel Miranda	336
约翰·克里斯 – John Cleese	341
奥利维娅·科尔曼 – Olivia Colman	344
西蒙·卡洛 – Simon Callow	347
维尔科·约翰逊 – Wilko Johnson	350

Foreword
前 言

早在 2007 年，我就萌发了一个灵感。作为一名记者，我做过很多的采访，一直以来，我都在思考，如何鼓励受访者以开诚布公的方式，谈论他们的生活。我发现，人们在条件最优越和处境最糟糕的时候，从不会对一个人撒谎，那个人就是我们自己。我想知道，那些功成名就的人在对梦想实现之前的情形做回顾时，会有什么样的感受；他们是否认为，年轻时的自己会对自己后来取得的成就感到自豪，又或者有什么事情是他们不希望让曾经充满希望的自己知道的。

14 年前，我第一次向《大志》杂志的《致年轻时的自己》专栏投稿，文章起初在杂志苏格兰版的艺术专栏中单独刊登。我和编辑很快意识到，我们发现了一把打开心扉的钥匙，即使是谨慎保守的大牌人物也很难对它说不。这个专栏的篇幅先是增加了一倍，后来又增加了一倍，占据了《大志》杂志英国版的前两页，至今仍每周在《大志》杂志英国版刊登。

在过去几年里，我采访了 500 多位名人。我开始对人性以及名人对待名声、财富和权力的方式有了深入理解。许多受访者告诉我，我们的谈话唤起了他们埋藏已久的记忆。有些受访者甚至认为，访谈对家庭生活真相和个人价值观的密切关注，让人感觉像是一种心理疗愈。他们在访谈中，有时会情不自禁地潸然泪下。

在青少年成长时期，如何从根本上找到面对未来和衡量过去的方式，是值得关注的问题。一些受访者，如保罗·麦卡特尼爵士和德斯蒙德·图图大主教就曾表示，自己的年轻时代沉浸在无拘无束、放荡不羁中，没有意识到生活中随时都会有令人措手不及的事发生。一些成就斐然的名人，如拉尔夫·费因斯爵士和艾迪·伊扎德爵士则认为，16岁那个自己到现在仍然根植于他们的内心世界里，偶尔会让他们产生沮丧或不足的感觉。

约翰·克里斯、伊梅尔达·斯汤顿和多米尼克·韦斯特对公众的赞誉缺乏兴趣，他们更关心的是家人会如何铭记他们，我对此非常震惊。还有另外的一些人给我留下非常深刻的印象——谁不会爱上风趣、勇敢、浪漫的奥利维娅·科尔曼，或是特立独行、调皮捣蛋的沃纳·赫尔佐格，抑或是心胸宽广、开朗乐观的威廉姆·亚当斯（威廉姆·亚当斯的话还曾让英国央行行长马克·卡尼深受启发，他甚至在2018年的一次主旨演讲中引用了这番话——这无疑是威廉姆·亚当斯、《大志》杂志和一位重要的金融领袖首次共同出现在一个里程碑式的演讲中）呢？

我听到的一些故事让我感到十分惊讶，从米瑞安·玛格莱斯回到母亲身边的可怕经历，到莫·法拉赫爵士与他的孪生兄弟哈桑的感人团聚，12年前，他们在吉布提因为残酷的环境而分离。几乎每一个失去父母的人，都会比自己想象中更加思念他们。而维尔科·约翰逊对婚姻的描述，是我听过的最感人、最有奉献精神的描述。

这本书2019年在英国第一次出版，之后，我又进行了许多有趣的采访，我把其中一些采访添加到了新版中。所以，你现在也可以读到十几岁的贾维斯·卡克精心策划的成名计划（包括粗呢大衣、C&A长裤和"愚蠢的袜子"）；了解多莉·帕顿一直想对猫王说什么；想象一下，我的偶像林-曼努尔·米兰达在伦敦一家繁忙的餐厅里跳起来，为我表演《亚历山大·汉密尔顿》（我很确定这真的发生了，尽管现在感觉像是一场梦）。

　　我经常与我的朋友阿德里安·洛布进行讨论，他是记者，也采访过一些名人。我们一致认为，能和专栏中这些杰出的人物做访谈是一件十分荣幸的事。他们中有国家领导人、奥运会金牌获得者、世界最高山峰攀登者，还有成功登月的宇航员。访谈进行到最后，几乎所有人都同意，用 F. 司各特·菲茨杰拉德的话来说，爱是"一切的开始和结束"。这就是这本书最后要用一些睿智而辛酸的话来做结束语的原因。我希望这些话能给你留下和我一样深刻的印象。

简·格雷厄姆

《大志》杂志 图书编辑

2021 年 6 月

Lord John Bird

约翰·伯德勋爵

《大志》杂志联合创办人

我想给年轻时的自己提的建议，是"不要被抓住"。那时我16岁，待在一所社会福利院里——我讨厌所有的社会福利院，讨厌那些强迫我和男孩子们待在一起的人。我讨厌男孩，讨厌他们的生活方式、他们的气味、他们的心机。我非常喜爱女孩子，我为此而伤心，不是因为我做错了事，而是因为我把自己放在了女孩的角度。

我不喜欢男孩，因为他们恃强凌弱又胆小怕事。他们会拉帮结伙，或是欺负小男孩。他们之间从来就没有平等。我有时会挨打，因为我会反抗他们的欺凌。但我通过让自己变得更强壮，或是和年纪更大的男孩交朋友，最终找回自信。我和另一个同样反抗欺凌的男孩一起，策划了一系列惊心动魄的报复性袭击。

16岁时，我因诈骗钱财，被送到感化院待了几年。我还曾在16岁生日前离家出走，和另一个男孩偷了一辆奥斯汀-希利雪碧的小跑车，然后以每小时87英里[①]的速度在道路上行驶，结果把汽车撞坏了。警察指控我们一直以每小时102英里的速度行驶，我无法反驳。直到后来，我遇到一个汽车爱好者，他说以每小时87英里的速度行驶，方向盘就会失去

[①] 1英里≈1.61千米。

控制左右摇晃。他还说我们应该向警察寻求赔偿，因为他们夸大了事实。

随后我被送到阿什福德少年监狱。几个月后，就在这里，我的命运发生了改变。典狱长在了解到我的阅读能力不足后，送了一本书给我。他让我用铅笔在所有我不懂的单词下面画线；他惊讶于我所认识的单词，同时，也对我竟然不认识那些赋予句子含义的简单的单词表示不解。

回感化院之前的几周内，我的阅读能力突飞猛进，而这一切都得益于我有勇气承认，我无法理解所阅读的内容。我曾幸运地被带到沃顿男爵夫人面前，从我10岁起，她就一直在判我的刑，罪名包括入店行窃、入室行窃、逃学和偷自行车。回到感化院后，我就一直认真阅读，而不是假装看书。但16岁的时候，我预计至少还会有几年关禁闭的生活，还要和一群生活方式狭隘的男孩黏在一起。我该怎么办？

我决定成为一名画家，而不是什么油漆工和装修工——我会坚持画画，让自己远离那些只知道谈论女人的肉体、跑车、足球，还一身大男子主义的家伙，我要保护弱者，悍卫他们的权利，向这个险恶的霸凌社会宣战。不用说，我在这个过程中挨打的次数更多，但成为身披闪亮盔甲的骑士，仍然是一件值得我为之奋斗的事。作为一名虔诚的天主教徒，我深受影响——耶稣在我的生活中无处不在。我想成为一名画家牧师，就像皮耶罗·德拉·弗朗切斯卡那样，他是有史以来最伟大的画家之一。

我对年轻的约翰提出的建议不仅是不要被抓住，更重要的是一开始就不要做错事，这样他就不用担心漫长的法律惩罚所造成的影响，也不用害怕在那恐怖、臭气熏天的男童福利院里看男孩子们吹牛胡闹了。

我还想告诉年轻时的自己，不要被对同伴的仇恨所吞噬。不要一直沉浸在做错事后的悔恨中。试着为此而停止跟人打架。要坚持不懈地画画——只有通过不断地努力，你才能成为自己想象中的天才。

我要讲给年轻时的自己听的另外一件事是，有母亲陪在身边的日子不会太长。我的母亲去世时，我刚20岁出头，这可能是我一生中最大的逆转。即使到现在，当人们向我抱怨他们的父母如何令他们不堪重负时，我都非常反感。我经常说，我很希望我的父母还能在我身边告诉我，我在生活中犯了多大的错误，又或是对我进行一些我曾经认为大错特错的训诫。

我对男人的不屑在我自己有了儿子后消减了。我很想对年轻时的自己说，每个人都是立体的，都需要去深入挖掘和认知，男孩也是这样。我也会告诉年轻时的自己，虽然约翰·伯德曾犯了很多错误，但是他身边的女人们使他变得更加强大：我的三个妻子都很贤惠，岳母们对我也很公平。还有发起了环保化妆品革命的安妮塔·罗迪克，她帮助她的丈夫戈登和我成功创办了《大志》杂志。

总之，我会告诉年轻时的自己："你将和许多人一起走下去，因为没有人是真正的孤岛。"同时，我很想对自己说："别再想着成为别人的向导和地图册了。"直到现在，我才意识到，人们必须真正接受自己拥有的技能和才智，而不是一直等待有特蕾莎修女这样的人来带领他们走出沼泽。

第一章

梦 想

对我而言,成为空军的梦想就像黑夜中的灯塔,
一直指引着我前行。

—— 蒂姆·皮克

Dolly Parton

多莉·帕顿

歌手兼流行歌曲作曲家、演员、慈善家

受访时间：2020 年 10 月 19 日

事实上，16 岁的我是个非常优秀的女孩。那时我在上高中，但在此之前的几年里，我已经非常认真地开始学习音乐了。我和我的叔叔比尔·欧文斯从 200 英里外的东田纳西州往返于纳什维尔。我们开着一辆旧车，去纳什维尔的不同音乐工作室学习，累了就睡在车上。我们会在纳什维尔待上几天，尽力把一些事情做好。我没有空闲时间到处乱跑、和男孩子们鬼混。我的父亲对我很严格，所以我十几岁时的大部分时间都在学音乐，如果有机会，我才会和朋友们出去玩。

我第一次见到约翰尼①时大概 13 岁，那时他性感而有魅力。他是我第一个暗恋的成年男性，我确实对他很着迷。那时我才意识到荷尔蒙有什么作用，体会到真正的性感意味着什么。他在某种程度上撩动了我的心，所以我猜想那就是我开始意识到自己正要变成一个成熟小女人的时候。多年以来，这一直是我们之间的笑点。我告诉他："你知道吗，你是我第一个暗恋对象，是我第一个迷恋的成年性感男人。"他总是从中得到乐趣。

我知道我必须一直坚持我的初心。我爱我的家人——我永远不会给

---

① 指约翰尼·卡什。

他们丢脸，我为我的家人感到骄傲。但我的直觉告诉我，我应该取得更大的成就。我从骨子里早就感觉到了，它就像一种召唤。我想越过烟雾缭绕的群山，尽管对于一个弱小的女孩来说有点与众不同，但我的家人仍然支持我的想法。

我很像我的父母，对此我非常自豪。我从自己身上清楚地看到了这一点。我在精神和音乐方面的修养受到我母亲那边家人的影响。他们大多数人会演奏乐器，擅长唱歌，我们经常一起去教堂做礼拜。我们会在葬礼、婚礼和各种舞会上演奏音乐。我父亲这边的亲戚主要是辛勤劳作的人，我继承了他的职业道德和坚持不懈的精神。我知道我既继承了父亲的优点，也继承了母亲的优点，我认为这是一个完美的组合。这就是我能在音乐上长期坚持的原因。通常，富有创造力的音乐家往往都有点懒惰，他们彻夜不眠地创作歌曲，白天则昏昏入睡。但我和父亲一样，每天早睡早起，工作努力。我很庆幸我不是一个懒散的人，且毫无惰性。我认为这是我成功的一个重要原因——我比大多数人起床都要早。

我的父母为我感到自豪。我的母亲以前对我比较宽容，她还曾经替我打掩护。我的父亲不希望我出去旅行——他把旅行称为"到处闲逛"——他不喜欢我去纳什维尔，他和母亲以前提过此事。所以我会在他下班回家之前离开，而母亲不得不在那件事上为我辩护。她会说："她会没事的，不管你喜不喜欢，她都是要去的。"母亲理解我，因为她也是个梦想家。但是父亲很严格——我认为有时他太苛刻了。这并不是说他不相信我，他只是不相信这个世界。但当我搬到纳什维尔后，他看我对此非常认真，相信这是一份真正的工作，是一个我可能真正实现的梦想。后来，他成了我最忠实的粉丝和支持者。

我一直相信我的理想终将实现，我从未受到他人说教的影响。我要成为一个明星，要去纳什维尔，无论如何我都要演唱我的歌。我从来都不是一个无缘无故的叛逆者，不是一个叛逆的孩子，我有自己做事的分寸和风格。我并不想让我的父母伤心难过，但我愿意接受任何可能因违背某人的规则而受到的惩罚。我的信念很坚定。有一句老话是"做真实的自己",这句话一直伴随着我的一生。我知道我是谁、我不会变成什么人、我能做什么、不能做什么,我不会让自己卷入超出认知范围的事情。但是,如果我有能做且想做的事情,任何困难都阻止不了我!我是一个容易相处的人,但是假如你的做事方式与我背道而驰,我不会向你屈服。我有自己做事的标准和原则。假如你们要把我逼到背离灵魂的绝境,我会向你们求救,但我绝不会妥协。我觉得我不需要屈服于任何人,除了我自己和上帝。这是我的做人原则。

的确,我不会向汤姆上校①妥协。埃尔维斯想录制《我将永远爱你》这首歌。他们安排了我们见面,告诉我他们正在录制这首歌。他们邀请我到录音棚去见猫王埃尔维斯,他演唱我的这首歌时,我也在现场。那是我所经历过的最激动人心的事情。谁不喜欢猫王呢?但在会议开始前的那天下午,汤姆上校打电话给我说:"你知道猫王埃尔维斯录制的任何一首歌,我们至少要分一半的发行量吗?"我说:"不,我不知道。"他说:"好吧,这是一条规则。"于是,我回答道:"嗯,但这不是我的规则。我比你想象的更讨厌这条规则,我不能把一半的发行量给你。我不能这么做,也不会这么做。"

《我将永远爱你》这首歌已经成为我的冠军作品,它是我的作品目录中最重要的歌曲。我哭了整整一夜,因为我太失望了。不是对猫王,我很爱他。我相信他和我一样失望,因为他已经一切准备就绪。

我知道他喜欢这首歌。普瑞希拉后来告诉我,他们离婚那天,走下法院的台阶时,猫王为她唱了这首歌。这真的感动了我,我想:"好吧,我也只能想象,但这不是他的错。"后来我发现,猫王录制的任何一首新歌,汤姆上校都会提出更高的要求:类似的情况下,百分之百的发行权都归他们所有。的确,汤姆是个严格的经纪人,也是个好经纪人,我不怪

---

① 猫王埃尔维斯·普雷斯利的经纪人汤姆·帕克的绰号。

他提出的要求，但我也不会因拒绝他而自责。

你在创作歌曲时，无法确定哪首歌会成为热门歌曲。作为一个流行歌曲作者，你知道有些歌曲会比其他歌曲好，我知道《我将永远爱你》这首歌可能是我创作的最好的歌曲之一，因为歌词来自我的心灵深处。但你永远不知道哪首歌会成功，否则每个人都会一夜暴富。我知道这是一首好歌，但我不知道它是否会达到预期的效果。惠特妮·休斯顿录制了这首歌曲，并成为她主演的热门电影《保镖》的主题曲。我要永远感激凯文·科斯特纳，当然，我也要永远感激并永远爱戴惠特妮·休斯顿。

1972年，《乔琳娜》和《我将永远爱你》这两首歌曲同时录入同一音乐专辑①中。事实上，它们来自同一盒磁带，所以我有可能在同一天创作了这两首歌。《乔琳娜》是一首关于……的歌②。你知道，我是一个骄傲而坚强的人。但我在创作这首歌时，内心却很脆弱。我把自己的情感藏在一个隐秘的角落。我总是说，我要敞开心扉才能接受这样的歌曲。我必须感受一切才能成为一个真正的流行歌曲作者。的确，我的很多歌曲都有点忧郁。有些是伤感的歌，有些是心生同情的歌。我的意思是指这些歌曲唤起了人们的共鸣，正如歌曲《小麻雀》或《珍妮怕黑》里表现出的忧伤。我发挥了很大的想象力，我变成了我想象中的那个人。就像电影里的明星，我就是歌曲里的主角。所以我创作歌曲时，我是乔琳娜。

《乔琳娜》这首歌录制的次数比我写过的任何歌曲都要多。这首歌在世界范围内由不同乐队用不同语言翻唱录制了400多次。白色条纹乐队演唱得非常精彩，其他许多人也唱得不错，但这些人中还没有谁发表过一张大获成功的唱片。我一直希望将来有一天有人能做到，比如碧昂斯。

我想对年轻时的自己说："所有的梦想都将成真。过程并不只是玩

---

① 《乔琳娜》。
② 译注：这首歌讲述了一个绝望的女人卑微地请求另一位貌美迷人的女人Jolene不要抢她男人的故事。

乐,你要为此付出代价,且做出牺牲,但这一切是值得的。"我必须告诉她"我将永远爱你"。对我来说,这是一首真正的经典情歌。我因此获得过两次全美乡村单曲排行榜冠军,一次是在1972年,然后,我在电影《春色满德州》中唱了这首歌曲,又获得一次冠军。我成为有史以来第一位凭借同一首歌两次登顶该榜的歌手。之后,惠特妮将它推上巅峰,这首歌被认为是史上最优美的情歌之一。直到今天,我仍然对此非常自豪。所以,我会告诉年轻时的自己:"总有一天你会为过去的自己感到骄傲,所以整理好行装,准备出发吧。"

假如我有机会能和任何人进行最后一次谈话,我想可能会是和猫王埃尔维斯。我可能会谈到《我将永远爱你》这首歌,我会对他说:"嘿,我敢打赌当时你和我一样失望,但我仍然梦想着你唱那首歌。"事实上,我甚至创作了一首名叫《我昨晚梦见了猫王》的歌曲,我邀请了一位声线很像猫王的人和我一起演唱,我们还一起唱了《我将永远爱你》。总有一天,我会把这首歌播放出去。所以,我想我应该和猫王埃尔维斯交流,事先跟他说清楚这件事。

倘若我能重温人生中的某个时刻,我想那一定是我成为乡村大剧院[①]正式成员的时候,那是在20世纪60年代末。我知道这个消息时,欢欣雀跃——因为我太高兴了。我一直想加入乡村大剧院。假如你是一个乡村歌手,你就会用家里的收音机收听乡村大剧院,听那些乡村歌手的歌,乡村大剧院是你梦寐以求的地方。我清楚地记得那天晚上的情形。一想到我的歌迷听着我的歌曲回家,我就备感自豪。那段经历记忆犹新,因为那是我第一次非常重要的时刻。但从那以后,我度过了很多特别的夜晚。

---

① 纳什维尔每周举办的乡村音乐舞台音乐会。

Melanie C

玫兰妮·切斯霍姆

音乐家

受访时间：2011 年 9 月 19 日

16 岁时，我正准备辍学，然后开启我从北到南追寻梦想的旅程。我打算去伦敦的表演艺术学校学习——当我想到假如我的女儿 16 岁时也这样做，我一定会吓个半死。但是，尽管十分害怕离开家人和朋友，我还是很激动地开启了人生的新篇章。

我想年轻时的自己一定很叛逆。青少年时期的确就是这样，不是吗？我做过自我反省。直到现在我仍然和那时的玩伴是亲密的朋友，这些年来我们一起度过了许多美好的时光——一起探索新事物，一起第一次喝醉，一起谈论男孩。我们有着一个共同的爱好——热爱艺术。我们一起参加戏剧和舞蹈表演。我在学校谈过几次恋爱，还有一个交往了很长时间的男友，也有很多分手和心碎的经历，值得庆幸的是，我很早就从中吸取了教训。

回首过去，我觉得，我一定是个很烦人的人，我太有野心了。我真的很想成为一名流行歌手，我还把这件事告诉了所有人。我打算去伦敦追寻我的梦想。我想，在我成长的环境中没有几个人会这样做。我的大多数朋友都继续完成了高中学业，然后上了大学。成为流行歌手这个梦想，一直是我的动力。我喜欢安妮·蓝妮克丝——她是一位伟大的歌手——但却是麦当娜使我坚定了成为流行歌手的想法。她是我所知道的第一个做大型舞蹈演出的流行歌手。我看着她时就在想:"这就是我想要做的事情。"1984年她发行了第一张专辑,那时我才10岁,她和她的歌贯穿了我的整个青少年时期。

我想我可能有双重性格。在学校,我可以很安静——我有害羞的一面,这在课堂上会表现出来,和男孩在一起时也是如此。但参加戏剧表演或在当地的舞蹈学校上学时,我性格外向的一面就显露了出来,我感到非常快乐。只是在遇到名人的时候,我仍然会很紧张,甚至会脸红。我还记得在辣妹合唱团时遇到史蒂夫·汪达,他是我们遇到的最杰出的人物了。我的母亲是史蒂夫的超级粉丝。我们和他在意大利一起参加演出,我和艾玛找他合影,我们俩当时张着嘴,激动得说不出话来。

我很喜欢年轻时的自己。每个人年轻时都是天真无邪的——毫无疑问,我做过一些奇妙的事,遇到过一些有趣的人。我愿意努力工作,且内心毫无疑惑。当辣妹合唱团成员聚集到一起时,虽然我们个性迥异,但我们都坚信着一定会成功——尽管有时想到我们的现实情况时会有点畏缩,我仍然觉得这种自信非常迷人。

也许这是实现梦想所需要的一种品质,坚信梦想终会实现。你必须牢牢抓紧这份信念,否则它会很快消失。19岁时,我参加试镜。22岁时,我发行第一首单曲。时至今日,我仍然坚持着那份信念。所有梦想都实现了——我们发行的第一首单曲和第一张专辑都获得了冠军。后来我们在音乐上持续成功,成绩斐然。直到我和合唱团的伙伴分道扬镳,我们人生的下一阶段才真正开始。我意识到,事实上,没有人能永远得第一。

我现在有点懊悔,因为我总是身在福中不知福。单飞之后,我必须更加现实地看待世界——因为曾参与过成绩非凡的音乐组合,接受现实变得很难。所有的舆论意味着别人的看法围绕着我,影响了我的生活。我应对这些言论的方式就是控制饮食和加强锻炼,但这却使我的身体再也无法承受。我最终失去了控制,感觉自己就要崩溃了,花了很长时间才恢复过来。

　　我一直都希望自己能成为一个母亲。我曾单身了很长一段时间，而这从未困扰过我——我相信未来这一切都会实现。大约 4 年前，我感觉自己年龄大了，可能会影响生育。于是我和男朋友谈起这件事，突然之间我转变了说法，从"我希望有一天我能有孩子"到"我现在就想要一个孩子。"尽管分娩很痛苦——感觉像世界末日，但我生下我女儿的那一天，却是我人生中最美好的一天。

Richard E. Grant

理查德·格兰特

演员、导演、编剧

受访时间：2019年1月21日

16岁时，我突然长高，因为腿部剧痛，我不得不暂时离开学校。当时，我瘦得像根烟斗通条，头发很长，还有青春痘。人们告诉我，18岁时这些青春痘就会消失。

表演是我毕生的热爱。我曾经用鞋盒做过一个手工剧院，用棒棒糖的糖棒贴上风景画和人物剪纸。后来，我学会了布袋戏和提线木偶戏。每年生日或是圣诞节，父母都会送给我佩勒姆木偶①作为礼物。事实证明，这些礼物都派上了用场，因为我会在假期里和生日聚会上为孩子们做表演，还在车库里建起一个很大的木偶剧院。

我一直想当一名演员，但我不知道该如何去做。因为我擅长艺术和模型制作，父亲曾建议我当一名建筑师。但是，每次都不及格的数学成绩迫使我打消了这个念头。之后，因为我能言善辩，父亲又建议我当一名律师，他说在法庭辩护时往往需要一点演技。

我曾和津齐·曼德拉、泽妮·曼德拉②一起参加过学校的戏剧演出。我们谁也不认为她们的父亲此生能够走出罗本岛，更别说在20年后成为

---

① 英国的木偶制作者鲍勃·佩勒姆做的木偶。
② 泽妮和津齐是姐妹，是纳尔逊·曼德拉的女儿。

总统了。非洲南部的沃特福德·卡姆拉巴联合学院[①]容纳了来自27个民族的学生，学院倡导宽容、多信仰、多种族开放和包容的精神。这种理念的形成，很大程度上是受到邻国南非的种族隔离不公正的影响。基于肤色产生的偏见和无知都是荒谬可憎的。

我的父母在激烈争吵后离婚了，父亲从此变成了一个酗酒成性的人。有一次，我把他的一箱苏格兰威士忌倒进了水槽，他就像突然变了个人似的，拿起手枪试图朝我开枪。庆幸的是，当他扣动扳机时，醉醺醺地踉跄了一下，子弹打偏了。当时的社会，只有对酗酒行为的谴责却没有任何治疗或是戒酒中心。所以，我们只能保守秘密。因此，圣诞节对我们来说简直是噩梦，总是在提心吊胆中度过。长大以后，为了弥补这段过去，我会尽最大的努力来过好圣诞节。

1969年，尼尔·阿姆斯特朗成功登月。我那时12岁，这件事在我心里留下了不可磨灭的印象。这次壮举从某种意义上证明了，那些看似不可能的事情可以以某种方式实现。能够到外太空探索一直是人类的追求——即使实现的可能性看起来越来越小，但拥有梦想意味着一切皆有可能。

我因为想成为一名演员而被人取笑，又因为"玩娃娃"而被人指责。这些经历无意中让我习惯了被嘲笑和被拒绝，也都成为我后来演员生涯中不可缺少的部分。一旦我习惯了别人对我说"你永远做不到"，就更加坚定了我的决心，我要证明那些反对者的说法是错的。我也不知道这份决心和信心来自哪里，但我确信想要证明自己是一种很强大的力量。我会对年轻时的自己说："永远不要放弃！永远不要模仿别人却迷失自我！"我很庆幸我实现了年少时的梦想，尽管我仍然对数学一窍不通。

伦敦是戏剧界的中心，因此，我一直计划着能在这里定居，努力成为一名演员。当我还是孩子的时候，我的父母总是经常带我到伦敦。只

---

① 位于斯威士兰，理查德·格兰特长大的地方。

要时间允许，我们会去看很多电影、戏剧和音乐剧，这些都深深地烙印在了我的脑海里。1982 年，我移居英国，受我在斯威士兰那段日子的影响，导演们觉得我说话像 20 世纪 50 年代的人。我只能认为这仅仅影响了我参演历史片。

唐纳德·萨瑟兰和芭芭拉·史翠珊是我很崇拜的偶像。萨瑟兰身材瘦高，长脸，为人风趣，不太符合罗伯特·雷德福那种电影明星的形象。戏剧学校对我的最后评价是：表演太过刻板，不适合当演员，更适合当导演。那时，我在罗伯特·奥特曼的电影《陆军野战医院》中看过萨瑟兰的表演，后来，我与他相识，并合作了三部电影——《大玩家》《云裳风暴》和《高斯福庄园》，我感觉梦想成真了。史翠珊同样因她不符合大众审美的外表受到外界的嘲讽，但她惊人的才华和决心很鼓舞人心。1991 年，我终于在洛杉矶见到了她，我很高兴，因为她问我的问题居然比我问她的问题还要多！

曾经，我一度认为自己的整个职业生涯都会在剧院中度过，从未想过有机会投身电影事业。这一切的改变发生在 1985 年，我和加里·奥德曼、亚德里安·埃德蒙松一起为英国广播公司拍摄了一部名为《诚实、正派和真实》的即兴表演电影。1986 年，这部电影上映的第二天，我认识了一位新的经纪人：迈克尔·怀特霍尔。他将我介绍给了众多选角导演——其中玛丽·塞尔韦给了我参与《我与长指甲》的试镜机会，这彻底地改变了我的职业生涯。

后来，我所获得的每一份工作都几乎毫不例外地与我出演过《我与长指甲》有关。我非常感激编剧兼导演布鲁斯·罗宾逊，他愿意给我这个电影新人机会，也感谢他与我长达数十年的友谊。我其实对酒精过敏，所以，我因饰演剧中那个吸毒成瘾的酒鬼角色而成名，是件挺讽刺的事情。

41 年前，我第一次看电影《星球大战》，那时候我还是戏剧学院的学生。而后来，我竟然有机会出演这部电影的大结局，真是令人不可思议！如果年轻时的我看到我会与从小崇拜的演员和电影明星一同拍戏，一定会异常惊讶。他们只在我那时订阅的电影月刊上出现过，我无比崇拜他们。而如今的我仍和从前一样，非常迷恋他们。

我从未想过我会去冒坠入爱河并结婚生子的风险，毕竟，父母的离婚对我是残酷而痛苦的经历。但正如约翰·列侬调侃的那样："生活就是当你忙于制订其他计划时发生在你身上的事。"我已故的父亲曾给过我一些非常宝贵的建议，比如"如果你有5个真心的朋友，你就是一个富有的人"，我非常赞同这个说法。他还说过"良好的举止不费分文，却可造就一个人"，这个忠告也让我受用不尽。

回顾我的电影生涯，我觉得由我自编自导的电影《哇哇岁月》真的被低估了。这部电影有一群优秀的演员，从编写剧本到上映足足花了5年时间，但遗憾的是，它与《达·芬奇密码》在同一个周末上映，被《达·芬奇密码》成功的浪潮"淹没"了。

如果我能和某一个人做最后一次交谈，我想应该是我的导师邦尼·巴恩斯，她已经去世11年了。她是我的钢琴和英语老师，也是我一生的挚友。她相信我，并鼓励我去追逐我的演员梦。几十年来，我们写给彼此的信件依然是智慧、趣闻与欢乐的源泉。她对古典音乐的热爱激励、启发和教育着我。

从10岁起，我就坚持写日记，想要更好地了解这个世界。每当我感到惊慌失措或力不从心时，它都会帮助我从阴霾中走出来——它总能安慰我："不管现在遇到什么困难，你都能找到方法渡过难关。"这些日记还证明了，我遇到了我一直以来敬佩的人，去过许多不同寻常的地方。

Tim Peake

蒂姆·皮克

宇航员

受访时间：2017 年 10 月 16 日

16 岁时，我住在西萨塞克斯郡的一个小村庄，满脑子憧憬的都是军校学员的生活，我喜欢军校。军校里分陆军部和空军部，我喜欢待在陆军部，喜欢周末的各种户外冒险活动：野营、爬山和攀岩。我还对飞行有着极大的热情，所以，我总是把握住一切机会偷偷溜进空军部，跳进一架滑翔机或小型双座教练机里感受一番。我的课余时间大半是这样度过的。

在学校的不同阶段，我都经历着青少年常有的焦虑。我担心自己的学业——我不是一个特别有天赋的学生，也不是班上的尖子生，所以上学对我来说总是很煎熬。18 岁时，我迎来了人生的转折点。当时，我正准备上大学，却收到了桑赫斯特皇家军事学院给我寄来的录取通知书。我考虑了很多，最终还是决定直接去桑赫斯特皇家军事学院，开始学习飞行。我无法抑制我的兴奋。现在想起来，如果我没有那么早就开始我的飞行生涯，我可能不会有作为试飞员的操作经验，而这正是我成为宇航员的关键。

我在女孩子面前十分害羞，现在可能依旧如此。约女孩子出去这种事情真的很可怕——比上太空还要可怕。我确实有过一个奇怪的女朋友，但那不是一段让人舒适的经历，以致我花了几个月的时间，才终于鼓起勇气再约其他女孩出去。后来有一件让我心碎的事——我小时候的一个女性朋友患了白血病，21岁就去世了。对我来说，她不仅仅是女性朋友那么简单——她是我的邻居，也是我一生的挚友。在那个年纪失去一位如此亲密的朋友，让我不得不面对这残酷的事实以及痛苦——这是一件非常艰难的事。

令人惊奇的是，我们家其实没有任何军事背景。我父亲是一名记者，母亲是一名助产士。我的爷爷和外公虽然应征参加过第二次世界大战，但他们并不是职业军人。所以，我也不知道自己最初对军队和飞行的兴趣来自哪里。我父亲过去常带我去看航空展——这是我能想到的唯一原因。我看着展场里精彩的表演，对航空工程技术赞叹不已。我喜欢制作和测试飞机模型；有时买到一套模型，我发现自己可以设计和制作出更好的模型，所以我会花大量的时间去做相关实验。

我对我的第一次飞行记忆犹新，当时大概13岁，我驾驶的是一架"花栗鼠"飞机。我仍然记得那种在草地上颠簸、加速，直至起飞到平稳状态的感觉。当我掌控着整架飞机，而它听从我的命令，这感觉让我振奋不已。

一直以来，我都十分清楚自己这辈子想做什么。看到朋友们还在纠结自己应该学什么或想做什么时，我觉得自己很幸运。对我而言，成为空军的梦想就像黑夜中的灯塔，一直指引着我前行。

在我加入太空总署之后，生活开始变得更加复杂，因为那时我与妻子有了第一个孩子。对我来说，成为父亲比进入太空更能改变我的人生——它完全改变了我的观点与看法。如果我再年轻些且没有孩子，留驻国际空间站应该不成问题。但我的确放弃了梦想中的飞行员工作，去到了一个完全不能保证能否当选去执行任务的地方。这是一种冒险，但我成功了。

在空间站驻守的6个月里，最难熬的是那种彻头彻尾的无助感。如果我的家人在地球上发生了什么事，我根本无法陪伴左右。虽然这并不代表我与他们断了联系——只要我愿意，每天都可以打电话给他们，每周还有1次视频通话。如果我在陆军军队服役，同样会被派往海外，一去就是杳无音信的6个月。但是，对我来说最痛苦的是，当我的家人真正需要我时，我没法守护在他们身边。

对我而言，空间站绝不是一个孤独的地方。这里非常繁忙、充满生机，总是让你有满满的动力和活力，所以时间过得很快。的确，你会觉得与世隔绝，但那不等于孤独。你很清楚你真的已经摆脱了这一切，虽然你离开了这个星球，但这也带来了一种安宁感。音乐的力量十分强大，它可以唤起人内心深处强烈的情感，所以我会谨慎留意，不去听任何过于情绪化的音乐。过去，我常在健身时听那些非常轻快活泼的摇滚乐。

对年轻的蒂姆而言，出名这件事着实会令他震惊。我们在军队里已经习惯了戒备森严的状态，所以当我成为一个大使，和各种各样的人打交道，做很多公开演讲，这种角色的反转会使人感觉非常奇怪。我起初对此很紧张，现在却很享受。我喜欢讲述与太空任务相关的故事——这是很棒的经历，我喜欢与人分享这些经历。

如果告诉16岁的蒂姆他最终会飞上太空，他一定会感到惊讶并欣喜若狂。我热爱天文学，也喜欢仰望星空。我总是充满好奇，想要探索宇宙的奥秘，溯源生命与光的足迹。但我不想让他提前知道——我不想吓到他，我想这可能会改变他的人生观。我不是一个喜欢过度憧憬未来旅程的人，我更愿意享受生活旅程的每一步。

我想重新来过的时光应该是21岁。那时，我经历了成为一名飞行员的艰苦选拔过程——所有的医学测试、面试和飞行训练。对于一个年轻人来说，那是一个极其艰辛的过程。接着，我还必须等空军的消息，看他们最终是否会录取我。当时，我被叫到一间办公室，坐在飞行指导总教官面前。之前在外面等候时，我就看见从里面走出来的人，有的兴高采烈，也有的垂头丧气。教官不苟言笑，这是真正的军人风范，他就简单地说了一句："皮克，做得很好。你入选了。"

Michael Winner

迈克尔·温纳

导演

受访时间：2012 年 4 月 9 日

16 岁是我人生的巅峰，但从那以后，就开始走下坡路了。我曾为 26 家地方报纸撰写娱乐专栏，也曾是《新音乐快递》杂志的乐评人。那时伦敦帕拉斯剧院每两周就有大明星登场，像迪恩·马丁、纳特·金·科尔、鲍勃·霍普，那时的明星不像现在受到如此严密的保护，所以我每次去都可以见到他们。我一直是个非常腼腆的人，但是，当我想要或需要什么东西时，就变成了另一个意志坚定的人。从 5 岁起，我就知道导演电影将是我唯一想做的事。

如果我能回到过去，我会更加关心我的父母。我很敬佩我的父亲，我的母亲虽然疯狂地痴迷于赌博，却也仍然可爱。但是，20 岁时，我成为一名电影导演——这是一件非常耗费心神的事情——我想做的只有拍电影、与男演员厮混、和女演员恋爱。我的父母，说得难听点，对我而言，没有这些事情有意思。我现在很自责，因为他们真的爱我。

我 17 岁时交了个女朋友。她在我家的床上脱光了衣服，一丝不挂，准备……你懂的。她对我说："你不打算把衣服脱了吗？"我吓呆了，甚至没有脱衬衫。18 岁时，我碰巧遇到一个花痴，她废话不多说，就是要与我试一试。于是，我进入了性的世界。

如果我现在遇到年轻时的自己，首先想到的会是，"他很帅"。尽管那时我觉得自己不算好看，还十分腼腆。但如果他告诉我他年轻时的成就，我会认为："这个男孩很特别。"但当时我并不这么认为。

如果年轻时的我知道自己会成为一名功成名就的电影导演，应该不会感到惊讶，因为我知道这就是我此生的选择。我没有任何证据证明我会成为导演，可我就是知道。后来，我真的实现了这个梦想。如果我回去告诉年轻的自己，他不仅会和那些声名远扬的演员合作，而且会与他们成为好朋友，他一定会想："天哪，这比我预想的还要好。"他一定会惊讶于我交了这么多优秀的朋友——包括布兰多、鲍勃·米彻姆、奥逊·威尔斯。

奥列佛·里德是我见过的最了不起的人，也是我见过最敏感和腼腆的人。他需要喝酒壮胆，因为他有些社交恐惧。他不在片场喝酒，但晚上会喝。我们当时在德国拍摄，每晚我们都得给他换房间，因为他整晚都在德国国旗上撒尿，还在酒店周围大喊"希特勒万岁"。早上起来，他则非常安静，绅士十足。我告诉他，我得给他换一家宾馆，他说："为什么？"他完全不记得前一天晚上发生的事。他非常可爱。我在父母的葬礼上都没有哭过，但在他的葬礼上，我哭了。我是演艺圈唯一参加他葬礼的人，他那些所谓的朋友，比如和他拍了那么多电影的肯·罗素，他们都懒得去，太令人心寒了。

那些行业里传言说很难相处的演员，像布兰多、米彻姆、索菲亚·罗兰，都和我相处得很好，也从未在我面前有什么无礼的行径。罗曼·波兰斯基曾告诉我，他们在拍摄《唐人街》的时候，费·唐纳薇非常难相处。但我心里暗想，她是最专业、最出色的人。后来，费·唐纳薇在她的自传中确实说过，她和我一起合作的那部电影是她唯一喜欢的一部。我叫她费兹。伯特·兰卡斯特曾三次试图杀了我，但他却是我最好的朋友，也是一位出色的演员——他只是脾气很糟糕。

我曾犯过一些错误，比如拒绝执导电影《春风不化雨》《法国贩毒网》和"詹姆斯·邦德"！为什么我要拒拍"詹姆斯·邦德"？这太愚蠢了。我拍的所有电影给我带来的荣誉，都比不上几部"詹姆斯·邦德"能给我的。尼古拉斯·罗伊格告诉我，我不应该给人感觉非常享受执导电影的样子。我当时认为他在说疯话，但显然，英国人看不惯任何人享受任何事，他们希望你忍受痛苦，说一堆没人在乎的电影的精神含义。

当我去世时，新闻标题也许会是《〈猛龙怪客〉的导演离世》。我并不介意——因为《猛龙怪客》是一部划时代的电影，是电影史上第一部公然提出"以暴易暴"主张的电影。以前从未有人拍摄过这样的电影，但至此之后，它的情节成为复制次数最多的电影。昆汀·塔伦蒂诺把它列入了他的十佳电影名单之中。

去年我终于结婚了，当时发生了一件有趣的事。我们的证婚人是迈克尔·凯恩和他的妻子，当婚姻登记员问："有没有什么理由不让这两人结合？"我说："哦，这个我不太确定。"迈克尔说："这辈子就这一次，闭上你的嘴吧。"

Jamie Oliver

杰米·奥利弗

主厨

受访时间：2012 年 12 月 17 日

  16 岁时，我迫不及待地想去伦敦找到我的第一份工作。我在中学度过了一段艰难的时光，学习并不顺利。我有阅读困难症，我不知道有多严重，学校也没有太在意，因为我的情况并不是最严重的。我一直在努力写作，我从来不能长时间集中精力阅读一本叙述性的书——所有字母在我眼中都是混淆的。我很有想象力，但当我写烹饪书的时候，只能对着录音机说话，让编辑记下我说的话。我想告诉孩子们，你不必事事都做得很好。

  大多数 16 岁的孩子都无所畏惧，我也不例外。但我确实担心过找不到女朋友——我的爱情生活就像一片沙漠。什么爱情故事都没发生，那些女孩子都跑得离我远远的。我很不自信，跟女孩说话时，我的声音都在颤抖。

  我想告诉 16 岁的自己，他最后会娶一个模特，这肯定令他难以置信。不过事实上，我早已见过朱尔斯。她在我们学校上六年级，但每次去和她说话，我的声音听起来就像史酷比。所以，我总是刻意回避她，这让我看起来像个白痴。但是一年半以后，不知道为什么，她改变了主意，决定与我交往。当我发现她喜欢我时，我便不顾一切——我不想错过这个机会。只是，我约她出去时，声音听起来还是像史酷比。她没听懂我的话，只是笑着说："不管你刚才说什么，我都答应。"

  如果我现在遇到 16 岁的杰米，他应该和 21 岁时在电视节目《原味主厨》里的自己没有差别。毫无疑问，这个人有很多让人讨厌的小毛病，肯定和像我这样的 38 岁男人完全不同。我充满热情，自认为无所不能；我喜欢音乐，骑在摩托车上，每 5 秒钟就会说一声"美妙"。这令人讨厌，但那时这就是最真实的我。15 年过去了，我有了 4 个孩子，承担了更多责任，现在的我已是一个心静如水的人了。

我想和那个十几岁的自己坐下来，喝上一杯酒，告诉他要坚定自己的立场，要相信自己的直觉。如果告诉他事情将会如何发展——和世界各国政府合作，和他参与的所有不同类型的企业合作——他会胆战心惊。年轻时，我只想当厨师，在乡下开一家不错的小酒吧，有一个不错的酒窖，窖藏本地啤酒——这些就是我所有的梦想。后来，电视台在我工作的那家餐厅——河边咖啡馆里录制了一部电视纪录片。当纪录片在电视上播放时，整个画面上加了花边修饰，看起来非常酷。然后，就开始有电话打进来，都是慕名而来，想找我合作的。

我想警告年轻的自己，在公众视野中生活需要时间适应，总有一些人不喜欢你。我会告诉他："别变成一个浑蛋。"我想，我确实避免了这种情况发生。甚至在我职业生涯的早期，我的身边就有爱我、尊重我的人。我不觉得我是朋友中的灵魂人物，虽然好像这种事不该问我——但我们总是相处融洽，在一起开怀大笑。我要提醒年轻的自己，那些娱乐的东西虽然不错，但还有其他更有意义的事情——比如我们让那些条件不好的孩子来 15 岁餐厅[①] 接受工作培训，以及我们开展的活动，这些才是有意义的事情。

生活与工作很难保持平衡。我以前很喜欢一周工作七天，当时我可能不是一个很好的男朋友。所以，当我有了第一个女儿波比后，我和妻子从零开始，非常珍惜周末和假期时光。8 年后，我觉得我保持生活的平衡比朱尔斯做得更好——实际上她可以减少陪孩子的时间，妈妈们也需要休息一下——我要让她像我一样平衡工作和生活。

---

① 杰米的非营利餐厅，为来自贫困家庭的有抱负的厨师提供培训。

如果年轻时的我知道自己会有 4 个孩子，一定会被吓到。我以前最多想过会有 2 个孩子，而且说实话，我不觉得能实现。我从来没有想过会有这么多孩子，你总以为你会在跟自己一样的家庭里长大。我妻子是一个亲力亲为的家长，这是一项艰巨的工作——我也完全钦佩她所做的一切。但我永远搞不懂的是，为什么妻子们总是试图证明她们的工作和男人的工作一样艰难。男人不需要不断地强调他们多么杰出——我们只是埋头苦干，但女人们却喜欢被不断地认可她们多么优秀。这也不是问题——只是男人来自火星，女人来自金星罢了。

我的人生没有太多遗憾，但却拍过一些世界上最不靠谱的照片。摄影师可能会强加给你一些最糟糕的想法，比如耍蔬菜，我看起来就像一个蠢蛋。这些照片都挂在网上，我后半辈子都逃不开这个阴影。

我会告诉年轻时的自己，当你感到非常不舒服时，通常就是你表现得最好的时候。《校园主厨奥利弗》和《饮食大革命》是我做过的最困难的节目。人有时不得不进入一个让人讨厌的世界，"改变"——可能会有大约两个月时间，整个社区的人对你恨之入骨，在这之后他们才会渐渐看到，你所做的事带来了一些好处。

过去，我从未有过使命感，但这些年来的经历使我变得更加睿智和深思熟虑。以前，在街角看到一群孩子时，我的第一个念头会想他们是"流氓"。但当有了自己的孩子后，再在街角看到他们，就会想："他们是谁家的孩子。"如果他们的家庭并不幸福美满，健康得不到保障，或许我们可以保证让他们一天能吃上一顿美味的饭。我们很难做到所有的事，但也许可以做一些力所能及的事。

我曾经过着一种快节奏，近乎疯狂的生活。如果能回到过去，我会花更多的时间去享受那些无拘无束、没有责任、没有包袱的时光——比如在某个周末，我可以自由地与人聊天，而不会受到无数次打扰。18 岁时，我带着朱尔斯去克里特岛度过了最美妙的一周。我存了足够多的钱，能带她好好玩一玩，这正是成熟的人应该做的事。这样的生活才称得上精彩绝伦。

Paul Giamatti

保罗·吉亚玛提

演员

受访时间：2016 年 6 月 13 日

  回首往事，我发现很难记起自己年轻时的模样，因为我那时非常普通。我不属于某个小圈子，我有很多不同类型的朋友，生活并不痛苦，我觉得我是那种典型的平凡人。我上的是寄宿学校，但我并不住校。我在回想年轻时的自己时，有一种很温暖的感觉，并没有什么羞愧或痛苦。我认为自己是个书呆子——什么书都读。那时，我们必须在课堂上读《儿子与情人》，我不想读，但这本书很好；《裸体午餐》中的情节则把我吓坏了。我有一个哥哥和一个姐姐，受他们的影响，我什么音乐都听。从布莱恩·伊诺的音乐到奇怪的雷鬼和斯卡音乐，从平克·弗洛伊德[①]的音乐到快乐分裂乐队和大卫·鲍伊。我想，如果要总结我的性格特点，那就是喜欢一切。信不信由你，我在高中是游泳队的队员，还游得很好。这就是当时我做的所有事情以及参与的主要社群活动。我并不善于运动，但还是参加了运动队。回想高中时代，这些都是我所能想到的事。

  我在一个大学城长大，父亲的朋友都是知识分子，这可能是我求知欲旺盛的原因所在。我一直以为自己会成为一名教师，就像家里的大多数人一样，我们家族当教师的人可以往前追溯好几代。但我对未来没有什么

[①] 译注：另一支英国摇滚乐队，成立于 1965 年。

规划，甚至有一段时间想过去考海军学院。自己都不知道自己想干什么。

我会告诉年轻时的自己不要总那么害羞——一涉及男女问题，我就会非常害羞。我会告诉他，放心吧，一切都会好的。我想说："有很多更有趣的事在等你。"大约18岁时，我才克服了害羞的毛病。

当孩子总是比当成年人更轻松。成年人要担忧太多的事，要被生活和承担的责任打击。我在有了孩子后，就有了更多的计划。我的父母很善于激励我们去做一些事情，我试着用这种方式去激励我的孩子们——尽管这可能很难，但你得确保你做的是你生活中热爱的事情。幸好，我儿子好像对演戏没什么兴趣。但即使他有，我也不会打击他，也不会很激动，尽管我在演戏这条路上走得挺顺利。

我会告诉年轻时的自己，从事演员职业要三思而后行——这个职业比他想象的要困难得多。我在大学时就开始演戏，但并不认为这是我将来会从事的职业。我只是偶然进入到其中，随波逐流，顺其自然。但我一直喜欢看电影。彼得·塞勒斯很棒，我也很喜欢亚历克·吉尼斯——我喜欢很多英国演员。遗憾的是，他们现在都已逝世。

我很快就实现了我在表演方面的目标。如果说我还有新目标的话，那就是在百老汇饰演一个出色的配角。我当时想，如果能在50岁的时候实现这个目标也不错，但这个目标似乎实现得有点早。现在该怎么办呢？我很幸运目标实现得早，之后不管发生了什么，我都能接受。

在拍摄完《杯酒人生》之后，我突然经历了很多事情。之前，我没有拍过这样的电影，之后，我开始出演一些从未饰演过的重要角色。《美国荣耀》是我喜欢的另一部电影，在拍摄这部电影时能与一群优秀的人一起工作。我喜欢与瓦妮莎·雷德格瑞夫共事，也希望与罗素·克劳再次合作。

我从未设想过我会成名。直到4年前我才真正意识到，人们开始慢慢地认识我。如果这件事发生在更年轻的时候，则会令人不安。

年轻时的我，对于我自己演过的一些电影，大约会发出"哦，哇"

的惊叹。有一部我和爱德华·诺顿一起演的电影，叫《魔术师》——那是年轻的我会觉得很酷的那种电影。如果我能参演像《唐顿庄园》这样的剧，我会异常兴奋。哪怕在拍摄过程中遇到阻碍，我都会逐一克服。

我要劝告年轻时的自己一开始就不要抽烟。虽然我已戒掉，但吸烟仍然是一件可怕的事。我的家族中有人因吸烟而去世，我也有很长一段严重的吸烟史。

我年轻时不关心政治，现在我对政治感兴趣是因为我觉得必须这样做。现在的我比年轻时候更悲观——感觉人们现在生活在一个黑暗时代。美国的事情一团糟，政治是一个有毒的辐射区域。坦率地说，现在的世界一片混乱。

Barry McGuigan

巴里·麦圭根

拳击手

受访时间：2012 年 3 月 26 日

16 岁时，我迷上了拳击，开始逐渐放弃学业。当时，我刚刚赢得全国冠军，就在都柏林的高性能训练中心训练，拳击开始占据我的生活。我本来很喜欢上学，但那时学校制度不灵活——要么选择上学，要么选择打拳。我每天有两次拳击训练，还要去店里帮母亲干活和做功课。我不想让人感觉我只是听起来像个好孩子，尽管我有 6 个兄弟姐妹，但我需要比他们更努力地做事。后来，有一天早上，我对母亲说："今天我不去上学了。"她直接把还在熟睡的父亲叫醒，对他说："你儿子不去上学了。"父亲和我聊了聊，我解释说我不能同时做所有的事情，父亲同意了我退学的选择。

我并不后悔 16 岁就离开学校——因为我坚持了孜孜不倦地阅读，通过拳击我获得了世界上最好的教育。我接触到不同的人和文化，学习到了历史和遗迹方面的知识。我是一个幸运的人，当拳击生涯结束后，我不需要另换行业。因为读过很多关于拳击及与之相关的历史，我对这项运动有着非常深入的了解，所以，成为一名拳击运动评论员是很自然的事。

年轻时的我是一个雄心勃勃、有动力和有追求的少年，总是对未来充满信心——这是年轻时令人振奋的事之一。如果我能回到过去，我想告诉那个少年，一切都会好。但我不能告诉他自己会成功——其实我也并不知道。我很大胆，但也会担忧，因为没有任何职业保障。但我下定了决心走拳击这条路，后来的路确实也一帆风顺。离开学校后不久，我赢得了英联邦运动会拳击金牌，没有什么能阻止我前进的脚步。

发生在小阿里身上的事是一场悲剧[①]，也是我生命中最艰难的一段时光。那时我刚刚作为职业拳击手出道，这让我感到不安和害怕。我不确定是否能继续我的拳击生涯，但我已经把一生都奉献给了拳击。当时我妻子怀孕了，每周还得工作6天。我没钱，没技能，也没有资格证书，父亲、兄弟姐妹和妻子给了我很大帮助。我很想回去抱住年轻的巴里，帮助他度过那段艰难的日子，但我当时可能帮不了他这么多。我决定，如果重新集中精力并赢得冠军，我会把它献给阿里。

在爱尔兰生活，总有烦恼一直伴随着你，每天24小时都能感觉到，它们就像长在你体内一样。我是一个来自南方的天主教男孩，但我希望人们能够看我的拳击比赛，而且不会感觉到任何威胁。我经常进出冲突地区——新旅社的香基尔工人俱乐部和格里·斯托里的拳击俱乐部——置身于三色旗、英国国旗、壁画和彩绘的石板之间。我的父亲在我参加冠军争夺战之前唱了《丹尼少年》这首歌，因为这是一首属于每个人的歌。但好挖苦人的人却说那是一个商业行为，简直一派胡言。

曾经有一瞬间，我想我可能要放弃拳击了。1980年莫斯科奥运会上，我进入了半决赛，我把对手打得找不着北，但他们却没有判我胜出。我很生气，决定不再打拳。我有个疯狂的想法，就是开一家汉堡包店，但这个念头只持续了三天。我无法忍受，所以我又回去训练，回到我热爱的工作中。拳击是一种药，名声也是。

我经常在想，如果我在拳击方面没有取得成就会怎么样。我喜欢音乐，我的父亲是一名歌手，所以，我可能会进入娱乐圈。我的两个儿子

[①] 1982年，巴里与小阿里进行拳击比赛，造成小阿里受伤陷入昏迷，5个月后去世。

都是音乐家,这样说来,他们是继承了我的基因。我也喜欢语言——因为作为一个评论员,你会厌倦讲述相同的事情,所以会寻找不同的方式来阐述同一件事情。我喜欢对人们使用新词,也有很多不寻常的词语。但是你必须记住你是为了清晰表达,而不是为了给人留下深刻印象。你可不要成为一个自作聪明的笨蛋。

如果我能回到过去,我会花更多的时间陪伴我的父亲。其实我和他在一起的时间很多,尽管他经常外出工作。他去世后,我非常难受,但我努力度过了那段时间,决定继续从事拳击事业。只是我再也没能赢得世界冠军,我的事业偏离了正轨。那时我知道,有些东西已经离我而去——这可能是受我父亲离世的影响,也可能是因为我从爱尔兰搬到了英国。事实上,我不再热爱拳击,虽然过了一段时间后我才承认这一点。我知道,生活再也不会像以前那样了,总会留下一些遗憾。

如果能回到过去,我想对年轻时的自己说:"封好舱门,系好安全带——人生将是一次奇妙的旅行。"我从来没有想过,如此高的成就和知名度会发生在我的身上,会有2000万观众在电视上看我赢得世界冠军。还有,马路对面那个我疯狂地爱上但她却不知道的女孩——想到我最终会和她结婚,真是太奇妙了。

第二章

创 新

真正重要的是你的与众不同。

——汤姆·琼斯爵士

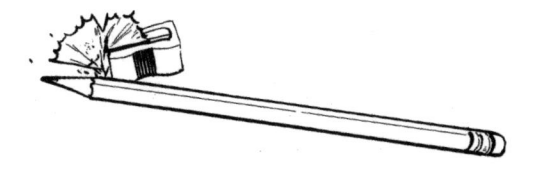

Jarvis Cocker

贾维斯·卡克

音乐家、果酱乐团主唱、电台主持人

受访时间：2020 年 7 月 29 日

  我从很小的时候就想加入一个团体，大概是 8 岁左右。我曾经常常在节礼日观看门基乐队的电视节目和披头士乐队的录影——那时人们经常播放这些节目——我的脑海里形成了一种团体意识。我是个非常害羞的孩子，所以一想到我可以拥有一个团体组成的乐队，大家生活在一起，我就异常兴奋。最终，在我 16 岁时，我成功地说服了一些伙伴加入我的乐队。

  最近，我偶然发现了 16 岁时上学用过的练习本，所以我清楚地记得当时我关注的事情。我有一个组建果酱乐队的计划——或者叫"阿拉比卡果酱乐队"，这是我们刚开始取的名字——我首先要谈论的是果酱乐队的时尚意识。练习本上写着："大多数团体都有自己的着装风格，他们的追随者总是纷纷效仿。"很显然，我一直在查找字典。"果酱乐队的衣柜有粗呢大衣，最好是蓝色或黑色，C&A 圆领针织衫"——我也不知道选这个品牌的原因，我想我们没有签订过赞助协议——"颜色华丽的 T 恤和运动衫，设计抽象且颜色素雅的衬衣，轻薄的领带，瘦腿紧身裤，尖头靴子，廉价的白色棒球鞋，乐施会品牌的夹克，最好带有纽扣孔，搞笑的袜子，短发，不用装饰亮片，除非为了搞笑的目的。"我不知道我是如何想出这些主意的，尤其是粗呢大衣。我的意思是，在舞台上穿着粗呢大衣实在太热了，不是吗？可能我当时认为我们会在很多户外节日活动上演出。

在设计时尚服装之后，我们制订了一个"果酱乐队总体方案"。第一部分是"A类：音乐"——这对青少年来说有点正式。下面的内容是："作为一个最重要的音乐团体，果酱乐队第一个要征服的目标应该是音乐行业，这是合情合理的。"这个团体将通过创作既传统而又有点另类的流行歌曲来进入公众视野。"在果酱乐队成功地获得商业地位后，才可以开始颠覆和重组音乐业务和音乐本身。"这就是我当时的设想。我想那一定是受到了朋克时代的影响，音乐不仅仅是一种娱乐形式，它还能影响某种社会变革。这可能就是为什么我们获得成功的时候感觉会有点心酸，因为我意识到我们无法改变整个世界。所以，我那时有点沮丧。

这个宣言式的想法是我把自己关在房间里，绞尽脑汁想出的如何改变世界的经典想法。然而当你去到外面的世界，实际上并不敢对任何人说任何话，尤其是跟女孩，我感觉非常尴尬。我想起我16岁的时候就有了第一个女朋友。我曾在鱼市做过一份周六的兼职工作，这听起来有点傻，但好像是我们的目光相遇在一块鳕鱼片上。我非常兴奋，因为她不在我上学的学校读书。我曾在学校扮演过花样女孩，但我跟女孩说话总是很紧张。

约翰·皮尔是我第一个真正的音乐导师。你可以在音乐报纸上阅读到介绍朋克乐队音乐的文章，但你却无法真正听到朋克乐队的音乐——至少在谢菲尔德的地方广播中难以听到。有一家商业电台举行了一场摇滚表演，音乐节目主持人强调说："在这里你不会听到任何朋克音乐，那不是真正的音乐。"所以，我记得14岁那年的一个晚上，我拨弄着收音机旋钮，偶然听到了《约翰·皮尔秀》节目。我感觉他是在播放埃尔维斯·科斯特洛的歌曲。自从认识他，仿佛为我打开了另一扇大门。这是一种音乐启蒙。我17岁时，带领果酱乐队在一个朋友家录制了一盘样带，我知道约翰·皮尔在谢菲尔德理工学院有场演出，所以我就像跟踪者一样跟着他去了停车场,然后把这盘磁带交给了他。过了一段时间,我还在学校上课,奶奶接到了约翰·皮尔的制作人约翰·沃尔特斯的电话。他们给了我们上一期《约翰·皮尔秀》的机会。你可以想象,我多么震惊。

我想对年轻时的自己说:"冷静下来。冷静点。"因为在那个年纪,你认为只有你不知道如何做事情。当然,在这几年里,我了解到每个人都有自欺欺人或装腔作势的时候。没有人真正知道它是如何发生的。一旦你意识到这一点,你就可以逐渐放松下来,然后说:"我们都在尽自己最大努力渡过难关。"年轻的我有一种强烈的感觉,认为自己与女孩的交往缺乏技巧。也许是因为我的父亲在我7岁时就离开了我,所以我从来没有一个真正的男性榜样,没有人从男性的角度来跟我谈论感情或如何与异性交往。我有点不知所措。我认为约会就像一场神经质的噩梦。

确实,现实中有很多父亲不在身边,家庭破碎的情况——这不是一个好的说法,准确地讲应该是单亲家长。但对我来说,不寻常的是我的父亲是突然消失的。他去了澳大利亚,从此再无音信,也没有任何联系。这不像是"周末我们在麦当劳见面",而是"你的父亲已经不存在了"。我的母亲很少谈及父亲,她对父亲不太友好——因为父亲从来不给她钱,她感到孤立无援,所以父亲是家人谈话中最不受欢迎的话题。我很好奇,因为我对他有一些模糊的记忆,毕竟,他是我的父亲。我和母亲吵架时,她非常难过,偶尔会说"你就和你父亲一样"。这使我非常惊讶。要知道,在我的成长过程中,男性在我们家没有什么存在感。后来,在我35岁时,我遇到了我的父亲,但对我来说已经太晚了,对他来说可能也太晚了。我们见面时都很尴尬,因为我们真的没话可说,这让人有些失望。

当我和妹妹①都有了自己的孩子后,我们从父亲的经历中吸取了教

---

① 萨斯基亚。

训。尽管我们最终都和配偶分手了,但是我们肯定会一直和孩子保持联系,并陪伴他们——我们对此非常重视。

如果我想给年轻时的自己留下深刻印象,鉴于他对披头士乐队的痴迷,我会说:"听着,40 年后,你会坐在保罗·麦卡特尼旁边,跟他交谈一个小时。你会和他相处融洽。"当保罗·麦卡特尼发行上一张专辑①时,我参加了他在利物浦表演艺术学院举办的一场现场问答活动。我真的非常紧张,因为我从小一直把他看作神一样的存在。这种事在我身上发生过好几次。我会和斯考特·沃克一起工作。后来,我还采访了莱昂纳德·科恩,他对我的歌曲创作产生了重大影响。我不同意有人提出的"不要去见你心目中的英雄"的说法。你应该去做,因为你会发现他们和你一样。

16 岁时,我在舞台上不会做任何肢体动作,因为我有点怯场。1980 年 10 月 9 日的一场酒吧音乐会上,我在检查乐谱本时,发现我的吉他音箱坏了,于是大发雷霆,基本上只知道发脾气。我在地板上滚了几下,最后竟然赢得了大家的掌声。我在日记中写道:"我有点抓狂,但很享受。"我意识到,演奏不仅仅要按照正确的顺序演奏正确的音符,实际上可以把它表演出来。随着时间的推移,我也不断取得进步。我喜欢站在舞台上,那是我的小王国。你完全有控制权,你吸引了所有人的注意力,因为你在演奏非常大声的乐器,这是你真正做自己的机会。

因为我们很早就参加过一期《约翰·皮尔秀》节目,所以我们认为"演出将会是小菜一碟"。这之后,我们经历了一段漫长而渐进的幻灭期,不幸的是,这段幻灭期正好与撒切尔夫人的任期重合。我只想用"哇"来表达自己的心情! 20 世纪 80 年代一开始,正如人们所说的:"现在真是一团糟。"城市正在分崩离析,毫无乐趣。很多次我都在想:"该死的,是怎么回事?我本应该去上大学的。"我认为自己犯了一个错误,走了弯

---

① 《麦卡特尼》第三季。

路。我们那时发行了音乐专辑《怪胎》，我有点沮丧，因为这首歌使我想起了专辑进展不顺利的时候。我的第一段认真的感情也结束了。当时我们几乎没有资金制作一张专辑。我从小就树立的雄心壮志正在丧失，这感觉非常糟糕。但我真的以为一切都结束了，正如大卫·鲍伊所说：我将不得不在一座新的城市寻找新的职业。所幸，我一直坚持不懈，心怀希望。最终，在 20 世纪 80 年代末，《我的传奇女友》这首歌在《新音乐快递》杂志获得了好评，我们取得了历史性的突破。

在经历了英伦流行音乐，尤其是全英音乐奖[①]之后，人们认为我是惊世骇俗的唱片节目主持人。但这根本不是果酱乐队专注做的事情，那一刻，我们被推向了另一个世界。我们早在年轻的时候就已脱离了扎根于朋克音乐的独立音乐圈，我们来自另一个领域。然而，我们被推向了主流音乐。我们意识到那里的气氛非常激烈，你正在融入一个跟你的价值观迥然不同的世界，这就是让我感觉不舒服的原因。

我在舞台上有两个最自豪的时刻，其中一个是 1995 年我在格拉斯顿伯里音乐节[②]的演出。当时每个人都唱着《普通人》这首歌，我们意识到我们的幻想以某种方式变成了现实，那真是一个疯狂的时刻。2011 年，果酱乐队重聚，我们在纽约的无线电城音乐厅演出，这个音乐厅是一个令人难以置信的 20 世纪 30 年代宫殿……感觉我孩童时那些梦想的场景可能就是在这个地方首演的一样。我想大卫·鲍伊也曾在那里举办过一场著名的音乐会，他一开始就出现在舞台上，他的演出太精彩了。我似乎又回到了我儿时梦想的源头。对于果酱乐队来说，这感觉就像我们终于回到了原点。

[①] 1996 年的颁奖礼上，当迈克尔·杰克逊表演《地球之歌》时，贾维斯露着后背跑上舞台，他被警察拘留了，但因未受到指控被释放。
[②] 译注：世界规模最大的露天音乐节，每年在英国阿瓦隆岛举行。

Sir Tom Jones

汤姆·琼斯爵士

音乐家

受访时间：2015 年 10 月 12 日

16 岁时，我感觉自己突然长大了。我 15 岁的女朋友梅琳达怀孕了，所有的叔叔婶婶们都来到我家，严肃地讨论事情的解决办法。而我和琳达却坐在角落里，彼此紧紧地拥抱在一起。我的母亲一边看着我们，一边对大家说："你们看看，我们在操心他们的未来，但他们都没有认真听我们说的话。两个孩子已经坠入爱河，到了年龄迟早要结婚，我们为什么要去棒打鸳鸯呢？"就这样，琳达一满 16 岁，我们就结婚了。我们搬到了岳母家的后屋，亲戚们凑钱想要帮助我们。而我已经找了一份工作，所以我们不需要任何帮助。那是一段快乐的时光——没感觉什么不好。

多年后，当我回首往事，我才明白，成为一个年轻的丈夫和父亲并没有拖我的后腿，恰恰相反，为了我的妻儿，我下定决心一定要取得成功。唯一的问题是，我的工作是在一家造纸厂轮班，这让我无法经常去酒吧和俱乐部唱歌。但我知道，我只是在等待时机——我有巨大的动力。

如果我遇到 16 岁的汤姆·伍德沃德[①]，我想我会很喜欢他。因为，我的价值观一直没有改变，甚至对音乐的热爱也从未改变。《大火球》这首

[①] 译注：汤姆·琼斯的本名。

歌令我一如既往地兴奋，而《昼夜摇滚》这首歌对我影响深远，使我热血沸腾。当我听到埃尔维斯·普雷斯利的歌声时，我想："天啊，我也可以唱得那么精彩！"毕竟，我们有着一模一样的音域。

我在威尔士一个工人阶级家庭里长大，那是很奇妙的事情。这种家庭环境会使你渴望功成名就，你会领悟到工人阶级的价值观，我觉得这是一种精神财富。我认识一些出身显贵的人，他们会和工人阶级结识，也会在酒吧里与他们谈天说地，但他们永远无法融入其中。我曾经是工人阶级中的一员，现在仍然是。

对于成功这件事，我一直都做好了准备。现在，我偶尔在庞特普里斯的街道上开车兜风，会想："天啊，我那会儿胆子是有多大，竟然真的认为我能够做到这一切。"我记得我在当地酒吧驻唱时，大家都说："汤姆，你是一位出色的歌手。"而我回答道："没错，总有一天我会见到埃尔维斯。"他们附和道："是啊、是啊、是啊。"

我从未想过会被封为爵士，这件事一定会使年轻的我大为震撼。唱片大热，是意料之中；电视剧大热，也是意料之中；在美国功成名就，仍是意料之中。但被封为爵士……我一直都是保皇党，被有史以来最伟大的君主之一封为爵士，这对我来说意义非凡。

我从来没有说过自己是白手起家，实际上，我在洛杉矶观看了洛德·斯图尔特的特别节目，他说："我是白手起家的。"然后我就想："你才不是白手起家。我在纪录片中看到过你的父母，他们都很勤劳。"要说你白手起家……我不赞同这种说法，我们都是有一定基础的人。

我从不反对政治体制，我只是反抗当时所发生的事。我知道《昼夜摇滚》这首歌将横扫整个乐坛，它也确实做到了，它让所有其他音乐为之低头。后来，我欣赏像弗兰克·西纳特拉和艾尔·乔尔森那样的歌手。我知道很多美国人不喜欢他们，因为他们老是扮演黑人。但对我们来说，他们只是喜欢黑人唱歌方式的白人，甚至喜欢到把自己打扮成黑人。这并不是在贬低黑人，而是在赞美黑人。

对于音乐行业方面的大多数事情，我都很了解，但当我遇到制作人乔·米克的时候，还是有点不知所措，因为他是同性恋。我当时想："等一等，难道英国伦敦的演艺圈有很多同性恋吗？如果是这样，我想回到加的夫。"所以，当我和迪卡公司签约时，彼得·沙利文成了我的经纪人，他对我说："告诉孩子们把乐器收拾好，我想亲自和你谈谈。"我问他："你不是那种奇怪的家伙吧？"他反问我："你指的是什么？"如你想的那样，我变得很多疑。我真的认真思考过，是否要成为一名同性恋者才能创作出一张热门唱片。但是开始工作后，我才意识到，只是第一个给我录音的人碰巧是同性恋罢了。一旦从恐惧中恢复过来，我意识到事实并非如此，大多数人都很正常。不，我不该这么说，同性恋者也是正常人——他们并非反常。他们仍然是他们自己。女人和性——这些是老生常谈的话题，但那对我来说并不重要，我也不感兴趣。在我成名之前，《这很正常》已是一首热门歌曲，它是我唱歌的力量源泉。媒体总是提到女人，他们会问："这对你的妻子有什么影响吗？"对于每个名人，不仅仅是我，他们都会谈到与性相关的话题。当然，这是生活的一部分。但真正重要的是你的与众不同，我不后悔做任何事。总之，不管发生过什么事情，我的婚姻依然很稳定，我的儿子也依然爱我，我这辈子没做过对不住他们的事。

我现在住在洛杉矶，但我仍然喜欢英国的生活，也经常回英国。我上次办理移民手续时，有个工作人员对我说："你竟然从1976年起就有绿卡了！你为什么还没有成为美国公民？"我回答他："你看看我护照上的名字。"他念道："汤姆·琼斯爵士。嗯，女王看到你更换国籍会不高兴，对吗？"我说："没错。"

我很想回去和父母待上整整一天，告诉他们我有多爱他们。也许，我还会回到翠佛瑞的劳拉街44号，重新做回那个小男孩。杰瑞·李·刘易斯录制过一首名叫《对我来说最重要的事》的歌曲，我曾在舞台上演唱过这首歌。歌词里有一句是这样写的："我希望我能回到过去，重温昨天，再做一会儿妈妈的小男孩。"的确如此，哪怕是能重温一天，都会很美好。

John Lithgow

约翰·利特高

演员

受访时间：2015 年 2 月 9 日

年轻时的我，是一个唯美主义者。十几岁时，我想成为一名画家，而且是一名非常具有创造力的画家。我做过木雕，还创建了一家制作圣诞卡片的私人公司。我的性格是奇妙的混合体，时而害羞，时而外向。

16 岁时，我就已经搬过 8 次家，我一次又一次地成为小镇上那个新来的孩子。随着和家人四处迁居，我也迅速摸索出了各式各样交朋友的方法。那时我的父亲在麦卡特剧院找到了一份工作，于是我和家人来到了新泽西州的普林斯顿。就在这年年底，我当选为学生会主席，渐渐地成了这里颇受欢迎的人。我在大型校园剧里出演了主角，因此，戏剧也为我拓宽了社交圈。

我是一个幸运的人，但在人生的这段时光里，我却过得并不开心。我总是感到焦虑，一边和我原来的朋友们告别，一边又开始融入新的校园生活。不过，回顾这段往事，我觉得这反而造就了我强大的社交能力，很可能为我的演员之路打下了基础。

我心目中的偶像多数是画家。年少时我崇拜诺曼·洛克威尔，但长大之后，转而崇拜上了毕加索和那些抽象表现主义画家。从那时起，我变成了狂热的博物馆迷，时至今日依然如此。

我受过美英文化的混合熏陶。我的父亲曾是莎士比亚戏剧节的制作人，受此影响，我非常崇拜那些在戏剧里扮演骑士的演员——包括约翰·吉尔古德、劳伦斯·奥利弗、亚历克·吉尼斯和迈克尔·雷德格瑞夫。我还听过一些戏剧录音带，那里面，有奥利弗饰演的奥赛罗，罗伯特·斯蒂芬斯饰演的培尼狄克、玛吉·史密斯饰演的贝特丽丝[①]。我是一个典型的亲英派，所以，出演的角色有很多都是英国人。

曾经的我并未想过会成为一名演员，我只是在2岁半时，在父亲监制的影片里演过戏——在《玩偶之家》里饰演诺拉的其中一个小孩。尽管我对此一点印象也没有，但别人夸我演得很好。

在爱情方面，我一直都比较害羞。我曾笨拙得无可救药，而且极度缺乏自信。我建议年轻时的自己要放轻松，然后在校园中找到擅长处理两性关系的男孩，从他们那里得到好的建议。

我会告诉年轻时的自己，要相信自己的才能。孩童时的我足智多谋，对待事情专心致志，现在的我和那时一模一样。在百老汇，我和格伦·克洛斯一起表演了电影《微妙的平衡》中的片段，但我并没有投入很多精力在上面，我的心思更多地放在了一些新颖的短篇小说上。当然，这都是为了让我在独角戏中能有更好的发挥。我做过很多单场的表演，都是我自己创作表演的，我不会干坐着等谁来录用我。其实，这是我能从年轻时的自己身上学到的——保持自己的创造力，寻找不依赖他人的项目。

我来自一个非常"左"派的家庭。我的父母都是支持罗斯福的民主党人，与人为善，但我的姐姐强势而激进。我的政见虽然常常受到他们的影响，不过我倒算不上有多积极。我不会发表多么宏伟的言论，因为我想尽可能避免冲突。我从不卷入政治争论，因为我经常会听到各种各样的观点，这些乱七八糟的言论让我感到备受折磨。

父亲是我的榜样，他也是我心中伟大的英雄。我的家人都在小地方

---

① 电影《无事生非》女主角。

的古典剧院演出，我以为自己将来也会和他们一样。我做梦也没想到自己会在百老汇演出，甚至还有机会出演电影和电视剧。生活真的充满了一连串的惊喜，年轻时的我肯定会对我现在的职业生涯感到非常惊讶和自豪。

20岁时，我成年了。随后不久，我步入了婚姻的殿堂。我和妻子结婚，共同度过了11年，我们生下了一个可爱的儿子。所以，我必须告诫自己，不要认为这是人生中的一个错误，这是上天给予我人生的一个定义。如果我能将年轻时自己的命运掌握在手里，我会告诉当时的自己要有耐心——虽然告诉一个20岁的人他还不够成熟，他不一定能听得进去，特别是在经历了疯狂的童年之后。那段童年总能让我相信自己已经是一个成年人，我有好几次不得不亲自应对这种情况。

我并不觉得自己是个勇敢的人，但作为演员，我什么都敢于尝试。我扮演过很多角色，其中包括很多与我自身观念相悖的角色——我总是被邀请扮演种族主义政客。当我扮演的是一个反派角色时，我会把这个角色当成这部剧中的英雄来演。我是一个演员，这就意味着我要时刻准备着，并且也愿意去感同身受地扮演完全不同于自己的角色。这就是我会在《盖普眼中的世界》这部电影里扮演罗伯塔·穆尔登的原因。而我在电视剧《歪星撞地球》中扮演的迪克·所罗门——这大概是我最出名的角色了，他就是个外星人。还能有什么角色比外星人更不像我自己呢？

在拍摄《盖普眼中的世界》时，我和罗宾·威廉姆斯一起工作。他是个魅力十足的人，和他一起工作的时光令人难忘。不过提及外星人——罗宾就不是那么感兴趣了。我们的友谊没有持续很久，虽然那时我们很亲近，但我也很少见到他——他去更大的世界闯荡了。而那些留在我生活中的人，深深地影响了我的一生。有一位十分优秀的演员，你肯定从未听说过，他叫唐纳德·莫法特，是我父亲公司里的一个英国移民，他为人谦逊，又身怀绝技。从那时起，我就将自己的座右铭定为：

"永远陶冶谦卑的品性，因为你永远也不知道什么时候会需要它。"

  我从我的两任妻子那里学到了很多。我如今的妻子，已陪我携手走过了33年，她在我生命里留下了最无法替代的印记。如果让我选择回到过去的某一刻，我会选遇见她的那一瞬间。那是我记忆中难以忘怀的时刻，我们一见钟情，那是一种前所未有的奇特感觉。

Sir Michael Palin

迈克尔·佩林爵士

喜剧演员、作家

受访时间：2015 年 8 月 31 日

16 岁时，我大部分的时间都在什鲁斯伯里的公立学校度过。我在那里待了好几年，熬过了被视为社会底层人的时期。那时我会参加体育锻炼，也常常去塞文河划船，手掌还因此磨出了可怕的水泡。我逐渐安定了下来。大家都喜欢我，因为我能给他们带来欢乐。也许有些老师在我的眼神中看到了一丝闪光点，是他们喜欢的那种嬉皮笑脸。我生来乐于助人，又待人温和，还善于发现他人的优点，到现在也还是这样。我会故意表现出平易近人，因为这是出于我对他人的好奇心。

16 岁是男孩尝试寻找女朋友的年纪，我是个幸运的人。我和父母在萨福克度假时，一天早上的 7 点 45 分，我看见一群女孩被一个走路大步流星的男人带去寒冷的北海游泳。其中有三个女孩想好好享受这个机会，还有一个女孩看起来却一点也不高兴，带着一副不可思议、叛逆的表情挣扎着。我心想："这个女孩真不错——我喜欢。"我的朋友理查德出了个主意，我在沙滩上朝那个男人扔过去一个球，故意砸中女孩们，这招奏效了！那年我和那个女孩在一起度过了一个浪漫的夏天。那是我第一次见到海伦，明年就将迎来我们的金婚纪念日。

年轻时的迈克尔一定会很惊讶，这个总是在电视机前看喜剧的小子，长大以后居然能自己写出那样的喜剧。谢菲尔德是我出生长大的地方——这里并不是什么世界文化中心。我和朋友们以前常常在片尾字幕滚动时，看到编剧斯派克·米利甘的名字——令人难以置信的是，有一天我真的见到了他，还跟他成了朋友。

我想，我没有多大变化。倘若现在的我遇到年轻时的自己，我们会谈一些让彼此都开怀大笑的话题。如果要我给他推荐一些他会喜欢的现代喜剧，我应该会推荐艾伦·帕特奇和《快速表演》——他会喜欢那种表达幽默的方式。他还会喜欢维克·里弗斯和鲍勃·莫蒂默——喜欢那种傻气、创意和想象力。我想要在年轻的自己身上寻找那求真的精神，在相互尊重的原则下与他交流，我也想找寻他身上叛逆的一面。如果我向他提及巨蟒剧团里的那些事，我想他不会喜欢，他可能会有点尴尬。像现在的我一样，他也会喜欢克里斯式的幽默。他很可能会对我说："嗯，你挺幽默的，但是毋庸置疑，这部剧里克里斯才是最大的看点。"

我第一次见到约翰·克里斯是在1965年，那时，他正在拍摄《弗罗斯特报告》。我清晰地记得，我们前往位于薛普洱兹布石的一家餐厅准备吃饭时，我就走在他身后。当时约翰正和特瑞·琼斯走在一起，然后他突然把手伸出来，把特瑞从墙外推进了别人的花园。那一幕很精彩。我当时想："我必须认识这个人。"一开始，我可能是很害怕他——因为他身材高大，而且非常、非常擅长他所做的事情。我想约翰已经加入了其他团体，我和他应该也不会一起工作。但在组建巨蟒剧团时，他联系了我，还让我邀请其他成员一起加入。

巨蟒剧团的成员都来自不同的地方。在喜剧方面，我们都没有接受过专业训练。我们的父辈有的是警察，有的是保险推销员和炼钢工人。虽然我们很羡慕大城市里的人可以轻松地掌握自己的命运，但我们决定尝试不走寻常路。我们批判主流倾向和伦敦的刻板印象，而大众的审美是以伦敦为基础的。在我们之前就已经有人这么做了——彼得·库克和达德利·摩尔所创作的《边缘之外》，某种程度上甚至比《傻瓜秀》的影响还要深远。

意识到巨蟒剧团最终是要解散的，我心里很难过。在拍摄完第三季后，约翰决定退出，那时我心里很矛盾。一方面，我在想："天啊，我们以后该如何维持生计？"而另一方面，我又觉得也许他是对的——我们的创意可能已经逐渐枯竭，我们心中燃烧的熊熊烈焰已渐渐熄灭。约翰最先意识到我们的创作素材已经大不如前了，对我们来说，那是一段艰难的时光。

随着知名度的提升，你会发现确实有人喜欢你所做的事，你会想要对他们负责。我们一开始拍摄巨蟒剧团的节目时，并没有意识到我的表演会得到观众的喜爱。那时，我还没有和观众建立起信任的基础。但后来，我出演了《非凡奇事》，又参加了一些旅行节目，还推出了自己导演的一个名叫《佩林专栏》的节目，但反响并不热烈，我才感觉到是自己让观众们失望了。我无法一直保持以前那种自由创作的状态。大学毕业后开始创作的那几年，我尽自己所能写了很多喜剧，也尝试了很多方法。这是一个漫长的试错过程，但我还是想着："继续做下去吧。"

20 世纪 60 年代盛行讽刺类的题材——这一题材的写作有很明确的定义，所以创作起来很容易。我们现在都知道，任何事物都有自己的位置，那么，讽刺幽默剧的一席之地在哪里呢？我应该调侃哪些人才能逗乐观众？我觉得喜剧带来的欢乐已经消失了，我们可能已经迷失了方向——也许我们还没有意识到，我们这种幽默应该调侃的对象是那些高科技公司的人，是他们告诉我们，可以在乌托邦式的新型网络媒体时代畅所欲言。因为他们真正在做的，是确保无论我们在做什么，他们都能从中赚钱。这就是我认为英国广播公司很不错的原因。这个时代使人害怕，而且一切东西都可以用来营销炒作。从红色公交车到板球场，我看见营销炒作在方方面面都取得了巨大的成功。

如果我可以回到生命中的某一时刻，我想回到学生时代的某一天。那一天，因为我十分擅长划船，我们队最终在校级划船比赛中获得冠军。我还记得，比赛前一天晚上，我非常紧张。然后，比赛当天阳光明媚，我们来到水面上，望着和我们并排的其他船只，一切都顺理成章，水到渠成。那种感觉很美妙，而且不可思议。后来在帐篷里，我第一次喝了啤酒。从此以后，我再也没有品尝过比这更好的滋味了。

Tracey Emin

翠西·艾敏

艺术家

受访时间：2008 年 8 月 11 日

16 岁时，生活对我来说非常复杂。我无家可归，有一段时间在伦敦街头流浪，席地而睡。直到最后回到马尔盖特，住进了卫生和社会事务部设置的一个提供床位和早餐的地方。这是一段非常难过和沮丧的时光，为了达到平衡，我在着装上表现出狂野的一面。我所有的衣服要么是手工的，要么是二手的。我的穿衣风格介于克里斯汀·迪奥的"新风貌"与 20 世纪 60 年代穿超短裙的"垮掉的女孩"之间，偶尔也会完全疯狂地穿哥特风格的衣服。

我想，如果有人看到我那张苍白的哥特脸，他们可能会穿过马路来仔细瞧一瞧。那时朋克的风潮还没有完全过去，反叛的精神态度还存留在人们身上。但是，就我个人而言，我会为自己感到难过——我会想要保护和帮助那时的自己。

我会告诉年轻时的自己，寻欢作乐时要使用安全套。别指望男朋友会解决所有问题——因为他们根本做不到。不要让爱情占据生活的全部——把精力集中在受教育上。

当有人告诉你做不了这件事，是因为你没有取得某项资格证书，你要明白，总有另外一条路能让你达到目的。例如，17 岁时，我被告知永远无法去上大学，因为我没有参加中学毕业会考。但我学会了画画，并完成了我的作品集，虽然我仍然没有资格证书，但我的行动表明了我对自己想做的事有信心。

在青少年眼里，事情总是会被放大。就好像你做的每一件事都是在走钢丝，但大多数情况不会有问题。只有生与死才会是灾难性的，且难以应对，但这个问题在任何年龄都是如此。你必须亲身体验这些情绪和感受才能理解生活，这是你自己的人生旅程。

表面上看，我在13岁时离开学校是个错误，但我确信，如果没有这样做，我就不会成为像现在这样成功的艺术家。我为那些青少年感到遗憾，他们不得不用考试来填满大脑，而这些可能是他们不感兴趣的。如果可以只学自己感兴趣的知识，那就太好了。记住，永远没有一场考试会比你的命更重要。如果今年上不了大学，明年继续努力，先去旅行一下吧。

我会告诉年轻时的自己："不要偷东西，要时刻保持诚实。永远不要恩将仇报。现在就戒烟，吸烟真是在浪费时间。"

如果你在上学——中学或大学——再找一份兼职，做一份和你最喜欢的事情最接近的工作。所以，如果你喜欢阅读，就在书店找份兼职；如果你喜欢食物，就找一家餐馆兼职；如果你喜欢衣服，就去服装店找一份兼职。这样，不仅可以赚钱，还可以学到喜欢的知识。

我会告诉年轻的翠西："要确保没有人在你的饮料中添加迷幻药，用面包车载你去到距离伦敦15英里的地方，几乎在你不知情的情况下与你发生性行为，根本谈不上征得你的同意。"我想，作为一个青少年，必须避免这种事情发生。另一件要避免的事是"吃螃蟹"——我得说，我不会做这样的事！

Sir Ranulph Fiennes

拉尔夫·费因斯爵士

探险家
受访时间：2011 年 11 月 21 日

16 岁时的我无忧无虑，然而在 1960 年，每个人都能意识到冷战的紧张局势。如果你和我一样来自军人家庭，并像我一样想要参军，你就会更加清楚局势的发展。出于某种原因，那时的人们都在疯狂地挖掘核避难所。我和村里的朋友们经常到树林里闲逛，在小溪里抓蝌蚪，也会在悬崖上挖核避难所。我们挖得很深，还把它作为我们的大本营。那时，我的女朋友时常会到树林里找我，我总是很自豪地带她参观我们的避难所。后来，我们结婚了。

16 岁时，我唯一想做的事情就是成为苏格兰皇家骑兵团——苏格兰唯一的骑兵团——的指挥官，就像我的父亲生前一样。尽管父亲在我出生前就去世了，但我对他所做的一切非常了解，并且铭记于心。几个世纪以来，我的家族每一代都有从军的人，所以我从小就受这些事迹熏陶。这种志向一直流淌在我的血液中——某种程度上，一个人体内流淌的热血会激发他的志向，所以，父亲的志向在一定程度上也重现在我的身上。

我知道，如果想要进入苏格兰皇家骑兵团，我必须在普通教育高等级证书考试中取得优秀成绩。那时，我在布莱顿的一所特殊学校补习，进行强化训练，但两次考试都未能通过。主要原因是，那时正值迷你短裙风靡，我很难集中注意力。如果我能回到那时，我会全力以赴通过考试。后来，我确实进入了苏格兰皇家骑兵团，可惜只是短期服役。我原本希望他们会改变那项恼人的成绩规定，然而事与愿违，最后我只能离开。

我认为，我不是一个会冒愚蠢风险的人，这是我从父亲那里吸取的教训。特别是在"二战"期间，只想做一个狂野的冒险家的人，不足以成为皇家指挥官。如今，我们的探险队仍然尽可能避免大的风险。我们喜欢赶在对手之前创下世界纪录，但我们也知道应该避免危险发生。不过，当你风华正茂，就还是会做一些疯狂的事。有一次，我碰巧在学习与炸药相关的课程，在朋友们的怂恿下，我使用军用炸药炸毁了平民的房屋。那是一个严重的错误，我因此被英国特种空军部队开除了。

在我完成7次马拉松之前，我的妻子珍妮——她现在已经过世——带我到布里斯托的外科医生那里，做了一个心脏搭桥手术。术后，我昏迷了整整三天。她认为，如果我去跑马拉松，我的心脏病很可能再犯。她希望医生能告诉我，跑马拉松是个坏主意。不过，医生说，他曾经给3000个人做过类似的手术，从来没有一个人回来问过他，自己能否跑马拉松，更别说跑7次了。所以，他对我的这个问题也不知该如何回答。即使如此，他还是告诫我，无论如何都不能让自己的心率超过每分钟130次。后来，我仍坚持去跑马拉松。因为在最后冲刺时忘记带上显示器，所以，我始终不知道自己那时的心率是否超过了每分钟130次。

对于年轻时的我，我想给他很多建议。在探险方面，当我们从苏联出发前往北极时，其实我们是比挪威的对手们抢先一步的。当他们创下世界纪录时，我们不禁反思这一路到底哪一步出了差错，让我们白白丧失了一个大好机会。当我们走到一片开放的水域时，并没有把我们的雪橇当成渡河的独木舟，而是把它们丢弃在了离极点约100英里的地方，然后继续背着背包前进。后来，我们耗尽了食物，不得不靠苏联派遣的直升机撤离。我想告诉那时的自己，要做更周详的计划，并且一定要在零下 50 摄氏度的时候注意保护脚趾，以避免患上坏疽。我们竭尽所能从那次失败的经历中吸取教训。

　　我的妻子珍妮死于癌症后，我度过了噩梦般的一年。直到一年后遇到露易丝，我才从自我颓废中走了出来。她对我的事业有自己的看法——在长达 6 年的时间里，她一直忍受着我从极地探险转战登山的过程。但在 2009 年登上珠穆朗玛峰以后，我说我不会再去登山，我也做到了。

　　我对自己所取得的成就十分满意，但如果我把这些经历告诉 16 岁的自己，他不会被打动。他会说："我知道我爸想让我做什么，不应该去尝试做其他任何事情。"他还会说我做的那些蠢事都不重要。

Sir Max Hastings

马克斯·黑斯廷斯爵士

历史学家、作家

受访时间：2010 年 3 月 22 日

    16 岁时，我很崇拜我的父亲，甚至觉得自己永远也无法过上他那种具有冒险精神的生活。人们总对我说："去吧，黑斯廷斯，瞄准目标、拼命赶超。"但我是个出了名的胆小鬼。我的父亲跳过伞，参加过克雷斯塔竞速，还曾是一名战地记者——我很害怕我会辜负家族的优秀基因。直到后来，我才发现我的父母并非重要人物，他们只是事业有成且幽默风趣的记者，是我把他们做过的事夸大到了荒谬的程度。

    我希望我能早点意识到，那些关于"青春岁月是人生中最美好的时光"的说法完全是一派胡言。年轻时期其实非常糟糕，因为那段时光让人感到迷茫，不清楚什么事情能做，什么不能做。年龄增长带来的好处是，你会了解到你不会成为首相，或者赢得温布尔登网球赛的冠军——你已经接受自己的现状。当你年轻的时候，无知会折磨你，至少它曾折磨过我。

    那时我不善与人相处，也完全不知道怎么和别人感同身受。我曾经以为，朋友从不邀请我去参加他们的派对，都怪我的父母。但如今回顾往昔，我意识到，那只是因为我并不是个魅力十足的人。我的父母都忙于料理自己的生活，母亲还用非常强硬的态度告诉我，我需要自己去摸索如何结交朋友。我想，她是对的。

在学校寄宿最大的好处就是，以后再也不会遇到比那更糟糕的经历了。迅速解决生活中的坏事是很有必要的。多年之后，当我身处越南或马尔维纳斯群岛等战区，因疲惫、脏乱与恐惧感到丧气时，我就会想："这里至少比在寄宿学校里要好。"我的生活变得愈来愈好，我们都曾经历失败和沮丧，我也曾嫉妒他人，但现在，我会选择勇敢面对自己的困难，而不是他们的困难。

我为那些曾在学校里表现优异的人感到惋惜，他们中许多都担任过级长或足球队队长，最后却只成为郊区高尔夫俱乐部的秘书。他们之所以成为学校里的佼佼者，只是因为他们循规蹈矩。事实上，真正的成功者在生活中并不是循规蹈矩的人。

我会告诉年轻时的自己："如果一个女孩愿意与你交往，哪怕你只是带她去吃汉堡包，她也会心甘情愿。对她来说，那与豪华大餐并无差别。"回想起来，我在与女孩约会这件事上花过太多无谓的钱，终究全是竹篮打水一场空。我第一次和妻子约会是在我 17 岁的时候，她说，在那些日子里，好女孩不会做那样的事——我真希望当时的自己能早点懂得这个道理。

我会喜欢少年马克斯吗？一点也不会——他会吓到我。我就是维多利亚时代所谓的"傻大个儿"，身高 6 英尺[①]5 英寸[②]，但四肢协调能力非常差，还不善与人交往。我的妻子也总喜欢调侃我这一点。

作为一个写作者，我曾犯过一个错误。出于对我父亲的崇拜，我太过于看重行为上的勇气，还强迫自己去模仿父亲的所有英勇事迹，因此浪费了很多时间。现在我终于意识到，道义层面的勇气其实比物质层面的勇气更为重要，也更为难得。而且，女性往往比男性更具备这种勇气。我接收了父亲对事物的所有偏见与想法，很久之后，我才意识到其中许

---

① 译注：1 英尺 =0.3048 米。
② 译注：1 英寸 =0.0254 米。

多想法有多愚蠢。我依然算是个保守派，但现在，是对这个世界有更多认知的保守派了。而我的父亲是保守党的右翼派，他觉得英国是世界上最伟大的国家，对世界上其他国家都抱以轻视态度。随着年龄增长，我意识到，其实他的许多观念都很疯狂。

　　我对母亲充满敬畏。她非常聪慧，总是打扮得得体漂亮，而且讲话时诙谐中又带着十足的尖锐，我那时特别害怕她。在那个年代，人们不太喜欢接吻——那是前戴安娜时代，也没有太多身体上的接触。现在想来，真是让人感觉悲哀。那时，我们一家人都不习惯肢体上的接触。而如今，我一直尝试着在和我的孩子们之间，改变这种不擅表达亲密的状态。可当我极力避免重蹈父母的覆辙时，却又犯了新的错误。最近，我的女儿说，她不记得小时候我经常在她身边。我反驳道："我每次都和你们一起玩水桶和铁锹的游戏啊。"她则说："没错，但你每次看起来都心不在焉。"

　　年轻时，我被自己的烦恼和生活所困扰，对他人不感兴趣，这可能就是我很难与他们相处的原因。我花了很长时间才明白这一点，那时的我整日郁郁寡欢——每天晚上都独自一人在公寓里玩游戏打发时间。在事业上我非常幸运，不过，我如此努力工作的部分原因，是我没有社交生活。从那以后，我学会了很多。

Danny DeVito

丹尼·德维托

演员

受访时间：2012 年 7 月 16 日

  16 岁时我住在新泽西州，喜欢看电影，经常和朋友们一起出去闲逛。如果我能回到过去，我会告诉自己多看书，多阅读，多记历史和地理知识，养成良好的学习习惯。我会告诉自己要放轻松，不要因为没有女朋友而感到压力。我会说："不要因为周五晚上有大派对，必须盛装打扮去参加而忧心忡忡，因为派对会持续很长时间。不要因为你没有女朋友而感到压力，和朋友们玩得开心最重要。还有，不要吸烟。"我只有在需要融入群体时才吸烟。事实上，我会告诉自己，不要太担忧自己无法融入群体，毕竟，他们也不都是些聪明的人。我要善待姐妹，需要花更多的时间陪伴父母。天啊，我真需要做这么多事吗？

  16 岁时，我最关心的是女人。我风趣幽默，性格外向，所以有点受欢迎。但我不是布拉德·皮特，很难成为在大街上被追逐的对象。我有两个姐姐，最大的姐姐比我大 16 岁——所以，我比一些不了解异性的男孩有更多的优势。而且，我知道很多其他男孩在小时候看不到的、女孩的私密事情。我见过姐姐们的男朋友们，听过他们聊天，也知道这些男朋友们在姐姐心中得分高不高。我不想让自己听起来太过于世故，但我在女性面前比其他很多朋友要舒适自在得多。我会告诉年轻时的自己，要充分利用这一优势。实际上，和姐姐们待在一起，多听她们谈话，自然可以从她们那里学到一些宝贵的知识。

少年时，我不知道我想从事什么职业。高中毕业前，每年夏天我会去兼职做园艺。高中毕业后，姐姐把我送到美发学校。因为她开了一家美容院，想要我为她工作。我说："安吉，我不知道行不行，我对美发毫无兴趣。"她说："那你还能做什么呢？你不能上大学，但也需要找点事做。"因为姐姐总是很聪明，所以，我跟着她去了美发学校。到了学校后，她把我的小工具箱给我，就这样，开启了我在美发学校的学习生涯。从走进学校的那一刻起，我就知道我将永远感激她。我们班有40个女孩和大约3个男孩，接下来的6个月对我的人生有着开创性的意义。

　　我很喜欢头发。如果我看到某个人的头发是红色的，下次再看到他时，我会分辨出他的头发颜色是更浅了还是更深了。而且，我总是知道谁刚剪过发。相信我，这是社交中的破冰术。即使别人没有问我头发的事，我也会给别人提建议，我会告诉他们："以您的脸型，不应该留这种小摆发型——也许您应该考虑修剪一下您的刘海。"我时常盯着别人的头发看，并把我的知识用在了我的一些同事和合作的明星身上。不过，有一次我因为这个闯了祸。当时大家正围坐在一张桌子旁，排练一场戏，其中有位年纪稍大一些的女演员。我们都还没有做完发型和化妆，我看着她说："嘿，你头发上有根绳子。"我拉了一下那根绳子，她的眉毛立刻就往上耸了一下，她当时就抓狂了，大叫道："该死的丹尼，这是我整容术后的装置。"我当时不知道，我从来没见过这个。

　　我的父母现在早已过世，但幸运的是，他们生前一直支持我。母亲是40岁时才有的我，和与我同龄的孩子的父母相比，他们要老得多。所以，我意识到他们终将会离我而去。我的父亲和母亲去世时，我都在他们身旁。父亲是突发中风和心脏病离世的，但他去世时，全家人都在他身旁。这有点令人匪夷所思，因为事情就发生在全家人的眼前。考虑到父母年事已高，我从未犹豫过向他们表达我的爱。我有了自己的孩子之后，总是告诉他们我有多爱他们。当你表达了对他们深深的爱时，他们将永远镌刻在你的心中。

我对自己在《飞越疯人院》中的表演感到非常自豪。接到这部电影时，我已停止了在百老汇的演出，所以有较长的时间研究角色。我们曾参观了一些研究机构，当时，我们假借研究生身份，这些研究机构才允许我们进去参观，我们在那里开阔了视野。《飞越疯人院》是一部很精彩的电影，但能让十几岁的我最佩服的，应该是我在《蝙蝠侠归来》里出演了企鹅这个角色——那时我把《蝙蝠侠》的漫画放在床头。我不得不告诉年轻时的自己，拍出来的电影和漫画还是有一点不同，因为这部电影的导演是个叫蒂姆·波顿的疯子。

如果我告诉年轻的丹尼人生的发展方向，他会兴奋不已。我想，他不会被吓倒。我不会用这些事情打击他，会温柔对待他，让他坐下，然后对他说："我从未来穿越而来，我来告诉你你将要做的事。"如果我告诉他，他将在这些电影里身兼导演和演员、需要抚养3个孩子和过我曾经过的生活，我想他会微笑着说："这太好了。"

我会告诉十几岁时的自己，无论遇到好事坏事，都要拥抱它，然后让它过去。我认为这是一种很好的生活方式，能够游刃有余地应对任何事情。而我天生不是这种人，这一课对我而言会很难，但你必须学会相信事情总会解决。

婚姻是双向车道，两个人必须目标一致才行。两个共同生活的人，需要互相体谅和迁就。如果只是想做永远的闺密和朋友，则是一个给予与索取的问题。[1]

我过着一种幸福完美的生活，也不想改变什么。最珍惜的时刻是与家人在一起。在过去的20年里，我每年都会带3个孩子共度假期。每次备感无拘无束的日子，常常就是在度假的时期。然后，度假归来，身心轻松而愉悦，这些才是需要真正抓住的时光。

---

[1] 这次采访后，德维托和他的妻子、女演员雷亚·普尔曼于2017年分居。

John Lydon

约翰·莱顿

音乐家

受访时间：2010 年 7 月 5 日

　　16 岁时的我，最大的担忧是脓毒感染、青春期痤疮——一场活生生的噩梦。我一直觉得自己毫无魅力，以为再也没有人愿意跟我说话。令人难以置信的是，16 岁时，我会以一种极其消极的方式审视自己，你会被那些毫无意义的忧虑所吞噬。

　　15 岁时，我被学校开除了。我被看作问题学生，因为我总是不断提问题，而且是以一种听起来极具挑衅的语气。我学会了使用暗示和伪装攻击的语言艺术，但实际上，我只是想知道一些事情。被开除的那天，我像往常一样迟到了。我骑着自行车，穿着长皮衣。老师不允许我进教室，我也拒绝离开，因为那是我喜欢的一门英国文学课，正在讲莎士比亚的作品。老师指责我是"地狱天使"——是的，我骑自行车的技术非常好——之后我不得不去了一所问题学生集中的学校。

　　那时的我很少跟父亲说话，他从来都不怎么理解我。但中学毕业后，我想继续上大学。为了筹学费，我请求父亲帮我在他工作的建筑工地上找了一份工作。从那之后，因为我工作很努力，他也喜欢我的这种工作状态，我们相处得还不错。但他难以理解我攒钱去读书的想法，因为这对他来说毫无意义。

　　如果现在能重回过去，我会更好地对待父母。为了我，他们经历很多磨难。小时候我得过几次严重的疾病，其中一次昏迷不醒，醒来后就失去了记忆。大约从 7 岁到 11 岁,我一直尝试努力回忆过去的很多事情,包括我的父母是谁。他们忍受着这一切,而我则使他们的生活异常艰辛。17 岁时,我开始和性手枪乐队混在一起到处乱跑。我既不是小偷,也不是骗子,但父母不知道我的思维和想象力下一步会把我带去哪里,所以,我想这才是他们恐惧的原因。

我很难适应性手枪摇滚乐队的氛围——在乐队中没有找到和我在精神上保持志同道合的人,他们难以理解我对歌曲的诠释和选择的主题。我的意思是,在这个乐队中我常常眉头紧锁。席德和保罗,马尔科姆和格伦,他们之间关系较好,对彼此非常了解。当他们看到我穿着一件印有"我恨平克·弗洛伊德"的 T 恤在国王大道上行走时,就把我接走了——马尔科姆觉得这非常有趣,但其他人无法理解。

我的父母是爱尔兰人,而我在英格兰长大——所以我天生反体制。我一直意识到右翼势力在我们周围悄然蔓延,尤其是当我生活在芬斯伯里公园时,这里是一个真正的文化和种族的大熔炉。我成长的地方比我能想象到的任何地方都更自由、更少仇恨,思想也更加开放。而性手枪乐队的成员都来自时尚、艺术气息浓厚的伦敦西部地区,对比起来,他们的思维显得非常狭隘。这些人痴迷于给人留下深刻印象,穿合适的衣着,认识合适的人。这完全是无稽之谈。

我创作歌曲是因为乐队的其他人都不懂。我真的很喜欢他们,也永远感激他们,因为是他们给了我成为一名作曲家的机会。我总是觉得自己对没有社会归属感的人有特殊的感情,我自己也是他们中的一员,所以当我创作歌曲时,把自己放在了保护那些没有自我防御能力的人的角度。任何期望你成为炮灰的体制,自然都是我的敌人。我对皇室家族本身没有个人仇恨,我只是为他们感到遗憾,因为他们出生在一个难以理解的体制里。但有一个简单的解决办法——那就是自愿废除自己的头衔。

我写的歌因为触犯叛国罪法案,被国会公开讨论,这在当时是死刑罪责。我在所有正确的地方树敌，我喜欢这样做，但我的经纪人①不喜欢。所以，他试图通过各种各样的诡计，制造各种愚蠢的丑闻，想要用其他事件来转移人们的注意力。但我想要它的政治冲击力，我已经在思想上做好了充分准备，我觉得自己可以应付一场关于这个问题的辩论。我认为我从未创作过一首失败的歌曲，我相信言论自由是一件极好的事情。

在 PiL 乐队②中，我必须挑选乐队成员，不像在性手枪乐队中那样——PiL 乐队在艺术和人文的方式上更有价值。我已经在一张专辑中着重攻击了社会问题，但是对于 PiL 乐队，我认为我应该分析自己内心的思维过程，并努力抓住自己。性手枪乐队以一种奇怪的方式夺走了我年少的最后时光，在这种压力下，你无法厘清自我。那些所谓的经纪人和成年人本应尽力帮助我们，但实际上并没有。所以对 PiL 乐队，我做了自我分析。

你不能永远做一个愤青，而且为什么会想成为愤青呢？人会长大，我期待能活到 100 岁。我想成为一个老顽童，在老人院把他们逼疯——"我的尿布湿了！我的尿失禁裤在哪里？"老人们时刻叫嚷着，是要让人们知道他们还活着！你应该把他们团结在你的周围，而不是拒绝他们，他们会愿意告诉你一些事情。

遗憾的是，每当我想到过去的事情，我会想用这一切换取一个新生命的到来。这才是最令人惊奇的、美妙的事情。我很想做父亲，但我和诺拉无法生育。在我住的地方，我因为擅长为孩子们办派对而非常出名——比如万圣节、盖伊·福克斯节，我喜欢做这样的事。我总是乐于照看动物，如果去乡间散步，会发现有五六个小动物是我想带回家去照看的。这就是我——我能在灌木丛中找到一只折断翅膀的鸟，这是与任何人都无关的事。

---

① 马尔科姆·麦克拉伦。
② 莱顿组建的更具实验性的后朋克乐队的英文首字母缩写，全称为 Public Image Ltd.。

Sir Rod Stewart

洛德·斯图尔特爵士

音乐家

受访时间：2018 年 9 月 17 日

16 岁时，我辍学了。父亲在肯特镇给找了一份工作，做丝网印刷工，印刷墙纸，但我对这份工作并不满意。大约在同一时间，我失去了处男之身，因此有了《玛吉·梅》这首歌，这首歌描述了这件事。16 岁时，我找寻到了自我。以前我和女人在一起会很害羞，现在也一样——信不信由你。我认为这点是个加分项。实际上，我的新专辑中有一首关于这种情况的歌，叫《看着她的眼睛》。这首歌讲述的是那些将自己推向女人的男人，他们误解了女人的眼神，尤其是喝了酒之后。我 16 岁的时候，情况完全不同，但我从来没有强迫过女人。我知道这很老套，但我一直享受追逐的过程和浪漫。

16 岁那年，我参加了布伦特福德足球俱乐部的试训。我想成为一名足球运动员，但一切最后都成为泡影。如果你当时问我想从事什么职业，我可能会说想成为一名足球运动员。但在内心深处，我知道我并不擅长踢足球。这只是为了让父亲高兴——他是希伯尼安足球俱乐部的超级粉丝，他真的很希望他有个职业足球运动员的儿子。我有基本的足球技能，但没有决心成为职业球员，也没有像对待音乐那样强烈的成功欲望。

我们家并不富裕。事实上，我们穷得叮当响，但家人关系亲密。到现在也是，我们斯图尔特一家是一个充满爱的家庭。父亲不善表露对我的爱，但我一直知道他是爱我的。姐姐玛丽把我带大，她今年12月26日就满90岁了，我想祝福她。我想，母亲可能已经厌倦了孩子，而我就是个错误。我本不该来到这个世界，就像哥哥说的那样，我是史上最昂贵的错误。

我是个快乐的孩子，无欲无求。偶尔我也会得到一双新足球鞋，但大部分时候都是穿着哥哥们的旧鞋。我们有一个足球，因为是在大街上踢，所以被踢得稀烂。我们就像其他孩子一样，在街上踢足球。我现在试着教我的儿子们在自家的球场上踢球——我有一个人造草皮球场，是正式球场一半大小，非常漂亮。但孩子们总是想让我带着他们去外面踢足球，大多数时候，我都可以陪他们去踢球，但会告诉他们："听着，你们的爸爸小时候常在酒吧外面一边玩足球，一边等父母。"是的，那时父亲把一个网球涂成白色，这样晚上就能看见这个球。我在等他们下班的时候，就会在酒吧外面把这个白球踢来踢去。

我第一次听到山姆·库克的歌声，是在16岁左右。当时，我正在从海格特去肯特镇上班的路上，把晶体管收音机贴在耳朵上听到的。然后，我突然转向杰克·凯鲁亚克的杂乱无章的披头士音乐——当时留了长发，开始听所有伟大的民谣歌手的歌曲。我想，是因为伍迪·格思里刚刚逝世，鲍勃·迪伦刚刚制作了他的首张专辑，这两人对我影响巨大。美国似乎是一个浪漫而又遥远的国度，记得听着鲍勃·迪伦的专辑，就像为我描绘了一幅美国纽约的画面。

我不知道我有很棒的演唱天赋，我在学校读书时，有个名叫温赖特先生的老师——真奇怪我还记得他的名字——他总是在课堂上点我的名，让我到教室前面唱歌。我对唱歌一窍不通，但他一直逼我，到最后，我总是找借口逃他的课。有一年，父亲买了把吉他送给我——他一定看出弹吉他能够赚钱。嗯，就是这样。我开始出道，一直用这把吉他演奏。1965年，有一个关于我的电视节目叫"Rod the Mod"，它讲述了我18岁时在老俱乐部里唱歌的故事。坦白地说，我的声音悦耳动听。我邀请了所有的家人来观看这个节目,有四五十个人。家人们都说我的声音很悦耳。

我喜欢看波士顿凯尔特人队的比赛,尤其是波士顿凯尔特人队与格拉斯哥流浪者队对决的比赛。最近一次是我刚结束了在西雅图的巡演,然后一路飞到洛杉矶,在凌晨3点45分直奔凯尔特人球迷俱乐部。我带着行李,走进去说:"好吧,我要两份大都会鸡尾酒。"我一饮而尽,之后一整天都是醉酒的状态。哈!

我喜欢开我的车,但我从未参加过驾照考试。当年我们在杰夫·贝克集团时,有一个叫皮特·桑德斯的巡回演出领队,他经常在我们演出结束后送我们回家。伍迪住在机场附近,我住在海格特,杰夫住在南方。桑德斯因为开车而累得要死,所以他说:"我告诉你我们将怎么解决这种状况——我去替你们参加驾照考试。"那时驾照上不用贴照片,于是他去替考了——然后我们就有了驾照,可以自己开车了。

有一件事从我16岁起就没有改变过,那就是对蓝调音乐的热爱。我在光滑调频广播做了一个节目,我告诉他们:"听着,我不打算播放卡朋特乐队或多诺万的音乐。甚至也不打算播放阿黛尔的音乐,尽管我觉得她很出色。我来这里是为了向引领我从事音乐事业的人——马迪·沃特斯和山姆·库克致敬。对这种音乐文化,我深表感激。"我过去常嘲笑我的儿子肖恩,因为他总是想把自己打扮得像个黑人——裤子挎在屁股上,身上挂满珠宝。我对他说:"小伙子,你穿着的颜色错了!"他说:"爸爸,你以前也曾试着模仿奥蒂斯·雷丁和山姆·库克。"他的话让我立马闭嘴了。

如果现在见到少年的自己,我可能会认为他是一个自大的浑蛋,他太自恋了。但在某种程度上,他还是很有魅力的。然后你会想:"见鬼,他会唱歌。"16岁的自己不会相信,73岁的我还在做这件事,他会完全惊讶于我还像以前那样享受这件事。我依然像以前一样热爱足球,将我对足球的一切都教给我的4个孩子,这也会让他印象深刻。让他印象深刻的还有,作为一个 73 岁的人,与他的孩子们一起在球场上踢球仍然充满激情。他会想:"希望自己最终也能这样。"

多年来,我被所有的小报大肆报道——对年轻时的我来说无关痛痒。他会喜欢这种被关注的感觉,他天生就爱炫耀。长着那样的鼻子和留着那样的发型,除了当摇滚明星之外,也不能再干别的职业了。我总是对罗尼·伍德说:"我们还能干什么呢?"我们不会去英佰瑞超市工作,这是毫无疑问的。顺便说一下,并非指在英佰瑞上班有错。

从 20 世纪 60 年代末到 20 世纪 70 年代中期,我发行了 6 张个人专辑,我的乐队脸谱发行了 3 张专辑,这些年我们非常忙碌。我唯一不喜欢的,就是不得不写歌词。我记得罗尼·莱恩和伊恩·麦克拉根①把我锁在酒店房间里,直到我写出一些歌词才放我出来。但是,对音乐的热爱让我渡过了难关。我最喜欢的脸谱乐队的歌是《哦啦啦》,虽然我没有唱这首歌——是罗尼·莱恩或伍迪唱的。那是一段美好的旧日时光,非常有趣。我永远不会忘记这段时光。我们乐队内部是不是和外界看起来一样好?比那更好!和脸谱乐队的成员待在一起,就像每晚都是平安夜一样。

我和蕾切尔②离婚了——只有离婚之后,我才知道自己的感受,我对此无所适从。在与蕾切尔离婚之前,我一直认为自己是个浪荡少年。然后,她离开了我。记得我的姐姐玛丽曾说:"你知道有一天蕾切尔不会继续和你在一起了吗?"我说:"她当然会!"但我与蕾切尔结婚时,她只有 21 岁,而我已经 40 多岁了。这敲醒了我。如果要我给年轻时的自己提建议的话,我会说:"伙计,你看,这些事已无法绕开,无法越过,也无法穿越。记住所罗门王曾说过的话吧,万事皆有可能。"所有的事情确实都过去了,随着时间流逝,你会将其忘却,而生活还在继续。

---

① 罗尼和伊恩分别在小脸乐队和脸谱乐队中担任低音吉他手和键盘手。
② 蕾切尔·亨特,两人在一起 9 年后,于 1999 年离婚。

在完成《伟大的美国歌集》这件事上，我再次加快了工作的节奏。做这件事完全是出于热爱，这张专辑现在已经卖出了近3000万张。然后我又做了另一张专辑，之后出版了自传，就像打开了闸门般的一件接一件。我只是想："上帝啊，我父母已去世。"这让我意识到我是多么想了解我的家庭和自己的过去。我的哥哥姐姐给我讲战争的故事，我的朋友们给我讲故事，曾在一个乐队的同伴也给我讲故事，我想："有很多素材可以用来创作。"我又开始创作歌曲。对我来说，现在创作歌曲已经完全是一种享受。

我从来没有写过一首经典的歌曲，从来没有。《玛吉·梅》一开始甚至不该被收录进专辑中。我们录了9首歌，唱片公司来找我说："听着，我们不能推出一张只有9首歌的专辑——你还有别的歌曲吗？"我说："好吧，还有这首歌。不过这首歌还没有歌名，但可以为它取一个歌名。"如果这首歌没有出现在专辑里，我今天就不会坐在这里和你讲话了。嗯，或许不是这样。

如果能回到生命中的某个时刻，那很可能是在发行专辑《脸谱》时。当时，我正开着一辆旧劳斯莱斯前往伦敦的瑞士小屋，BBC节目里传来我的歌曲《玛吉·梅》上了歌曲排行榜首位的消息。我掉转车头去了父母在海格特的廉租房，走进门把这个好消息告诉了他们。大家抱成一团，高兴得哭了。我说："嗯，我现在得走了，要去见几个朋友。"然后就离开了。那可能是我经历过的最快乐的时刻，但相信我，我人生中还有许多这样的时刻。

第三章

自 信

不要被那些不了解你的人的恶意批评所束缚。

—— 切尔西·克林顿

Chelsea Clinton

切尔西·克林顿

作家

受访时间：2018 年 8 月 20 日

16 岁时的我是个绝对的书呆子，每天只专注于读书和学习。每天放学后，我还会认真地学习芭蕾舞。我清楚地记得，有一天晚上，母亲走进我的房间，告诉我不应该埋头做功课，而应该和朋友们出去玩，我的生活需要更多的调剂。当然，她的说法完全正确。但是我那时求知欲很旺盛，也很喜欢上学。

我很想安慰 16 岁的自己，那时我刚从阿肯色州的小石城搬到白宫，很担心永远交不到新朋友。在最初的几个月里，我有两个好朋友，名字都叫伊丽莎白，她们来和我住了一个星期左右。父母第一次允许在我的卧室装上电话，这样我就可以随时打电话给我的朋友们。当我不做功课或不练习芭蕾舞时，我就会打电话给小石城的朋友们，我们无所不谈。在华盛顿度过的青少年时期，我的父母尽一切可能为我创造条件，帮助我培养这些友谊。这对我很重要，直到今天，这些人仍然是我最亲密的朋友。我是她们两人婚礼上的伴娘，我们已经成为彼此生命中不可或缺的人。

青少年时期，我从来没有对生活中的任何限制感到怨恨。我认为怨恨并不是一种有益的情绪，我也一直明白这是特勤局工作人员必须做的工作，我尊重他们。当我不得不受到保护时，我明白这是为了什么。事实上，我非常感谢特勤局的工作人员，以及他们对待我的朋友们的方式——尤其是男孩们，他们完全被特勤局的工作人员迷住了。特勤局的工作人员总是很有耐心，回答了很多关于他们的训练和武器方面的问题，还对我的朋友们为他们设想的各种不同境况下会如何应对做了回应。

看了播出的《白宫风云》之后，我只记得当时在想："希望政治真的是这样运作的。"特别是在今天，剧里所展示的那种就共同目标达成普遍共识的想法，以及如何实现这些目标的激烈辩论尤为宝贵。然而现在，在我的国家没有共同目标的意识——事实恰恰相反。

我想，如果你今天见到16岁时的切尔西，你会发现她很友善——我一直都是这样。我知道我有责任帮助人们克服他们对我的偏见，我想要表明我不是势利或傲慢的人。我是一个性格外向又非常古怪的人。我并不沉默寡言，但也不是那么张扬自信。我内心一直有一种强烈的自我意识，但我从不傲慢或大声宣扬。

在我还年轻的时候，就很清楚媒体对我外表的评论。我对这个问题思考了很多，尤其是当霸凌现象在增多，而且我们现在还有一位将仇恨正常化的总统。上小学时，我被一些不太友善的人欺负——通常是男生——他们取笑我的外表，或者把我锁在储物柜里，想要看州警察会不会赶来。但现在回想起来，我还是非常感谢这段经历。我在华盛顿遇到这种事时，就是这些年长的男人对一个12岁的女孩说了这些刻薄的话。我的意思是，这行为太疯狂了——为什么这些人要找我的麻烦？这并不能说明我有任何问题，但却能说明他们有问题。他们的生活显然存在问题，他们现在正试图欺负一个孩子。我很小的时候就明白，当我们被别人辱骂的时候，并非因为我们做错了什么，而是因为他们都是恶人。

我非常想念我的外祖母多萝西。我非常爱她，我经常把她的故事告诉我的两个孩子。她是我生命中重要的一部分，是她成就了现在的我。我难以想象她的人生经历，她出生时，父母都还只是十几岁的少年。3岁时，她的父母第一次想抛弃她。然后，8岁时，他们基本上完全抛弃了她和她的妹妹，把她们送上从芝加哥到洛杉矶的火车，要她们去和严厉的祖父母住在一起。14岁时，我的外祖母被告知，她必须开始养活自己，所以她找了一份工作，并完成了高中学业，还以优异的成绩毕业。她是如此坚定，为自己的子女建立了一个充满希望和爱的家。她很聪明，也很风趣。我多希望她能见到她的曾外孙们，我发现，外祖母出生时，女性还没有投票权，但她活得足够长，以至于看到了女儿参加总统竞选，这让我感慨万千。

对于我现在的公众人物的身份，16岁时的我会非常惊讶——我过去是一个注重隐私的人，只希望过一种平常的生活。我成为公众人物，部分原因是由于我的外祖母，她曾经告诉我，我是切尔西·克林顿，这无法改变。所以，要么运用我所获取的关注，做一些积极正面的事情；要么就用不太引人注意的方式活着，并学会忍受《第六页》[1]里对我无趣生活的指指点点。我母亲告诉我，要认真对待批评；重要的是要对你的家人和朋友以及那些关心你的人敞开心扉，接受他们意见。同样重要的是，不要被那些不了解你的人的恶意批评所束缚。

如果我能回到过去的某个时刻……我会给出每个女人都会给出的答案吗？是，那就是孩子出生的时候。我一直希望成为一名母亲，一定程度上是因为我和母亲的关系很亲密。那种充满了单纯的爱、感激和快乐的美好时刻——我再也没有过那种感觉了，培养这种关系是我生命中最美好的事情。

---

[1] 鲁伯特·默多克新闻集团旗下《纽约邮报》声名远扬的八卦版块。

Mary J. Blige

玛丽·简·布莱姬

音乐家

受访时间：2017 年 7 月 10 日

我的生活一直都被音乐萦绕。当我还是一个小女孩时，我的父亲是音乐家，母亲是歌手。四五岁时，我经常听到母亲吟唱古老的灵魂乐和福音歌曲，她的声音宛如唱片里放的那样动听。父亲是一名贝斯手，也是钢琴爱好者。他们有你能想到的各种唱片。因此，我是在音乐的熏陶下长大的。

我首先想对 16 岁的自己说一句话："别再贬低自己，因为你将成为一个受人喜爱和敬佩的人。我知道你现在不相信这点，但相信我。不要为了取悦别人而降低自己的水平，因为你永远无法取悦所有人。相信我说的话，相信你自己。"

我只是一个典型的叛逆少年，不听母亲的话，不做正确的事。16 岁时，除了唱歌，我别无他想。我的梦想是唱歌，但当时那只是一个梦。而我，只是想活下去。

对于我和我的家人来说，音乐是一条出路。当然，你希望它立即实现，尤其当你生活在我们所处的环境中时。[①]你渴望实现它，这样便能帮助母亲和家人摆脱困境。你想赚钱，使每个人都能摆脱恶劣的环境。你

[①] 20 世纪 70 年代，布莱姬在纽约布朗克斯区（译注：纽约最北面的区，犯罪率高）长大。

希望快一点实现,不愿意浪费时间。

在我们所处的环境中,音乐也是快乐的源泉——人们在家里或街区聚会上唱歌。确实,所有话题都与音乐有关。那时,你很难找到你喜欢的歌曲,也很难听到音乐节目主持人在街区聚会上播放的歌曲。人们经常问:"我们该怎么找到那首歌?那首歌真带劲!怎么能知道那是什么歌?"现在你可以随时得到一切,但那时没有 Spotify 这样的数字音乐服务平台,你无法只收听专辑里的某一支歌曲,必须去买整张专辑才行——除非它是一首单曲。我们当时真的很感激有音乐的存在。

音乐拯救了我们,我认为不是我们找到了它——而是它找到我们。5 岁那年,我第一次听到史蒂夫·旺达的《生命钥匙里的歌》。第一次听那张专辑,我就被迷住了。无论史蒂夫唱的歌词是什么,我都觉得美妙无比。

我觉得那就是我的音乐,不同于父辈们的音乐,是属于我的音乐。最令我着迷的是歌词和歌声,这就是为什么《生命钥匙里的歌》对我来说如此重要。唱片封套里有一页上面有歌词,我和姐姐就去学习《失去重心》《欢乐天堂》和《温柔夏日》里的歌词。后来我听到安妮塔·贝克的《陷入狂喜》,觉得那是我听过的最美的情歌。夏卡·康的《永恒的爱》也是如此。在我成长的过程中,正是音乐激励着我。

我总是在家里唱歌,把梳子当作麦克风,对着浴室镜子唱蒂娜·玛丽的歌。就像现在很多小女孩幻想对着碧昂丝唱歌一样,我是对着安妮塔和梅丽莎·摩根唱。我想,那时的我就是一个表演者,或者说是一个正在练习的表演者。我非常喜欢这样做。

我 7 岁时参加了小学的一个才艺表演,演唱了"蜜桃与赫布二重唱"的《重逢》。那场表演是在我的音乐老师斯威尼小姐的鼓励下参加的,因为我从来都不愿站到前面,总是设法躲在后面。是那些推着我站到前面的人成就了我。朋友们总是邀请我唱歌,唱歌,唱歌,这是我必须增强自信心才能做到的事。

唱歌能让你成为一个更好的人。当你放声歌唱，歌声会带给你自信和美好，它会把你变成另外一个人——一个更好的人。我年轻时唱得比现在好得多，可以模仿任何人，不论男歌手还是女歌手。唱歌给了我信心、力量和自由。

我的叛逆搞砸了我的学业。我在念到十一年级时，就从高中辍学了。对此我十分后悔，真希望当时能完成学业。然而，当我再次回想过去，反问自己，如果完成了学业，是否还是现在的我，还会是今天的玛丽·简·布莱姬吗？

我对辍学这件事并不感到羞耻或难堪——那只是我犯的一个错误。我想告诉所有想在音乐领域有所成就的人，尤其是年轻人或想进入这个行业的人，首先要接受教育。如果你不能正确地阅读合同、与你的经纪人交谈或不能正确地与人打交道，你就无法在行业内立足。我承认我的错误，但并不感到尴尬。这只是个错误，仅此而已。

我会给年轻时的自己留言，并非每个人都与你志同道合，不要事事都和他人分享，不是每个人都会为你高兴。我很早就明白了这个道理。

我学会了谨慎对待音乐——因为它要么创造，要么毁灭。在我的职业生涯中，一共发行了13张专辑，我的心得是：音乐是最重要的交流方式之一。你可以用它来创建，也可以用它来摧毁。音乐的感染力非常强劲。我必须对自己在音乐里表达的东西小心谨慎，因为有人在家里听音乐，这有助于他们保持活力或摆脱一段糟糕的关系。即便我正在经历一些不如意的事，想要发泄，也要确保这不会伤害到其他人。我必须祈祷，确保我传达的信息是正能量。

Diane Abbott

戴安娜·阿伯特

政治家

受访时间：2013 年 6 月 24 日

16 岁时，我正在为取得普通中等教育证书而全力以赴，然而大家都觉得我是个调皮捣蛋的女孩。当然，我不是老师喜爱的学生。我想现在的我能够告诉年轻时的自己，老师不喜欢我，主要因为我是班里唯一一个黑人女孩。这影响了老师对我的看法，多年之后我才明白其中的缘由。

我一定会告诉年轻时的自己，不要为自己身材不够苗条、穿不了小号的衣服而发愁，不要为自己的长相不如超级名模崔姬而烦恼，也不要为自己没有齐腰的金发而担忧。我真希望我能意识到美是多种多样的。那时的我，迷上了很多关于美丽的神话。当我看自己的老照片时，我发现我一点也不胖，而且比我记忆中漂亮得多。

我的父母在一次激烈的争吵后离婚了。母亲因为想远离我的父亲，不得不离开了我们姐弟俩，想尽办法去了约克郡。虽然我的弟弟认为母亲不顾情义抛弃了他，但我还是十分信任母亲，也理解当初她为什么选择离开。我在备考的时候，还必须自己做饭和打扫卫生——父亲才不管什么现代女权主义。这个角色让我很纠结，我没有想过我是否应该承担这些家务，但这一切都非常有压力，困难重重。

我的目标很明确，就是考上牛津大学或剑桥大学。没有什么特别的原因——我的父母都是 14 岁时就辍学了，没有上过大学。没有人特别支持我上大学，但是我下定了决心。在我阅读的小说中，故事中的主人公都上过牛津大学或剑桥大学。我还记得学校曾带我们去剑桥大学游览，我当时就被震撼了。对我来说，那些围着条纹围巾的大学生就是我的男神和女神。我本以为如果我上了剑桥大学，我也会成为一个特别的、非同凡响的人物。而事实上，当我去剑桥大学上学时，周围都是一些高贵的白人，我备感孤独，顿时觉得自己从一开始就犯下了大错。

我从小就是一个意志十分坚定的人，我也不知道这份坚定从何而来。当我第一次谈及议会的事情时[①]，正如我谈及剑桥大学时那样——人们以为我说的话都是胡编乱造。直到我成为哈克尼区的工党候选人，情况才开始发生变化。

我不介意变老。当我四五十岁的时候，我讨厌别人还叫我女孩，我认为那是瞧不起我。我会为身体的健康状况而发愁，但我不会在乎样貌变老。不过，我确实认为，随着年龄的增长，外貌不会再引起男人们的注意，中年女性很容易成为隐形人。作为一个公众人物，大家都会留意我，但是当男人们都不认识我的时候，我就变成了他们眼中的隐形人。

我最快乐的回忆是我儿子的洗礼日。那天，我和所有的家人一起，在下议院的教堂里举行了这次洗礼。我记得当时坐在教堂里，特雷弗·菲利普斯靠向我说："通常情况，一个地方聚集这么多黑人，早就有人报警了！"那是美好的一天。乔纳森·艾特肯成为我儿子的教父，我在当议员之前为他工作。并不是说我们相处得很好，只不过我认为他是一个好人，值得做我儿子的教父——我曾认为他可以帮助我的儿子。不过后来，他入狱了。我明明有那么多可选择的人，偏偏挑了一个不太合适的人选。

---

① 1987 年，成为威斯敏斯特第一位黑人女议员。

Mavis Staples

玛维丝·史黛波

音乐家

受访时间：2014 年 7 月 7 日

  我从小就喜欢唱歌给自己听。我最早学会的歌是《你就是我的阳光》和《一蒲式耳和一配克》，后来，我开始学唱在收音机里听过的歌。8 岁时，我第一次在观众面前表演。我们去芝加哥，在凯蒂阿姨的教堂里演唱了《但愿生死轮回永不停止》——那时，我们很高兴可以到家里客厅以外的地方唱歌。而且，那里的人很喜欢我们，为我们连续鼓了 3 次掌让我们返场。但我们只会唱那一首歌，所以我们连续唱了 3 遍。后来，我的父亲[①]说"太棒了，他们喜欢听我们唱歌——我们要回家学一些新歌才行"。我们也确实做到了，接下来的事不用我多说，已是众所周知。

  如果我遇见年轻时的玛维丝，我见到的会是一个谦虚友善的女孩。16 岁时，我已经和"史黛波一家"组合一起唱歌好几年。我们发行了唱片，在全国巡演，在成千上万的人面前演唱——我和姐姐们总是穿着各式各样的礼服和长袍。对我来说，16 岁的生活非常美好——每个人都想认识我，我的朋友都想和我说话，但我从不觉得自己是个明星。父亲总是教导我们不要自大和自以为是。

[①] 玛维丝的父亲罗巴克·波普·史黛波。

我和许多同龄人一起长大。艾瑞莎·弗兰克林和狄昂·华薇克都是我儿时的伙伴，而山姆·库克和路·劳尔斯和我住在同一个街区。山姆有5个兄弟和1个姐妹，路的叔叔则是神龛传道浸信会的创立者和牧师。我们会在那个教堂里唱歌，或者站在路灯下唱"嘟—喔普"和声。

我会告诉年轻时的自己，要对很多事情心怀感恩。我会告诉她："上帝眷顾你，才赐予了你唱歌的天赋。你既不懂唱歌的要领，也不懂音乐本身，但你却可以以自己的方式去唱，还拥有来自世界各地的仰慕者，你很幸运。未来还有很多精彩时光在等着你，要认真对待和爱每一个人。当事情不如意时，你要抱着坚定的信念和乐观的态度向前走。无论发生什么，你都会挺过去的。因为你是一个坚强的女孩，深受大家喜爱，而且意志坚定，你一定可以战胜阻挡你前进的任何困难。"

鲍勃·迪伦和我的关系很亲密。我们初次见面时，他还只是一个小小的民谣歌手，相貌平平，但是他知道"史黛波一家"组合。他曾经向我求婚，但我告诉他我还没到结婚年龄，我的两个姐姐也都还没结婚，所以我不能跳过她们。不过我还是喜欢他——他卷曲的头发非常可爱。我很钦佩他能写出那样好的歌，我认为他是一个天才。

如果我能回到过去的某一天，那一定是第一次见到马丁·路德·金先生那天。那是20世纪60年代初期——我们当时在亚拉巴马州的蒙哥马利县，父亲带我们去德克斯特大街浸信会教堂。那天，金先生说："今天早上，我们很荣幸请到波普·史黛波和他的女儿们来到现场。"那种感觉真的很好。父亲告诉我们，他很欣赏马丁·路德·金的演讲，"如果马丁·路德·金需要宣传，我们可以为他演唱"。从那时起，我们开始创作关于自由的歌。我们开始追随金先生，并在他的一次抗议演讲前演唱了《为何？（我受到如此虐待）》这首歌。

我见过几位总统——奥巴马、克林顿、卡特甚至肯尼迪，但他们都无法超越马丁·路德·金。如果上帝仁慈，让我回到过去，我很愿意重新经历这一切。我想再见到这位伟大的人，握住他的手，感受他的存在。

我永远不会忘记他对我们音乐的喜爱，那是我人生中最美好的时刻，我难以想象没有那段时光的人生会是怎样。我最后一次见到金先生，是在他被暗杀前的一个月。当他去世的时候，我的心都碎了，很想和他一起离去。他是一个如此伟大的人。

Baroness Shami Chakrabarti

沙米·查克拉巴蒂男爵夫人

律师、政治家

受访时间：2014 年 10 月 20 日

我在读六年级的时候，就已经对我现在所做的事情感兴趣了。那时我已开始关心世界，想有所作为。我做事认真，甚至比较严厉和苛刻——我可能把一切看得太严肃了，包括对自己。到现在仍然有很多人觉得我就是这样，但事实并非如此——现在的我比以前更加幽默风趣。所以，这次采访应该是一个很恰当的时机。我现在的态度比以前轻松，比以前了解自己，我也知道我的时间有限，需要分秒必争。我比以前更乐意走在阳光下。

我个子不高，是亚洲人，身材矮小。所以，年轻时的我和 40 多岁的我没有太大差别。那时的我喜欢穿马丁鞋和父亲的旧夹克，撸起两个袖子。我和我的朋友们都不喜欢在穿衣上花钱；我们穿着防雨工作服，自己做衣服。我喜欢阅读和听音乐，也一直喜欢看电影。我认为这些事情与关心这个世界息息相关。如果你在郊区长大，你对世界的许多看法都来自电影。我依然认为，伟大的文学或艺术能够以比政治、立法、演讲或新闻更有力、更持久的方式存在，甚至在伦理问题上对人产生影响。少年时，我也喜欢听压抑的独立音乐。这些乐曲庄严肃穆——有点像史密斯乐团的音乐，也有点像快乐分裂乐队的音乐。你以为严肃且受人尊重的查克拉巴蒂还能喜欢听什么呢？

我的父母从印度加尔各答移民到了英国伦敦，并在伦敦一个被称为"床垫地"的狭小房间里结交来自世界各地的朋友。他们非常清楚这个世界的错误，但他们也非常乐观——他们是真正的国际主义者。他们并不富裕，不太会花钱买东西，但他们在满足兴趣和待客上毫不吝惜。我认为这就是我相信人权的部分原因，不管人们来自哪里都应该享有人权。他们相信英国的正义，尽管他们不是律师。

我记得大约12岁那年，在看了关于约克郡屠夫的新闻后，我对父亲说"希望抓到那个禽兽后要严惩"之类的话。父亲告诉我："不要依赖极刑。世界上没有完美的司法体系。假如100个人中只有一个人被错误地判定犯有可怕的罪行，想象一下那个人就是你自己，你每次上诉都以失败而告终，甚至你的家人也不再相信你了。而你将被处死，但你并没有犯罪。即使你哭天抢地也无济于事。"我的内心豁然开朗，从那时起，我开始思考我的人生旅程。我意识到我关心这个世界，希望有一天能有所作为。当时我并没有把它理解为捍卫人权，但我已经开始担心权力的滥用，以及一个人被错误地指控或被人们排挤会是什么感觉。

我成长在20世纪70年代的英国，非常了解种族主义和国民阵线。我意识到经济上的不公平，但对性别不公平没有深入思考。我不是想比较哪个更不公平，但现在我认为性别歧视是地球上所有不公平中最深刻、最根深蒂固的。或许是因为我们这一代女性为性别平等所做的斗争不够，我想如果潘克赫斯特[①]遇到我，她并不会为我所取得的成就过分震惊。

如果现在的我遇到年轻的自己，我会认为她太早熟，太爱争论，也太过于严肃。我现在的座右铭是"人人平等，没有人高人一等"。我将用

[①] 译注：英国女权运动代表人物、政治活动家，被誉为英国"妇女选举权之母"。

谷歌把它翻译成拉丁文，这样的话每个人都会认真对待。而且我也会对年轻时的自己说："听着，你可以自信而非自大，可以发怒但不要憎恨。"我也会告诉年轻时的自己，要更勇于承担风险。或许我能成为一名编剧而非律师——这是我当时的理想，我并非总如《太阳报》所说的是"英国最危险的女人"。我是说，我有志同道合的朋友，我现在仍然会拜访他们中的一些人。

我希望年少时的自己会非常惊讶于 45 岁的我仍然在学习新知识、结交新朋友和改变对事物的看法。我并不认为我的思维已成定式。如果我在大学念法律时，告诉自己将成为当时梦寐以求的自由党的领导者；如果我现在不为自由党工作，那我就只会每晚坐在酒吧里抱怨我们的权利受到了威胁，我还有什么特权可言。但这位 19 岁的法律系学生也不会相信，几十年后，她将不得不提出反对酷刑的理由，并支持像英国这样一个伟大而古老的民主国家保留《人权法案》。那会让她十分震惊。

如果我能回到过去，一定会和母亲进行最后一次长谈。只是问她一些问题，试着多倾听她年轻时在印度的故事——她有什么样的抱负、希望和遗憾以及她期望我成为什么样的人。但你也明白，想象和现实总是存在差异。

Sue Perkins

苏·帕金斯

节目主持人、喜剧演员

受访时间：2009 年 10 月 5 日

16 岁时，我有两种不同的生活。我很古板、爱读书，脾气很坏，也经常晚上与一群游手好闲的人在一个废弃的停车场内喝两升苹果酒。这些都是真实的我，既是个腼腆平庸的学者，也是个吵闹豪迈的疯子，比如在录制电视节目时。我必须在两种性格间找到平衡，否则就会开始感到有些痛苦。感谢《超级吃货》电视节目，让我能够经常喝得酩酊大醉。

我羡慕年轻苏的天真无邪。她爱读书，有钻研精神，但她不会把钻研精神运用于自己的生活，使自己焦虑不安。我没有远见，在某种程度上是好的。我是一个非常快乐的孩子，与父母的关系很好，对自己很有信心。每个人最终都会有内心崩溃的一天，想知道自己究竟是谁——对我来说，那一天来得很迟。

我和梅尔[1]20 岁出头的时候开始做脱口秀节目，并为电台撰稿。那时我们一贫如洗，却是我一生中最快乐的时光。我开始想也许可以从这一团糟的生活中解脱出来。在我的职业生涯里充满了错误和曲折，但我对此并不介意，这表明我没有媒体人的洞察力，确实如此。我性格腼腆，不善交际。

---

[1] 梅尔·吉德罗伊茨，苏的喜剧节目搭档。

两年后，我和梅尔放弃第四频道的《轻松午餐》节目，有人认为我们简直是疯了——这档节目依然受观众喜爱，而且工作有保障。但我们都累了，想要过电视节目主持之外的生活。10年过去了，她结了婚，生了2个孩子，而我获得了电视节目主持生涯中难以得到的多姿多彩的生活经历。

我想现在我知道我是谁了，所以与人相处更容易。公开自己的性取向不是为了身份认同，但它能使人们平静地知道我的选择，我和自己相处得很好。我可能在16岁时就知道自己的性取向，但或许只是隐隐约约——直到22岁我才交女朋友。实际上，我有一个交往了很长时间的男朋友，后来发现他也是同性恋。他是一个迷人的男人，和他在一起无论是性方面还是情感方面都很快乐。所以，我甚至不会对十几岁时的自己说："白痴，振作起来吧——你是个同性恋！"因为我和男朋友在一起很开心，我和男人们的关系也一直很好。

16岁时的自己不会相信现在的我不吸烟和从来不吃A类药物。我曾经以为，在我20多岁到30多岁这段时间，必须靠吸烟和嗑药来熬过。但我发现，当我认真工作，一心一意沉浸在当下，我非常快乐，也感到非常自由。在过去的一年里，我不再为我在这个世界上的地位而忧心。我花费了20多年的时间试着让别人喜欢我，这很累，你会变得狂躁和烦恼。现在我接受了这个事实，那就是世界上总会有人觉得你是个傻子。

Roger Daltrey

罗杰·达尔特雷

音乐家

受访时间：2018 年 11 月 5 日

15 岁生日那天，我结束了自己的学业，被送到青年就业官那里。他为我找了一份在建筑工地做电工助手的工作，但我从没见过一根电线——只是负责放管道。我想："烦死了，这只是铺设管道的工作。" 16 岁，我去了南阿克顿的一家钣金厂工作。称它为工厂有点言过其实，它更像是一个石棉棚，里面有 20 个人在生产电脑机柜，早期的电脑机柜像坦克一样大。那是我最快乐的时光，有些工友刚从马来西亚和朝鲜战场上回来——这也是我们经常忘记的两场战争。尽管工作艰苦，但我们的歌声、笑声和伙伴情谊，让我感觉非常快乐。

青少年时期总是充满了焦虑、活力、兴奋和偏执。在学校时，我曾被人欺负过，所以我总是紧绷着神经。如果我感觉受到威胁，我一定会先发制人。也许我是一个好斗的家伙，但我认为我不会霸凌别人。

我对未来的想象就是成为一名摇滚歌手——这已经成为我奋斗的动力和梦想。11 岁时我见到了埃尔维斯，但真正打动我的是朗尼·多尼根。我被学校开除的一个原因是：除了音乐，我什么都不想学。那时，我刚在社交俱乐部找了份有薪水的差事，每天晚上都和乐队一起鬼混。

谢天谢地，我们这一代人至少服了一年兵役。我不知道我的人生会走向何方，但我知道会过得还行。我不介意被一些纪律约束，因为我曾在少年旅接受过训练。那时，我们的训练都是在为下一场战争做准备。我学会了军号和列队行进，他们还教会了我们民主是如何运作的。我成了军营的歌手，因为我个子小，中士常常让我坐在他的肩膀上唱歌。

我们这一代是白手起家的建设者，因为一切都被战争摧毁。当你一无所有时，如果想要某个东西，就只能自己动手制作。我做了我的第一把电吉他，一个"芬达"的复制品。那时我们正在组建乐队，约翰[①]也加入了我们，我们性格不一样，但是相处得很好，他是一个天才贝斯手。后来，皮特[②]加入了，我的天，他简直是完全不同类型的人。他有能力，通过他的奇思妙想的创作，写出完全不同于他人的歌曲。我很高兴自己放弃了吉他，因为作为一个钣金工，卸下10吨钢材后，我的手无法动弹，完全不适合再弹吉他。这就是我们这个乐团。当穆恩[③]加入时，乐队正式启动，"呜——"我们乐队的名气像喷气式飞机一样直升。即使在那时，我们的音乐活力也不同于其他乐队。

尽管我们充满了愤怒、焦虑和偏执，但内心总有一种深深的敬意，这就是我们"谁人"乐队成员一直在一起的原因。你可以在巡演中带着这些情绪，但当你回到家，会深深感受到彼此之间的关爱——那是家人之间的关爱。你别想在我们中间插一脚，你连两秒钟都坚持不了！

我实现了一直以来的梦想，但我并未改变小时候的内心想法。名声是个奇怪的东西。我们都想发财成名，我得到了，但我依然还是原来的我。我并不想成为那种高高在上的明星，我一直对此感到不舒服。我现在总是待在乡下，有点隐居的意味，但这是我的选择。我喜欢和我的孙子以及家人在一起。

我20岁就当上了父亲。我在离开家的时候，就抱着这样的想法：如

[①] 约翰·恩特维斯托。
[②] 皮特·汤森。
[③] 凯斯·穆恩。

果追随我的梦想,就可以为我的前妻杰基①、我的儿子西蒙、我自己、我的乐队、我的父母、我的姐妹们,为他们每个人做到更好。这总比试着去做一件自己做不到的事情要好得多,比如在旺兹沃思的一套廉租房里结婚生子。当我随着箭头的指引俯瞰乐队车时,迂回乐队②就在旁边——这支乐队具有极大的吸引力。后来的事你也知道,我成功了。我并非一个完美的人,但希望我已经从我所犯的错误中吸取了教训。

我要给年轻人最重要的建议是:当你在玩社交媒体时,你得想清楚你想得到什么。因为生活并非低头看屏幕,而是要抬头看远方。如果年青的一代一直沉迷网络,我们的社会会走向灾难。一不小心,你的人生就完了。

年轻的我会很喜欢《巴巴·奥莱利》这首歌,它唱出了一代又一代少年人的心声。没有什么比歌词里的这句"不要哭泣,不要伤心,这只是青少年的荒原"更能说明新一代情况的了。但我在青少年癌症信托基金会结识到的年轻人,给了我很大的鼓舞,他们极其了不起。

在我的一生中,有两次顿悟的时刻,第一次是听到朗尼·多尼根的音乐;第二次是我的家庭医生艾德里安·惠特森创办了青少年癌症信托基金。一些青少年被诊断出患有癌症,可他们只能去儿童医院,每天醒来时,旁边的病床上都是些两三岁的孩子。我回想起我生命中的有段时间,那时我很孤独,每天逃学去河边散步。我想:"天啊,想象一下如果你得了癌症,你旁边都是在医院病房里尖叫的孩子。或者,更糟糕的是,都是些老人。"于是,我下定决心,不管我的人生会是什么样,我都要改变这个现状,但这是一个艰难的过程。

今天的年轻音乐家相比我们以前,受过更好的训练。偶尔你也会看到他们像金子般发光,比如艾德·希兰首次为青少年癌症信托基金会的

---

① 达尔特雷的第一任妻子。
② 乐队以前的名字。

青少年演唱时。他是个杰出的年轻人，你能想象他一个人包揽了他所有的音乐制作吗？人们认为这很容易——天啊！他真的是个宝藏。我们还请了很多歌手，北极猴乐队将会继续为我们歌唱很长一段时间，并且我希望加拉格尔兄弟的绿洲乐队能重聚。我给他们的建议是：所有留在媒体上的言论都是现如今舆论的博弈——它不是真的，所以忘掉它吧。

如果能重新体验人生的任意时光，我想回去为希瑟举行一场像样的婚礼。当年，我们一时冲动去婚姻登记处登记结婚，然后就去酒吧与祖特·莫尼、史蒂夫·埃利斯及几个朋友一起开怀大笑。我不知道她是否想要一个像样的婚礼——这让我感到更抱歉了。我们在 50 年前的那个九月相识，有什么秘密吗？问问她吧——我无可奉告！

我很想回去，和穆恩做最后一次交谈。我该对他说什么呢——"你这个傻蛋！"——不，我不知道我该说什么，我只是想拥抱他。我们乐队的成员都爱他。那时候，我们不知道戒毒的康复治疗方法，我们尽了最大的努力，但过程很艰辛。和穆恩一起外出的一天，可能是你一生中最好、最有趣的一天，也可能是你最糟糕的噩梦。但是，我们仍然愿意跟他在一起。

James Earl Jones

詹姆斯·厄尔·琼斯

演员

受访时间：2010 年 2 月 22 日

    16 岁时，我在密歇根的一个农场里过着平静而充实的生活。祖父母把我抚养长大，祖母树立了我的憎恶观，而祖父则向我灌输了很多关于正义的东西。

    我读了很多儒勒·凡尔纳写的书，而且还和一个朋友共同起草了《用地心挖掘机去地球中心》的计划。祖父认为这是一件严重的事，告诫我们停止胡闹。

    除了我的祖父，我在高中时的偶像还有唐纳德·克劳奇教授。我的生活充满了戏剧性，上小学时，我口吃的毛病已经到了不能说话的程度；上高中后，我几乎成了一个哑巴。克劳奇教授发现我会写诗，鼓励我朗读自己的作品。因为这些词语是我自己的语言，所以我能发自内心地念出来。

    我被人怂恿，写信给罗斯福总统，讨论正义与不公的问题。我想要告诉年轻时的自己，联邦调查局在他参军之前，对他进行审查时，会发现那是一封极具煽动性的信件。我还会告诉他，奥巴马当选美国总统这件事将给他留下深刻印象。

    我被禁止谈及父亲，他在我出生前就离开了母亲。上学的时候，我在一个杂志架前发现了一张他在百老汇演出的照片，是由莉莲·史密斯出品、梅尔·费勒主演的《奇怪水果》的剧照。父亲曾提出让我去纽约见他，当母亲得知这个消息后，为我买了一张去她所在的圣路易斯的火车票。我选择了去圣路易斯而不是去纽约，对此，父亲一直没有原谅我。

我会建议16岁的自己，将来有一天他应该去见自己的父亲。父亲会带他去看玛戈特·芳婷女爵士演出的《天鹅湖》，去看伟大的非裔美国歌剧演员列昂泰恩·普莱斯在托斯卡的演出，也会去看电影《好友乔伊》，然后再去看阿瑟·米勒的戏剧《萨勒姆的女巫》，这部戏剧的故事情节冷酷且压抑。电影《好友乔伊》点燃了我内心的戏剧火焰，所以，我在密歇根的小歌剧院找了份舞台木匠的工作。

我不认为16岁的詹姆斯会对自己将来作为一个演员所取得的成就感到过于惊讶，真正使他惊喜的是有一个好收成，或者是有一个狩猎松鼠或鹿的好年景。

我因饰演电影《拳王奋斗史》[①]里的角色，登上了杂志封面，但会让年轻时的我感到最自豪的，应该是饰演《哭吧，心爱的国家》里的角色。电影《星球大战》出其不意地取得了巨大成功，可我赚得很少。如果我投标制作达斯·维德的戏服，可能已成为百万富翁，但我选择了做一个特效师，只是负责录音。尽管如此，我还是很开心能参与《星球大战》这部电影的制作。

[①] 琼斯因在百老汇扮演拳击手杰克·杰斐逊而获得托尼奖，并因1970年的电影《拳王奋斗史》获得奥斯卡提名。

Marianne Faithfull

玛丽安娜·菲斯福尔

音乐家

受访时间：2011 年 1 月 24 日

  小时候，我喜欢上学，是个聪明的小女孩。当时我有很多朋友——我喜欢他们，他们也喜欢我。一切都很美好。我准备去上大学，踏上新的征程。我对自己是有把握的，然而，对于大学我却有些不确定——我是否能承受住压力？还是会在压力下崩溃？一想到会有竞争，我就害怕。我很自卑，我花了很长时间才让这种状态得以改善。

  我跟父母难以相处。我才 6 岁，他们就离婚了，事情变得极其复杂。父亲对我漠不关心，但母亲对我很好，她给了我很多的爱。后来，在我接受心理治疗时，医生常对我说："你能好起来，是因为你早年有被关爱的经历。"

  如果现在遇见那个女孩，我想我会喜欢她。我们可以聊聊书籍、戏剧和芭蕾舞。我那时候总是在为生活而奋斗，对一切充满好奇，但现在的我不会嫉妒她——现在我更自信，知道我要做什么，这感觉好极了。

  我曾经认为，我的人生就是一种错误。但现在，我认为我唯一犯的错就是吸毒。我离开家，离开复杂的家庭环境是正确的。我来到伦敦，录制唱片，追寻我自己的生活。结婚，生下尼古拉斯，尽管那时我只有 17 岁，但这也是正确的。如果只是等待的话，我永远不会有孩子，因为生活主宰着一切。所以，我不后悔我所做的一切——儿子一直是我生命中最好的陪伴者之一。但毒品让我变得迟缓，让自己产生一种毫无价值的感觉——我生活在恐惧之中。

直到后来我才明白，为什么我总是有种要逃离男人的冲动。我的母亲和祖母讨厌男人——她们认为没有男人的生活会更幸福。这让我也形成一样的思维，可以去爱，但无法坚持。因为，我总是想在被踢出去之前逃跑。我花了很多年才明白，你可以在一段感情中同时感到自由。

我是一个符合标准的女朋友——我对我的伴侣所做的事有很大的兴趣，我觉得我为他们付出了很多。米克[①]自己也曾公开承认了我们一起合作时的默契关系——他帮助我学习《三姐妹》的台词，我用我的歌曲帮他，我们一起度过了一段欢乐的时光。我从未期望能获得金钱上的回报——虽然我一直坚持要拿到《吗啡姐妹》的酬劳，让大众承认我在其中的功劳，但我做的远不止这些，我对此感到非常自豪。米克和我用这样的一种方式建立彼此间的真实关系，我们之间是平等的，但最后我还是不得不离开。当我离开他的时候，伤心欲绝——但没办法，这不是他的错。

我会告诉自己，随着年龄的增长，做些中医针灸和运动、拥有美食和结交朋友都不是坏事。我在嘴唇上注射了一点肉毒杆菌和一点胶原蛋白，还做了下巴的吸脂手术——我并不觉得尴尬。我建议不要太早去做，但我觉得手术之后，现在的我看起来比20年前更年轻、更漂亮。只有喜欢自己才能照顾好自己，这一点我20年前没能做到。

我会告诉年轻时的自己，身患重病并非意味着要在恐惧中度过余生。我得了乳腺癌，但从未像有些人那样，认为患病是一种惩罚。幸运的是，我的家人很早就已经知道我患病的事。现在，我对照顾好自己的重要性深信不疑。明年我将进行一次体检，会有一点紧张，但感觉良好，我很开心。

---

① 米克·贾格尔，滚石乐队的主唱。

第四章

学 习

在生活中,你所做的事往往都是兴趣决定的,而不是你通过的考试。

—— 阿尔曼多·伊安努奇

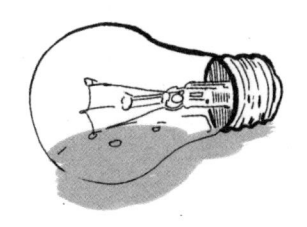

Alice Cooper

艾利斯·库柏

音乐家

受访时间：2011 年 10 月 24 日

16 岁时，我把所有时间都用在了训练和排练上。我在学校是一个有竞争力的长跑运动员，同时也是一支名叫"蜘蛛"的小乐队的成员——这就是"艾利斯·库柏"乐队最早的雏形。因为我全部的时间都投入训练和排演中，所以，没有时间做作业，但乐队里兄弟们的女朋友总是会帮我们完成作业。你看过《春天不是读书天》那部电影吗？我就像是电影里的费里斯·巴勒一样，是班级里一个满嘴谎言的小丑。

如果我现在见到 16 岁时的自己，我知道我会喜欢他，因为他非常有个性。我会告诉他："永远跟着你的直觉走，直觉真的很管用。"当我还是个孩子的时候，我就有一些奇妙的想法，且一直坚持着。我环顾四周，心想："看来没有人想做摇滚恶魔。"所以，我就把自己变成了那个摇滚恶魔。我不想和其他人一样，我要与众不同。我觉得，懂得欣赏真正的、好的摇滚乐和知道如何演奏摇滚乐一样有漫长的路要走。我们太标新立异了，其他乐队都说我们没有成功的机会。现在，他们中大多数人都离开了乐队，而我一直坚持着自己的梦想，发行了 27 张专辑和举行了 40 场世界巡回演唱会。

我的父亲是一个非常坚强的牧师，他也喜欢音乐——辛纳屈的音乐作品以及早期的摇滚乐。他从未认为摇滚乐是魔鬼的音乐——他说那只是音乐，为什么人们都要把它看作宗教问题呢？我在演出时打扮成虎克船长①，他喜欢我们的表演，也理解我们的幽默感。我们从来不会大声争吵，因为我们一直是最好的朋友。但是，他无法忍受我的生活习惯——每日酗酒，过着摇滚明星的生活，那不是他希望我过的生活。

我想，年轻时的我会对自己漫长的职业生涯感到震惊。我还记得最初的乐队成员齐聚一堂时——那时我22岁左右，我们刚刚发布了歌曲《假期来临》——有人走进来告诉我们："你们的歌曲登上榜首了。"我们互相对视，兴奋地大笑起来。这真的太荒唐了——一支本不应该聚在一起的乐队竟然创作出一首冠军歌曲。我们简直不敢相信，这支招人讨厌的、诞生于不起眼的高中学校的乐队居然能登上榜首。

尽管如此，我完全相信我将来会成为摇滚明星，我对此深信不疑。我们坚持不懈，勇往直前，从未放弃。一个长跑运动员永远不会停下他的脚步。你应该有这样的心态：在大获全胜或者冲过终点线之前，比赛尚未结束。我想用这个比喻来形容我对音乐生涯的看法。米克·贾格尔曾说过，他希望自己30岁的时候不再唱《满足》这首歌——但是，他现在67岁了，依然在唱这首歌。我选择泰然处之，如果有人邀请我主持格莱美颁奖典礼，我也不会惊慌失措。这是我与生俱来的能力，我知道舞台才是我感觉最舒服的地方。

如果我能回到过去，我会劝诫年轻时的自己不要酗酒。我21岁时才开始喝酒，那时我没想到我会变成一个酗酒之徒。在我职业生涯的大部分时间里，我嗜酒成瘾，但从未变成一个怪物。我是一个快乐的醉汉，而不是一个具有破坏性、刻薄、残忍、愚蠢的酒鬼。现在的我和过去的我一样，唯一不同的是酒精正在吞噬我的灵魂。我和妻子结婚35年了。前5年可能是我酗酒最严重的时候，但这从未影响我们的感情。当酒精开始威胁我的生命——我住进了医院——那时的情况的确很糟糕，戒酒

---

① 译注：迪士尼1953年动画片《小飞侠》中的主要反面人物。

是我人生中非常重要的决定。这段成功戒酒的经历，至今使我受益匪浅。如今，我已不再酗酒，也不必再为此担心了。

到目前为止，我已拍摄了 18 部电影。对我来说，进入演艺圈是一件简单的事。当艾利斯·库柏登台演出时，我觉得我已经有了丰富的百老汇演出经验。我在电影方面需要学习的是技术，必须从细节入手。但是在人物扮演方面，多年来我一直都在扮演他人，而从未扮演过自己。艾利斯是个可怕而傲慢的坏蛋，扮演这个角色会很有趣——就像心灵治疗一样，他和我迥然不同。真正的我是一个婚姻幸福、35 年来对妻子绝对忠诚的好丈夫。我会带我的孩子们一起去教堂，一起去逛街。我们还会一起去看演唱会——比如说史努比·道格或玛丽莲·曼森的演唱会——然后我们会一起聊天。我的女儿可能会问："他们真的有必要说那么多脏话吗？"我会说："当然不，我不认为必须这样做才能成为一名艺人。"

我很开心我的父亲能在有生之年看着我重新成为一名基督徒，我想这对于他来说是一个重要的时刻。他亲眼见证了我浪子回头的过程。我戒酒之后，我和妻子都认为我们必须思考什么才是真正重要的事情，我们必须重回教堂。摇滚明星只是一份职业，远远没有自己的信仰与灵魂重要，你必须对上帝负责。我觉得这种意识已经深入了我的骨髓，因此，我在表演中从未亵渎过神明。即使有，那也只会是撒旦。我相信上帝不会介意我取笑撒旦。

James Blunt

詹姆斯·布朗特

音乐家

受访时间：2014 年 3 月 24 日

16 岁时，我在一所寄宿学校就读。我们必须戴着草帽，穿着短上衣，看起来很滑稽。放学后，我总是光着脚，看上去十分邋遢。我 16 岁时学会了驾驶飞机，那时，我还不会开汽车，但我有一辆摩托车，我喜欢自由的生活。

学校会使人变得像绵羊一样温顺，但我总是特立独行。我的父亲是一名军人，所以每两年我们就要搬到不同的国家居住。我不得不每次结交一群新的朋友——这让我意志坚强。我告诉自己不要太着急找女朋友，因为缘分的事一定要顺其自然。你可以从我的作品中看出我对未来充满希望，但也不乏一些不安。

因为我的学费由英国陆军资助，毕业后我必须服兵役。我告诉认识的每个人我想要成为专业的音乐家，我没有给自己留后路——你必须这么做，否则别人会认为你只是一个说空话的人。直到我在洛杉矶签下第一份唱片的合约后，才意识到成千上万的人怀着和我一样的梦想。

在当今社会，成功意味着需要赚取足够多的金钱。压力来自赚钱，这是找一个女人结婚和生儿育女的前提条件。我会告诉自己你可以做到，而且赚的钱会比预期的还要多。

我离开军队是为了追求一种理想，因为那样的人生才会精彩。我不想走我的父亲为我铺好的路，我只想追逐自己的热爱。我认为，把自己的爱好和热情作为自己的事业是一种很好的生活方式——在这方面我非常幸运。

我从未想过有一天我会说，我在举行世界巡回演唱会，能在格拉斯顿伯里音乐节上表演，甚至能在艾尔顿·约翰的婚礼上演奏，这些激动人心的事我都从来没想过。

我的脑海里每天都在开派对。16岁那一年，我有一些非常不切实际的想法，幻想着以一种奇异而精彩的方式度过人生。我曾经侃侃而谈，说要在伊维萨岛定居，在滑雪胜地建一间小木屋，所以当这个念头逐渐清晰时，我想我要马上行动了，因为我已经向朋友们夸下了海口。

在军队里，你会对喜欢的人很粗鲁。面对推特上别人的辱骂，我的处理方式是和他们开开玩笑，再自嘲，因为这些根本伤不了我。当我在千万人面前演唱时，嘲笑我的人不过是衣冠不整地坐在自己的房间里发表着自以为是的观点罢了。他甚至都不敢当面告诉我他讨厌我，只能躲在暗处当一个键盘侠。如果你把聚光灯投向他时，他说不定会吓得尿裤子。

在音乐方面，我最骄傲的时刻是听到我的单曲《你很美》击败了酷玩乐队，登上榜首。获得第一名并不是我所期望或者想要的，从那以后，就不再是单纯地和音乐相关了。我的其中一首歌曲被过度播放，当人们开始抱怨那首歌令人厌烦时，他们也会对这个歌手厌烦起来。一直以来，我都受到世界各地音乐迷的喜爱。但毫无疑问，你会更希望得到自己国家的乐迷的支持。

Ozwald Boateng

奥斯华·宝顿

时装设计师

受访时间：2012 年 3 月 19 日

我曾经是一个非常快乐、自信的少年。我常常带给大家欢笑——我很风趣幽默。我擅长运动，例如跑步、足球和板球，但我不是运动员。我看起来很酷，但并不只为运动而活——那不是我生活的全部。我在学校是个非常有个性的人物，我不是"那个擅长运动的奥斯华"，我就是奥斯华。有段时间我曾认真想过，或许我可以通过足球赢得精彩人生——我是一名优秀的边锋，后来我成了前锋。但 16 岁时，我上了大学，认识了女生，这一切立刻被我抛之脑后。

我 16 岁时在大学学习计算机专业，我坚信计算机是未来的发展方向。但我对服装感兴趣已有很长一段时间了——我 5 岁生日时，母亲给我买了人生的第一套西装，那是一套双排扣的紫色马海毛西装。也是在那一年，父亲告诉我，我将来会去这个世界上做一些很棒的事情。因此，我从小就有这种期待。如果我能重新来过，我会以不同的方式重新完成很多事情——从合作人选到设计选择。不过，犯错的经历也使我获益良多。我想比现在更成功吗？是的，但我现在拥有的丰富经验，部分原因是没有每次都做好。

在我走的这条从业之路上，我是唯一的黑人。此前，我也几乎是学校里唯一的黑人孩子。总的来说，黑人男孩的榜样不多——我记得在电视上看到过穆罕默德·阿里，另外在电视剧《渗入墙壁的湿气》和《爱你的邻居》中也有一位黑人演员。这些，是我记得的为数不多的几位有色人种。但这样的成长环境已是常态，我并不担心。因为我对其他事情不感兴趣，我只知道我有天赋。大门已为我打开，我必须为之而奋斗。

  对于一个年轻的黑人来说，时尚没有参照点，但我早期的成功足以证明我在做正确的事。17岁时，杂志上就有了第一篇介绍我的文章；24岁，我开了第一间工作室；28岁，在萨维尔街①开了第一家店铺。我的店铺在这条街上产生了一定的文化影响，我意识到了这一点，但肤色从来不是我脑海里的首要关注点——它排在最后。我的首要想法是："我要做优质的西装，我要复兴一个非常古老的传统，我要开启一个我所期待的全球性进程。"现在，我设计的服装经常被人们选中，去见证他们的重大时刻——婚礼、颁奖典礼、重要日子。这对我来说意义重大，我喜欢听到这样的消息。我的初衷是想为男士创造一些特别的东西，让每位男士看起来都英俊潇洒。

  我的父亲对我影响很大。父母在我很小的时候就离婚了，因此我没有忤逆过父亲——与父亲在一起时，我总是想听他说些什么。他看上去总是很睿智，总是穿着西装。因此，对我而言，西装意味着体面和成功，它创造了自信。父亲是一位校长，有自己的表达方式。从小，他就告诉我，如果你百分之百而不是百分之九十九点七地相信某件事，那么，你就能实现它。如果某件事对你来说很容易，那可能就是你应该做的。的确，我16岁的时候发现了时尚这件事，而父亲的反应却是："你在做些什么？"他希望我读大学，成为一名医生或律师。对此，我反驳道："等等，我只是接受了您的建议。"他很不高兴。多年以后，我才说服他，我做了正确的决定。这对他来说像是一颗难以吞下的药丸，但最后他还是接受了。现在，他总是跟我讲，如果有一天他一命呜呼了，一定会快乐

---

① 译注：伦敦一条历史悠久、以男士高定服装闻名的街道。

地死去。我告诉他,来日方长,他得再多等等。

我会告诉年轻时的自己,要多倾听他人的意见。若能广泛听取他人的意见,也许就能避免很多错误,比如,我可能不会在 23 岁结婚——我会告诫年轻时的自己等到 30 岁左右再做这件事!但另外,我非常坚定,自我意识很强——我认为,如果你没有这种意识,就很容易被误导,尤其是在年轻的时候。我总觉得有件大事要发生,并且无所畏惧——比今天的自己更加勇敢。随着日渐长大,你会意识到世事复杂,而 16 岁的你感觉什么都不会出错。过去的我就非常坚定——经常步行两三英里穿过伦敦去买布料,然后再步行回家,只是为了节省坐公交车的钱。

随着年龄的增长,我越来越意识到,我作为一名年轻的黑人,在这个行业所做的工作对文化产生的影响。我开始意识到,我可以激励他人。成功会使你产生矛盾,在某个时刻你会觉得需要有所回馈。我很幸运,在刚起步时拥有了一个强大的支持网络,但这并非人人都有。我想回报给这个行业,给别人一些建议,比如,类似于我父亲教给我的生活规则和知识。

如果我能回到过去,重温某个时刻,那一定是 2002 年,我在萨维尔街举办的时装秀。我搭了一个横跨整条街道的大天幕,里面全是模特。我还记得那时的兴奋劲儿。当时,唯一能像这样封锁街道的人是披头士乐队。我们举行了走秀,然后我将所有模特聚集在这个漂亮的大房间里,大约 50 人,他们为刚刚激动人心的经历而欢呼不已。我到现在仍然记得那个活力四射的房间里的能量——令人振奋。我就站在那里,思考往后的日子会是怎样。

Rufus Wainwright

洛福斯·温莱特

音乐家

受访时间：2016 年 3 月 23 日

　　16 岁时，我完全被不可救药的狂热所驱使，极度缺乏安全感，却表现得无所顾忌。事实上，我长得很英俊，是一个美男子。如果我现在能和 16 岁的自己对话，一定会祝贺他活了下来。好运并未站在我这边，因为我对世界的运转方式有着近乎疯狂的幻觉，也许正是这种幻想为我省去了许多麻烦。我相信一些不存在的东西，并有一种感觉——我将成为一个人人喜爱的独特宝藏；我将找到所有问题的答案；我会征服整个行业；没有人会在乎我是同性恋。然而，事实恰恰相反，几乎每一方面都是如此。不过，我还是坚持不懈。

　　我可能会责备年轻时的自己，因为我过于全神贯注地投入我的事业、我的艺术以及征服演艺界的活动中。也许这是实现目标的必要条件，但有时我也会想，一路上我本可以多作停留，细品沿途风景，享受当下。为什么总是在设定目标？你知道，青春总是会浪费在年轻人身上。

　　尽管 18 岁时，我才正式向父母宣布"我出柜了"，但从 13 岁起我就知道自己的性取向，他们也知道。我常偷偷溜出家门，穿着奇怪的衣服，接到奇怪的电话。那段时间，家中争吵不断。我的父母本可以更为妥当地处理这件事，但他们没有。现在回想起来，我已经更能体谅他们了。那是20世纪80年代末，艾滋病四处肆虐，很多人丧生。遗憾的是，我的父母始终未曾向我道歉。母亲在几年前去世了，我想父亲也永远不会道歉。但父母就是父母，不要指望他们会让你感觉好过些。我的祖母——愿上帝保佑她安息——她来自南佐治亚州，有点种族主义，不是很聪明，但非常有爱心。她曾经告诉我，她知道我的性取向，但这并不影响她爱我。所以，这位思想简单、有点种族主义、来自南方的瘦弱祖母实际上是对我帮助最大的人。

听上去好像太过老派了，但我会建议年轻时的自己马上去健身房锻炼身体。直到35岁我才真正开始去健身房，感觉很好。但是，如果我从20岁开始就去健身，应该会轻松很多。然而，那不像是年轻时的我会做的事——我是一个浪子，喜欢抽烟。我不觉得那样有什么不好，但若能改变，肯定能帮我省下一大笔钱。

我想，我还是会很喜欢那个十几岁的洛福斯，他身上有股灵气。我最喜欢这个16岁男孩的地方，是他总是勇气十足，什么都愿意尝试。不管是演出、唱歌、穿奇装异服，还是把头发染成紫色。这也是我现在喜欢的孩子，即便他们顽皮捣蛋，但至少积极地挖掘了生活的乐趣。

我会劝告年轻时的自己，要听祖母的话。有一次，她让我坐在她的膝盖上，跟我说："洛福斯，你是个特别的孩子，将来会有很多机会。你非常幸运，有些人会因此而讨厌你。所以，你要做好应对的准备，会有人想把你打倒。"

如果没有这段时间的沉迷[①]，那固然很好，但经历已成为历史。回想起来，小时候我的家人饮酒太多。母亲是个了不起的女人，却无时无刻不在饮酒。

如果我真的想让16岁的自己感到骄傲，我会告诉他，我正在创作第二部歌剧。13岁时，我成了一个歌剧迷，音乐成了我的信仰，我的

---

① 21世纪初，温莱特曾与毒瘾抗争。

救世主，我的安身之处，我的一切。对音乐的共同热爱，也拉近了我与母亲的距离。我正在写第二部歌剧，第一部相当成功，新的这部备受期待——我想那个年轻人不可能有比这更好的结局了。

年轻时的我会被结婚[①]、生子的念头彻底吓坏，那个我对此不感兴趣。我想成为一个独身主义者。但生活确实会改变想法，我一直在期待下一场更盛大、更刺激的冒险。当你十几岁的时候，这个冒险会是毒品、酒精、摇滚乐以及和离谱的朋友在外疯玩。在那之后，开启属于自己的事业成为新的冒险。完成这些之后，你会想，"还有什么比这更重要的吗？"也许是拥有一段真正的感情，然后就是抚养孩子。我们正处于一个有趣的时间段——也许下一个重大转折点就是死亡。但对于 16 岁的我来说，我想我只能用歌剧来安抚年轻的自己。

在我生命里所有的关系中，我与父亲之间变化最大。在很长一段时间里，我们相处非常困难。但我们似乎已经找到一个彼此爱护、相互尊重的平衡点，尽管我们仍需多少注意下各自的痛点。我想，他一直以我为荣，但同时伴随着强烈的嫉妒。因为，在我的事业真正起飞时，他的事业已经结束，他不得不退居一旁。直到今天他仍然拒绝承认，并且不太擅长掩饰自己的愤懑。说句公道话，在我们成长的过程中，母亲对父亲并不是特别好。她对他的评价不高，这是任何父母在孩子面前对另一方所能做的最糟糕的事情。但我完全原谅了母亲，因为父亲是她一生的挚爱，只不过哀莫大于心死。

我的一生中，有四分之三的时间是在公众视线中度过。当你到了 40 岁的时候，这已经很艰难。你将自己照顾得好不好并不重要，总有人在仔细审查你。我有很糟糕的不安全感，但我认为我在音乐方面做出了正确的选择——歌剧取代了所有不安，圆满了我的人生。所以，我只要蓄上胡子就好了。

---

① 与德国艺术总监约恩·魏斯布罗特。

今年年底，我将在卡耐基音乐厅再次演绎朱迪·嘉兰的作品。距离上一次演绎已过去 10 年，那时母亲还在世，我也终于有了一段真正的恋情。我第一次演绎朱迪·嘉兰的作品那段时间，可能也是我一生中最快乐的时光。所以，我双手紧握，祈愿第二段美好时光的到来。

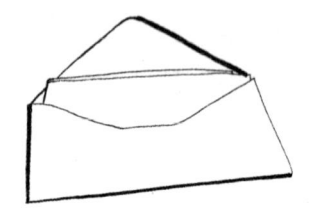

Werner Herzog

沃纳·赫尔佐格

导演

受访时间：2017 年 2 月 13 日

我在 16 岁时就明确了自己要拍电影这件事，但显然不会有任何进展。我意识到，我必须自己做制片人，否则永远也拍不出电影。于是，我开始在一家小型钢铁厂上夜班，做焊接工。就这样，我赚到了拍第一部电影的钱。当然，白天我需要在学校学习。因此，在这两年半的时间里我没怎么睡过好觉。

我当时在一所非常传统的学校里读高中，学习了 9 年拉丁语、6 年古希腊语，最后学了一些英语。我讨厌这所有的一切，能够学习知识固然很好，但我从不相信教科书，也从不信任老师。我完全是自学成才，包括电影制作，我从未读过关于电影制作的书。

儿时的我甚至不知道电影的存在，我在巴伐利亚阿尔卑斯山脉最偏远的山谷里长大。11 岁时，我看了人生的第一部电影，但它并没有让我很满意。一位旅行放映员经过我们只有一间教室的校舍，放映了两部电影，都很糟糕。其中一部是关于因纽特人建造圆顶冰屋的故事，所有演员都是付费的临时演员，不懂如何处理雪和冰。我看得出来，因为我是在雪中长大的。

年轻时，我没有碰过音乐，因为我曾遭遇过一个音乐老师的骚扰。我有 4 年没有接触过音乐，之后会时常感觉一阵空虚，我渴望填补它。

但你永远做不到,这就跟读书一样——你读了一本好书,你以为没读的书就会变少。恰恰相反,每读一本好书,没有读的书却越来越多。

我年轻时从未看过一部好电影,只看过一些平庸的影片,例如《人猿泰山》和《佐罗》,廉价的20世纪50年代版本。但我清楚一点,在某种程度上,我是一个诗人,会以这种品质制作出与众不同的电影。我总觉得我是电影的发明者,但我也会写诗,还写过《无用的征服》和《冰雪纪行》这样的散文。我认为,这两部散文会比我所有的电影留存更久,因为它们内容丰富,品质优良。现在,没有人能像我那样写散文了,我比其他人写得都好。不过,我一直认为拍电影是我的宿命。

我不是一个神经质的男孩,那时不是,现在也不是。那时的我和同龄人一样愚蠢,但我不想回忆少年时代的自己。我的天,我一点都不想见他。我不喜欢过分关注自己,也从未这样做过。我觉得看着自己很不自在,不喜欢照镜子看自己的脸,不喜欢自我审视。年少时的我没有雄心壮志,但我脑海里每时每刻都有许多故事和想法,所以,我必须应对。我从未有过任何事业,一份事业意味着要规划下一步的工作并有所建树,而我从未这样做过。我成长的世界非常狭小,所以一直对这个世界充满好奇,想知道高山和峡谷之外还有什么。我对我们通常看不到的风景感到好奇,比如朝鲜[①]。因为拍摄,我去过很多地方。不久前,因为拍摄一部关于火山的电影《盐与火》,我去了玻利维亚的盐滩。那里的景致宛如仙境,像科幻小说里的一样,是完全不同的景观。但我不是旅行者或冒险家,只是拍摄了生命的激流回旋,这是我擅长的事。

我不喜欢任何冒险的概念——这个概念至少在一个世纪前就过时了。人们对冒险兴趣缺缺,当你已经可以去旅行社定制一次探访新几内亚食人族的冒险之旅时,它就成为污秽不堪的事了。在拍摄一部有明显风险的电影时,我会为了与我一起工作的人而评估风险,我也很擅长做

---

① 赫尔佐格在其2016年的纪录片《进入地狱》中探访了朝鲜的活火山。

这个。有传言说我鲁莽、爱冒险，但事实并非如此，我做事一直非常谨慎。还有些流言，说我置同事的性命安危于不顾，甚至将他们推向悬崖边缘。但统计数据证明了一切：在我拍摄 70 部电影的过程中，从未有演员受伤，一个都没有。

我所有的作品都非常精彩！不，这不是自嘲，我的确喜欢我的每一部电影，它们不能再好了。有时候，那些稍有瑕疵、不尽完美的，我甚至更喜欢。你总不能问一位母亲："你最爱你 7 个孩子中的哪一个？"

我必须解释一些关于电影制作的事情，因为有一群想要向我发问的年轻人对我展开了势如雪崩般的猛攻。我试着给出一个系统性的答案：我经营着自己的"捣蛋鬼电影学院"，与世界各地盛行的电影学院根本是反其道而行。这是一种游击式的风格，一种生活方式，而不是一份实用性建议清单。在我的学校里，你学不到任何实用性的东西，除了两个例外：开锁和伪造文件。"捣蛋鬼电影学院"几乎改变了我所有学生的生活，我鼓励他们在各地组织秘密的捣蛋鬼小分队。他们联合起来，创作出非常好的作品，还在各大电影节上获得了大奖。其中一位最近超过了我，进入了奥斯卡奖的候选名单。你看，我从来都没进过候选名单。我的学生超过了我，我认为这是绝对完美的。

当然，现在我老了，还在继续努力，但我的电影的本质并未改变。如果我能回到过去，我不会拍摄《阿基尔》第二部、第三部、第四部、第五部和第六部，但我所有的电影都万变不离其宗。如果你半夜醒来打开电视，会在 120 秒之内看出那是不是我的电影。首先，你会意识到的是，它们比其他电影都要好看。哦，不，我只是随口说说，担心引起众怒。

在我的大儿子 5 岁那年，我有了一个非常不错的望远镜。有一天晚上，满月高挂，我们一起观察月球，可以清楚分辨出哪里是山脊，哪里是火山口边缘。看到儿子发现了月球上的山脉，那真是个美妙的时刻。这就是电影的来源，永远保有一颗敬畏之心。就像向我的儿子展示月球上的山脉一样——这是我在制作每一部电影时都会做的事。

Viggo Mortensen
维果·莫特森

演员

受访时间：2013 年 3 月 25 日

　　我还记得上学的第一年，我们刚从阿根廷搬到美国，学校要求学生早上向国旗宣誓效忠。那时，我还不知道宣誓纸上写的是什么，只能含糊地咕哝。老师发现后批评我："你竟然不知道这句话！"那着实令人尴尬。几天后，我意识到那上面写的是："人人都享有自由和公正"，仅此而已。但我现在知道了它的含义。

　　那时，每天上课前，孩子们都会聚集在外面的草地上。那个年纪的男孩和女孩往往是成群结队的，一个人没办法在学校立足。所以，我会站在靠近一群男生的地方，那样至少在女孩们看来，我并不是一个人。但因为我不是和这些孩子一起长大的，站在那里，感觉自己像个外星人一样格格不入。

　　我没想过要当演员。我一直很喜欢一个人待着，安静地生活在自己的世界里。我并没有真正破坏过公物——我的意思是，我也做过一些，比如偶尔也会向警车扔雪球，但为数不多。我和动物相处没有任何问题，也不会欺负小动物。我也不害怕迷路，但我会避开人群。我最不会想到去做的事，就是演戏。

我心目中的英雄是探险家、古希腊的英雄或像马丁·菲耶罗[①]那样的牛仔。最重要的是，他们都像圣洛伦索足球队的队员一样。我总是对探险家们的生活很向往，他们会去别人没去过的地方，尝试别人没尝试过的事情。如果我现在16岁，我会对那个跳伞的运动员菲利克斯·鲍姆加特纳特别感兴趣。

在学习表演时，我把它当作一项实用的技巧——在我很小的时候，母亲就经常带我去看电影，从那时起，我就对电影很感兴趣。在我刚开始演艺事业的几年里，我不断试镜，最后剩我和另一个人角逐一部电影的主角，但我落选了。多年来，我都没能在电影中扮演主角，所以我学会了演戏，却不必去参加首映式，这对我来说可能是件好事。

我觉得被女孩喜欢是一件有点恐怖的事情——因为我不喜欢参加聚会或社交活动，我也不善于与人交往。我过去常常把睡衣当衬衫穿，因为那很舒服——但我想人们会觉得我很奇怪。有一次，我还戴了一顶大大的宽檐帽，但那是在我喜欢嬉皮士风格的时候。我十四五岁时头发留得很长，戴着一顶松松垮垮的大帽子，上面还插着一根野鸡毛。随着青春期的到来，我变得更加冲动。每当我有女朋友的时候，我总是认为我会和那个女孩永远在一起。我会告诉年轻时的自己，人生中最值得期待的3件事就是：恋爱、生子和旅行。

有什么事是青少年时期绝对要远离的吗？当然有，那就是吸毒。我并不是说我沾上了毒瘾。我已经逐渐学会活在当下，努力学习，不断进步，否则人是会崩溃的。

---

① 阿根廷作家何塞·埃尔南德斯的同名史诗作品中的一个加乌乔人。

Ruby Wax

卢比·瓦克斯

喜剧演员

受访时间：2010 年 4 月 26 日

    16 岁时，我是一个年轻叛逆的嬉皮士，非常喜欢披头士乐队。在学校里，我通过和最漂亮的啦啦队队长交朋友的方式，得以进入学校内部的圣殿，这意味着我可以接触到那些家伙。啦啦队队长长得非常漂亮，但私底下是个无政府主义者。我真心喜欢她，啦啦队里其他人都很冷漠，她成了我的保护人。

    我会建议年轻时的自己要离开父母，去找一份服务员的工作。我那时不应该留在父母身边，父母对我很失望，认为生下我这样的孩子是他们最大的失败。我长得不好看，没有天赋，学习成绩不好，还很叛逆——如果你是个有进取心的父母，这可能是你面对的最糟糕的事。他们真的很冷酷无情，我也很享受他们对我失望的感觉。我想通过这种方式报复他们，我也真的这样做了。

    现在回想起来，我记不清自己年轻时的模样。也许我真的是个失败者，不仅仅是父母这么认为。也可能我那时长得还算不错，当回头看以前的照片时，我看起来真的很漂亮。但那时的我觉得自己像只狗一样丑，当年拍的很多照片里，我看起来都在生气。

    我希望我那时没浪费接受教育的机会，但因为家庭生活让我心烦意乱，无法集中精力学习。结果就是，我的头脑一片空白，在大学里也没有学到知识。我现在所要做就是学习，在过去的 5 年里，我一直在学习神经科学。以前不知道自己是个学院派，但现在真的是了，这来得有点晚。我已经申请攻读硕士，正在等待录取通知书。

我去欧洲是为了远离父母，但是当我去格拉斯哥学习戏剧时，我确实感觉到自己对戏剧的酷爱。那里的人很风趣幽默，我感觉找到了志趣相投的人，所以我喜欢格拉斯哥。后来，我进入了皇家莎士比亚剧团，我想我以后就走表演这条路了。但是，我也逐渐意识到，我不是一个好演员。对此，我非常失望。

是艾伦·里克曼告诉我："你真的能写喜剧。"他鼓励我创作喜剧。我并不喜欢创作，但我知道我能创作喜剧作品。我的作品从来不是为了追求笑声，而是想创作出杰作。如果我能创作悲剧，我也一定会写。因为对我来说，我的作品从来就不是为了把观众逗乐。

我错失了在美国发展的机会，他们想让我做脱口秀主持人，而我坚持做纪录片。现在，我知道我错了——如果当时我能闭嘴，我想现在我会很富有。

如果你告诉十几岁的自己，有一天她会成功，她一定会为此目瞪口呆。我 16 岁时，感觉前途渺茫。如果你告诉 16 岁的自己，在她 35 岁时，会有自己的电视节目、3 个优秀的孩子和一段稳定的婚姻，这一定是让她难以置信的事。然而，不管怎样，这些都确实实现了。

Armando Iannucci

阿尔曼多·伊安努奇

编剧、导演

受访时间：2009 年 10 月 19 日

我是一个奇怪的青少年，有两种不同的性格。在家里，我刻板、书生气十足——有个在我之后入校的人，在校图书馆搜寻我的名字，发现我曾在一个星期内借了 27 本书——但我在班里很活跃，喜欢模仿老师——我有一些表演天赋。也许，在家里表现出很安静的那一面，是因为我感觉我不能靠它谋生，所以，将成为医生作为自己的目标。在大学里，我非常喜欢做学术研究，继续深造，把研究弥尔顿的《失乐园》作为我的博士学位研究课题。因为，我认为喜剧并不是一份工作。

有很长一段时间，我缺乏自信，经常会对自己的生活不满。我有一种深刻的感觉，自己一无是处——不单单是在学业上，而是在各个方面——还要想方设法超越大多数的人，我异常紧张。但我的朋友们告诉我，从外表来看，我十分镇定且自信。我内心其实从未有这样的感觉，但我羡慕年轻时的自己有能力让周围的人感到安定。

我会告诉 16 岁的自己，不需要对考试有那么多压力。如果能再来一次，我会对自己说："在生活中，你所做的事往往都是兴趣决定的，而不是你通过的考试。"我希望在十几岁时能有更多时间逃课并享受生活，但如果一直不工作，我会感到异常内疚。同时，我是一个很会偷懒的人，非常懒惰。

我要告诉年轻时的自己,不要在做事清单上罗列 35 件必须做的事——只需列 3 件事。如果你完成清单中的一件,你就该开心一点。即使现在,我仍然会列做事清单,并且不让自己清闲太久。一旦完成一件事,就会考虑下一件该做的事。我羡慕那些想着"我有 4 天清闲时间做自己爱做的事"的人。对于爬山和滑雪,我兴趣不大。如果我不工作,则喜欢与人聚会。

我的人生阶段是错位的,我少年老成,但在 30 多岁时,我变得更年轻,也更会享受生活。年轻时,我应该多去旅行,多认识些人。也许,还可以加入一个社团;也许,还应该参与更多的体育运动和加入某个地方的体育锻炼小队。

年轻时,我过于挑剔和偏执——本能地害怕专业化分工,害怕做出未来要走什么样道路的决定。但现在,我自认为当时应该更专注于某一领域。随着年龄的增长,我已经接受了这样一个事实:也许我有能力发掘别人的天赋,并加以充分利用,但对自己事业的选择感觉很偶然。非常幸运的是,我遇到了史蒂夫·库根和克里斯·莫里斯两位演员。我们创作了《历史上的今天》这部喜剧电视,栩栩如生地刻画了艾伦·帕特里奇这个小角色,然后在创作上文思如泉涌。如果能多拍摄像《历史上的今天》这样的喜剧就更好了,很遗憾的是,我们只拍了两季《我是艾伦·帕特里奇》,且两季相隔了 5 年。

我非常清楚地意识到,我对时装和潮流趋势从来都不感兴趣。一方面,我觉得这样挺好,因为我并不喜欢;但另一方面又会想:"所以你看起来很糟糕。"可是我无法让自己变得热衷于穿衣打扮,我的想法是融入其中,但免受关注。

我依然会出席聚会,但目的也不是非要认识人,我不想用高喊的"嗨"声打扰别人的交谈。我崇拜的喜剧明星比利·康诺利出席电影《灵通人士》在纽约的首映式,他走过来对我说:"阿尔曼多,你好!"我很惊讶他竟然认识我,然后我说:"您是我的偶像!"他说:"是吗?我不知道哦,我们早在几年前就该聚聚了。"这种方式很愚蠢,但我会偏执地想,有人会说:"这人是谁啊?我才不想与你聊天,我只是想与那边的其他人聊聊。"

在心理年龄上,我一直觉得自己好像是 40 多岁。所以,当真的到 40 岁时,感觉还行。我无法理解所谓的中年危机,但我没料到会受那些小病小痛困扰,感觉身体有点僵硬。如果让我给年轻时的自己提一些建议,我会说:"做好准备,你每次站起来时都会想'我好像只能这么笨重难堪地离开座位',而且,你每次坐下或站起都要发出长叹。"

尽管孩子们不叫我"爸爸",叫我"大 D",但我依然不相信自己有足够的能力承担起父亲的责任。我的大儿子个头比我高,我 3 个孩子的年龄依次是 16 岁、10 岁和 7 岁。看着孩子们长大,我感到很欣慰,但最让我欣慰的是,大儿子与我像朋友一样,跟我分享幽默,与我一起看喜剧。那是我人生中非常愉快的时光。

Harry Shearer

哈里·谢尔

演员

受访时间：2010 年 11 月 22 日

我曾经是一名童星，但到 16 岁进入大学后，我想要做一个严肃的人。我在大学学习政治学，辅修俄语。我过去的俄语说得很流利——我的妻子对于我总是提及曾读过俄文原版的《卡拉马佐夫兄弟》[1]一书，很是厌烦。我在学校读书时比较聪明，跳了两级，这意味着我比我的大学同学小 2 岁。所以，我在大学里的社交方面有些迟钝，完全像一条离开水的鱼。

我不是一个容易相处的孩子，性子急，很爱发脾气。如果现在遇见他，我会认为他是幼稚的，但我也会发现他是个聪明的孩子，我可能会喜欢他。他的信仰比现在的我要正统得多——他认为政治智慧和真理只有一方说了算。我现在其实没有太大的改变，除了性格可能变得更温和了——那些认识我的人听到我这么说会感到震惊。

大学毕业后，我尝试做一些正经的事，我的一些朋友在好莱坞经营一家综合影城，我参与制作了一些有趣的商业广告。在那里，我遇到了一个人，他参与了一档新电台喜剧节目，我邮寄了一盘我制作的喜剧节目磁带给他们。当我回到家时，手机上有条新信息，问我第二天能否去

---

[1] 陀思妥耶夫斯基那部因太过复杂而被人诟病的 1000 页杰作。

上班。我毫不犹豫地答应了，能成为一个商业摇滚广播电台的一员是一件极其令人兴奋的事。电台有一个对严肃新闻进行讽刺的节目，这与我的兴趣完美结合。我们每天做 3 场时长为 10 分钟的节目，每 3 个小时播放一个节目——有些不可思议，但非常有趣。

我一直都有一些努力遵循的准则，主要的一条是"不要做傻事"。我尽量远离那些没有价值的东西，这样，如果人们看到我的名字和一些东西联系在一起，他们就会相信这是一件好事。基于此，我会告诉自己不要拍摄可能是史上最糟糕的篮球电影——《匹兹堡的救世鱼》。这部电影演员阵容强大，故事内容构思新颖，但是因为制作团队一到时间就收工去疯狂，结果将这部电影变成了垃圾电影。

我喜欢挑战不同的角色，所以尽量不拘泥于一个角色或一种音调。我很快就知道我想一辈子都待在娱乐圈，所以我做了一些选择来延长我的演艺生命，而不是被定型。唯一一个我不介意被定型的角色就是德里克·斯莫斯，我也不介意在对刺脊乐队[①]的演绎中花更少的时间来理解这个角色，但效果很好。我们的初衷不是想要拍有史以来最搞笑的电影，不过我们知道，这正是我们想要的电影。我认为它取得了很大的成功，是因为我觉得我们讲的故事很成功。虽然电影的票房收入挺好，但发行却不尽如人意。

我一向是个想什么就说什么的人，但通过这么多年拍摄电视剧《辛普森一家》，我学会了由观众来决定剧情的走向。这是不是意味着我学会了闭嘴[②]？可能吧……

要是 16 岁的我知道，他会在皇家阿尔伯特音乐厅、温布利、格拉斯顿伯里等地演出大声吵闹又乏味的摇滚时，必定会惊讶不已……他一定

[①] 译注：美国 Spinal Tap Prod 公司出品的音乐喜剧电影《摇滚万岁》中虚构的一支乐队的名称。
[②] 2004 年，他曾认为自己制作的节目质量在下降。

不知道，现场观众和表演者之间能达成令人难以置信的惊人交易，与在喜剧节目上表演相比，摇滚纯粹是能量爆发，就像被大自然的力量——比如最大的巨浪——冲击一样。

第五章

家 庭

家庭是所有人生存的支柱,而我的家庭是我强大的后盾。

—— 狄昂·华薇克

Dave Grohl

大卫·格鲁

音乐家、创作歌手兼电影制作人

受访时间：2020 年 3 月 31 日

  我 16 岁时，完全沉迷于音乐，喜欢音乐创作、录制唱片和表演。我是个音乐迷。所以，我非常狂热地积累和收集唱片，其中大部分是地下朋克摇滚乐队的独立音乐专辑。但我听专辑不只是为了个人享受，还是为了向他们学习演奏乐器。我从未接受过架子鼓培训，我只是一边听着齐柏林飞艇乐队、坏脑乐队、警察乐队和性手枪乐队的唱片，一边学习架子鼓。那时，没有老师教我怎么写歌，我只有一本披头士乐队的歌集。我会坐下来跟着披头士乐队的歌曲弹奏，逐渐学会作曲和改编，以及和声、旋律、不和谐和弦、力度、节奏等音乐核心元素。所以，我那时喜欢把自己关在卧室里学习。我不是在往返于家里与学校的公交车上，就是待在卧室里学习这些音乐专辑。

  我在学校是个糟糕的学生，不幸的是，因为我的母亲是高中英语老师，就在我就读的那所该死的学校任教，这让我度过了一个并不快乐的学生时代。我真的对大多数人认为的传统生活方式不感兴趣。我只是想："只要我获得自由，我就去演奏音乐，然后想办法挣钱付房租，因为我不可能成为一名职业音乐家。我只能在家具大卖场或者在当地的园艺苗圃，或者最好是在一家独立的唱片公司工作，但只要我有一张床、一盏灯和一间公寓，其余的一切都可以迎刃而解。" 16 岁的我当时的确是个浪漫的理想主义者。我在想："好吧，我的世界我做主。"我觉得我当时分辨不出对错，认为自己就像理解这些歌曲一样理解生活。

有趣的是，当时涅槃乐队因为演奏表现 X 一代①生活阴暗面的歌曲而成名。而我的童年却真的充满了快乐。我的父母在我六七岁时离婚了，是母亲把我抚养大。我想也许因为她是公立学校的老师，她理解每个人，尤其是孩子。她真的给了我很多其他孩子所没有的自由。她作为一名英语老师、杰出的作家和公共演讲者，明白在生活中培养孩子某种创造力的重要性。我会坐在房间里写着糟糕的打油诗，但谁会在乎呢？我只是想表达自己的想法。我回想起我的童年，觉得那是一段充满灵感的时光，直到现在，我每天醒来都觉得自己像个兴奋的孩子。

无论过去还是现在，我和母亲的关系一直都很亲密。我们一直都是朋友。我们既有母子亲情，也有朋友间的真正友谊。她会带我去参加爵士乐俱乐部的活动，我们一起去看电影。我想我是朋友中唯一喜欢跟母亲出去玩的人。我们的关系如此亲密，随着时间的推移，我想她逐渐形成了认为我可以面对一切的意识。作为一名学校老师，她知道我在学校里过得很糟糕。她明白，与其让我坐在日光灯照亮的教室里学习意大利语，还不如让我直接去意大利。我在意大利时，住在一间小房子里，不得不向人问询："最近的药房在哪里？"现在我已为人父，很难想象母亲当时会接受我这么小就只身前往欧洲。那时，我没有电话卡，也没有钱。我只能乘坐有候补机票的廉价航班到阿姆斯特丹，我对自己说："好的，两个月后再见。"然后，每隔三周寄一张明信片给我的母亲。要是我的孩子也这样做，我肯定会疯掉。但是，允许自己的孩子独自到外面的世界闯荡，这是一种大胆的尝试。她的决定是对的，我安然无恙。直到今天，我和母亲几乎无话不谈。

---

① 译注：美国《时代》杂志 1990 年 7 月 16 日号的封面文章，把出生于 20 世纪 60 年代中期到 70 年代末的年轻人称作"X 一代"。

我很可能会对年少时的自己说："你将来会取得成功。"我对战争有一种难以置信的虚无主义恐惧感。20世纪80年代，人们生活在一种互相毁灭的威胁之中。这是一种非常糟糕的生活方式。我觉得我本应该更感激这个世界，而不是生活在世界将会被毁灭的恐惧中。我清楚地记得小时候做过的噩梦：我看到导弹飞过我家后院形成蘑菇云的景象。这会使你失去任何希望。我带着这种恐惧感生活了很长一段时间。我无法想象现在的自己能成为一个欣赏夕阳西下的85岁老人。我总是悲观地认为：事情不会好转。这可能暴露了我的一些心理阴暗面。

假如你见到年轻时的我，首先，你会认为这个年轻人比你所见过的任何其他人都更有活力。我是一个非常活跃的少年。从8岁起，我就开始为大家表演。我希望人们开怀大笑，希望他们快乐，希望他们欢欣雀跃，感觉愉悦。我会毫无原因地为家人和朋友表演，为了博取大家一笑，我愿意做任何事。嘿，我只是充满了无限的能量——就像一只该死的蚊虫，就是停不下来！不过，我的父母培养了我良好的南方礼仪。他们虽然都是在俄亥俄州的中西部长大，但我是在弗吉尼亚州长大的，我的成长受到一点南方文化的影响。所以，我很小就知道有3个话题是不能在餐桌上谈论的：政治、宗教和金钱。我是个好孩子，不会去偷别人车里的音箱，尽量不以任何方式冒犯他人。我的意思是说，我喜欢的乐队与我的性格完全相反，比如朋克摇滚类乐队和恶魔、死亡、重金属等乐队。我会在周日花5个小时为大家修剪草坪，这就是我工作的方式。

被一位公立学校的老师抚养长大，经济条件可想而知。我是想说，我们勉强度日。我们住在一个1300平方英尺[①]的小房子里，房子只有一间浴室和一间小厨房，家庭成员包括母亲、妹妹和我。我们可以从最简单的事情中找到快乐。我从来没有觉得我们需要更大的房子、更好的自行车或其他任何的东西。在夏天的家庭旅行中，我们3人会挤进小型福

---

① 译注：1平方英尺≈0.0929平方米。

特嘉年华汽车，开车去俄亥俄州或芝加哥州。这是令人愉快的 12 个小时车程，我们穿过高山和玉米地。在这些旅行中，我还以一种有趣的方式学会了音乐的节奏。我和母亲坐在汽车的前排，她教我唱和声。我们要么做一些"猜歌名"的小游戏，要么开车穿过山口时，对着收音机里的歌曲开始打响指，看看汽车从隧道出来时，我是否还能跟上节奏。说实话，这种游戏教会了我节奏和韵律，直到今天，这仍然是我最喜欢玩的游戏。天啊，这是多么美好的时光！我的父母都是音乐人——父亲是个受过正规训练的长笛手，母亲是个歌手。尽管他们并没有以此为职业，但我确实相信基因与一个人的音乐能力紧密相关。它会让你领先一步。我认为，是这两位音乐人首先熏陶了我，加之我过度活跃的天性，打鼓对我来说是一个非常明智的选择。我想说的是，我学打鼓的时候甚至连鼓都没有！只有两根鼓槌，实际上是行军棒，所以体积非常大，我把枕头摆成架子鼓的样子，跟着雷蒙斯乐队的唱片或者是小凶兆金属乐队的唱片，以每分钟 200 个节拍的速度飞快地击打，激情地演奏。所以，当 16 岁那年，有人送给我一对真正的鼓槌和一套普通的架子鼓时，我把所有装置都打破了。镲被我打碎，就像打碎茶杯一样。这就是我一直以来喜欢打鼓的原因。我试着学习动态击鼓的微妙之处，但是毫无进步。所以，当迷上摇滚乐时，我下定了"这就是真实的我"的决心。我把一切都抛到脑后，对自己说："这就是我的激情，我的所爱。"

在我的一生中，有许多时刻要面对一些令人难以置信的事。我不得不说，我最大的挑战可能是见到保罗·麦卡特尼，我和他在加利福尼亚州北岭的录音棚里一起录制一首歌，在场的还有涅槃乐队的克里斯特[1]和帕特[2]。一天之内，我们从零开始创作和编曲，就我们 4 个人，完成了一首歌。

---

① 指克里斯特·诺沃塞利克。
② 指帕特·斯密尔。

保罗·麦卡特尼先演奏了一段连复段，我们也开始跟着弹奏。然后，星光熠熠，我们联结在了一起，形成美妙的音乐氛围和节奏。每个人都在微笑，我们演奏时，思想和灵魂变成了在音乐家之间来回流动的潮水。我们就这样先录完了一段音乐，然后练习声乐，我坐下来，听保罗·麦卡特尼用我和朋友们刚刚录制的音乐做主唱。接着他邀请我伴唱。我说："好吧，我唱什么，我唱和声吗？"他回答："不，不，重复两遍我刚才的主唱。我和约翰·列侬以前就是这样练习的。"假如我能回到16岁，告诉那时的自己，有一天会发生这样的事，他一定会说："你疯了。绝对不可能有这种情况。"

当我第一次见到科特[1]和克里斯特时，我觉得在音乐上跟他们简直是天作之合。但坦白地说，就我个人而言，这有点离谱。当然，我们喜欢彼此，而且是朋友。但是，你要知道，涅槃乐队有一个像喷火战机这样的乐队所没有的情绪障碍。而且，你还应该意识到，从我加入涅槃乐队到离开它仅仅只有4年，这段时间并不太长。我跟科特相处得好吗？就像跟鼓手泰勒·霍金斯一样吗？不。我刚加入涅槃乐队时确实和克里斯特夫妇住在一起。我记得只持续了一个月，然后他们就把我赶了出来，但我们一直保持着联系，并且这种联系在科特去世后更加密切了。我现在一看到克里斯特，都会像对待家人一样拥抱他。但那时，我们还年轻，这世界就这么奇怪。不过，当我们在涅槃乐队中弹奏乐器时，情绪障碍就能得到缓解。假如音乐没有发挥作用，我们就不会走到一起。我真的相信，对于有些人，你只能通过音乐与他们交流。有时，这是一种更伟大、更深层次的交流。对于有些人，我觉得和他们说话有点尴尬，但只要我们带上乐器，他们就好像是我一生中的挚爱。

离开涅槃乐队后，有一段时间里，我有一种特别的创伤。但是，我从小对音乐的无比热爱，让其他的一切黯然失色。我重新意识到音乐是

---

[1] 指科特·柯本。

可以使我摆脱抑郁的东西。有一段时间，我不确定自己是否还想再玩音乐。但是，我对音乐的热爱又回来了。谢天谢地，正如我所希望的那样，音乐治愈了我的抑郁。对我来说，音乐一直都是我的生命。这是我生活中最热爱的事情，胜过一切。我在离开涅槃乐队后，需要音乐来维持我的生命，这也是我从未停止创作音乐的原因。

  如果我能回到生命中的任何时刻，我想回到站在舞台上和……不，我还有另一段美好的记忆。我想起了我 14 岁的女儿维奥莱特第一次演出的情景。她是个歌手，有一副令人惊艳的好嗓子。她的乐队在一个小俱乐部里演出，这个俱乐部里有很多 10 到 12 岁青少年组成的乐队。我的母亲当时也来观看演出了。我坐在观众席看着我的女儿在舞台上，为她感到紧张，因为我希望她表现出色。第二天，我的母亲打来电话说："现在你知道为人父是什么感觉了吧，看着自己的孩子在舞台上剪着滑稽的发型，双手合十，带着所有的骄傲、幸福、爱和欢喜，祈祷他们能活着回来。好吧，这就是我过去 30 年的感受。"

Richard Osman

理查德·奥斯曼

主持人、制片人、喜剧演员和作家

受访时间：2020 年 8 月 12 日

我并不乐意回顾 16 岁，因为那不是我最美好的年纪。我在学校表现不好。我不喜欢学习，但我知道我必须参加中学高级水平考试，否则家里每个人都不会理我。所以，我的成绩达到了最低要求。那时我的身高就达到 6 英尺 4 英寸，我长得太快了，我变得非常尴尬和不安。因为个子太高感觉很另类。我总是跟我儿子这样说，假如我能重回过去，我也想给自己建议："你一走进房间，别人就会从两个方面看待你。他们会说'有一个人长得很高'或者是'有个长得很高的人，因为个头高而感到尴尬'。所以，你必须找到一种方式去爱护自己。"

16 岁的我并没有发生太大的变化。我痴迷于体育、排行榜，完全沉迷于电视。我原以为我热爱音乐，但随着年龄的增长，尤其是我身边的人都是真正热爱音乐的人时，我不确定自己是否真的那么喜爱音乐。我的哥哥（山羊皮乐队贝斯手马特·奥斯曼）非常酷，他喜欢听原始呐喊乐队、耶稣和玛丽链乐队的音乐，他才是真的酷爱音乐。我想我只是喜欢阅读音乐报纸，运动和喜剧才是我的最爱。这一点一直没有改变。所以，从这个意义上来说，我还没有想象中那么成熟。或许我当时已经特别成熟，只是我自己没有意识到。

当我回想童年，发现很难想象我的父亲会以某种方式出现在我的童年里。也许他只在我的脑海里,而绝对不会在我心里。我记得非常清楚,9岁的世界非常美好。有一天,我走进客厅——父亲、母亲和外祖母都在那里,感觉气氛很奇怪,当然后来我意识到他们是想在精神上安慰我。母亲和外祖母只是说:"你的父亲爱上了别人,他要离开了。"而我只是想:"是吗?好吧。"然后,他离开了,他的整个家族再也没有和我们联系过。

我的确想和9岁的自己保持着联系,那时我真的很痛苦。我想这是因为在我父亲离开后,我有些迷失方向,我很难过。这是可以理解的,因为我必须找到缓解痛苦的方法。当然,我做不到减轻其他人的痛苦。我完全专注于保护自己,对每件事都过于谨慎。要知道,我们都受到过精神伤害,我受到的伤害比其他很多人要轻得多。重要的是我们要有应对精神创伤的能力。我处理得很糟糕。那是1979年,还没有人谈论这些问题。你可能有几天不用上学,然后你会说:"好吧,让我们继续生活。"现在回想起来,我觉得9岁之前的一切才是真实的自我。我花了很多年才忘记痛苦,但最终我又发现了这一点,就是我现在的感觉。

我非常爱好体育运动,但我不太会玩,因为我的视力不好。可我非常喜欢观看运动比赛。追溯往事,多年来运动一直陪伴着我,这简直太美妙了。我还记得15岁时,熬夜观看1985年的斯诺克世锦赛决赛。两年前,我为英国广播公司做过一次对史蒂夫·戴维斯的采访,他在最后一局的最后一击中错过了同样重要的黑球而输掉了那场比赛。他让我试一试。我俯下身来,击进了球。我没有和他碰拳,只是告诉他:"史蒂夫,你知道,这并不难。"假如现在的我能跟16岁的自己交谈,我会说:"伙计,你得在史蒂夫·戴维斯面前保持谦虚。"而年轻的我会说:"你知道吗,理查德?你的一生过得很好,我的朋友。"

几年前,我去看望我的父亲。那天是他的一个兄弟结婚50周年纪念日,所以我想,我应该带着孩子们去参加,让他们见见家里的其他人。可是天气太冷了。很多人站在那里谈论我的祖母是一位多么了不起的女人。他们问我："你觉得她怎么样？"我回答道："说实话，我的父亲走后，她从未跟我说过话，也没给我寄过圣诞卡。"所以，这并不是他们真正想要谈论的话题。有些家庭就是这么冷漠。幸运的是，我的外祖母家和祖母家截然相反。外祖母家充满了爱和开放。所以，我取得了成功。我想，假如我能跟年轻时的自己谈话，我会说："你知道吗？你是赖特，不是奥斯曼。你会像赖特一样生活，你会拥有像赖特一样的事业、生活、善良和幸福。"这对年轻时的我来说是一个巨大的解脱。

我曾管理一家大型电视公司很长一段时间[1]，取得了巨大成功，所以我非常高兴。然后有人说，"也许你真的可以主持《无意义》这个电视智力竞赛节目。"我回答道："我的意思是，我想是的。虽然这并不吸引我，但什么都可以尝试一次，对吗？"我清晰地记得当时我坐在英国广播公司8号演播室外的化妆椅上，听到观众们在窃窃私语，我想："这绝对是疯了。"这些天，我特别不喜欢害羞的观众，我发现难以接受。但我知道该怎么做。倘若我不是我自己，我也不会主持电视节目。这对我来说意义重大，毕竟这么多年我都没有做过真正的自己。

写书一直是我最紧张的时候。假如我告诉16岁的自己"你将会写一本书"，他会说："是的，当然，这完全合情合理。"因为16岁的我整天拿着笔和纸，主要写笑话。年轻时的我会为写一本书而感到无比自豪，但他问的第一件事一定是："你卖了多少本？"我非常喜欢这本书，所以我希望尽可能多的人能读到这本书。我想人们会喜欢它，我认为这会给人们带来更多的快乐。这本书对我来说极其珍贵，书的内容都是来自我的内心。

大家都觉得我很时髦。其实，我并不时髦，我只是个南方人。我在一个低收入的单亲家庭长大——但非常幸福，顺便说一下，这绝对没

---

[1] 担任安迪摩尔公司的创意总监，是《一锤定音》《十有八九》《勇敢向前冲》和其他热门节目的执行制片人。

有什么错。去剑桥大学读书没有人帮助我，人们认为只有有钱人才能去那里读书。但我是凭借中学高级水平考试的成绩考上了剑桥大学，仅此而已。

  我想，倘若我能重回生命中的任何时刻——感觉就像我现在所处的状态——那一定是在我父亲把我叫到房间，说他要离开之前。因为当时我觉得我是个非常快乐的孩子。从那以后，我花了很长时间尝试找回原来的感觉，我觉得我现在找到了。所以，我回想起20世纪70年代，我坐在那间小房子里，手里拿着纸和笔，写着笑话。那时我9岁，我从来没有如此快乐过。

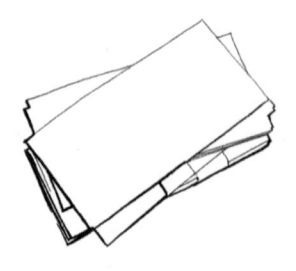

Dominic West

多米尼克·韦斯特

演员

受访时间：2018 年 12 月 27 日

16 岁时，我的心思都放在了酗酒上。噢，也不全是，我还在学校的戏剧演出中扮演过哈姆雷特，我对这件事也很投入。除此之外，我的其余时间都是在酒吧里度过。我拥有优越的成长环境吗？不，我其实是在谢菲尔德郊外的一个近乎荒野的地方长大，家里有 6 个兄弟姐妹，养了几只狗和其他宠物，比如仓鼠、鱼之类的。我经常骑着自行车在路上游荡，因为家里兄弟姐妹多，所以我们基本是在家自己玩。我们也有一些朋友，但我不太有离开家出去玩的记忆，因为我都是跟自家兄弟姐妹玩耍。是的，那是一个很特别而优越的童年，和我喧闹的大家庭一起，在荒原上度过了一段难忘的时光。

我没有经历过十几岁时的叛逆期，对此我并不后悔。13 岁时，我被送到学校，我很不开心，因为我很想家。但到了 16 岁，我已经适应了学校的生活。我开始学习表演，我在这方面投注了大量精力，表演帮助我在这所巨大而神奇的学校里找到了自己的位置。16 岁的我，非常开心。

我家有 5 个姐妹，所以，即使我读的是男校，也并不害怕异性，或许还很怀念身边有女孩围绕着的时光。但在学校里，确实有很多女孩来拜访我们……实际上，我并没有女朋友，只是希望自己有。我有过一些一见钟情的开始，但都无疾而终。17 岁时，我开始参加演出，并且参加了爱丁堡艺术节。从此之后,开启了我的演艺事业。

我认为,年轻时的我与母亲较为亲近。20多岁时,我对父亲有了更多了解。事实上,父母离婚后,我与父亲曾共度过一段愉快的时光。所以,我与父母的关系都很好。母亲是个非常浪漫的人,在她潜移默化的影响下,我对一些事情也有很多浪漫的想法,比如对爱尔兰、音乐和诗歌。我的性格在某种程度上是温和的,我对童年也有浪漫的想法,我想在乡村过着简朴的生活。我觉得我的幽默感是从父亲那里遗传的,父亲是个非常幽默风趣的人,他的维多利亚时代的父权观念——非常严格——也同样传承给了我。我会严格限制孩子们看电视的时间,并坚持让他们按时上床睡觉。但我是很爱他们的,只因为我有5个孩子,照顾他们总是使我精疲力竭,所以,喝酒之前我们必须把孩子们安顿好。

我开始演戏时,深深地感觉那就是我唯一能做的职业。我自认为非常擅长演戏,但从未想过是否能从演戏中赚到钱。我非常享受演戏,以至于觉得"从表演中获得报酬"是可笑的事。我也从未思考过未来,但确实尝试着去旅行。18岁时,我搭乘便车横穿欧洲,然后旅行到南美,在阿根廷的一个养牛场工作。

在伊顿公学上学时,老师肯定了我的表演特长,并为我提供了继续学习表演的条件和机会。我认为很少有学校能这样做,因为那些学校缺乏资源,很多有才华的演员没有这样的机会。我庆幸自己能在这样的学校就读。伊顿公学确实带给人自信,但这是把双刃剑,因为这种自信往往被错放。比如,有的人就错误地认为自己是管理别人的最佳人选,这很令人厌烦,也会使人不悦。

我觉得少年的自己,在我做过的所有事情中,会对我在电视剧《火线》中的演技印象深刻。他会惊讶于我真的投入到了角色中,而且会非常喜欢看这部电视剧。我的母亲酷爱戏剧,她不能理解我为什么想去从事戏剧之外的表演。她来剧院看我工作,常常说:"你究竟为什么要拍美剧?完全是浪费时间。"我想,这或许是因为我奶奶是美国人,所以母亲不怎么喜欢美国。十几岁的我也没有想到会生 5 个孩子，当然更没有想到孩子中的一个会得到去南安普敦足球俱乐部试训的机会。他当时只有 10 岁，所以只是邀请他加入学员队。但是我的足球踢得实在太烂了，我不敢相信我的儿子能踢那么好。我想，年轻时的自己会对我的孩子刮目相看。

当我回顾自己的一生，可能会对年轻时的自己说："不要懒散，勇往直前，努力成为明星。"我不明白是因为自我怀疑，还是仅仅出于懒惰，我经常只做简单的选项。在认真工作和发挥我的天赋方面，我会让别人帮我做决定，允许别人的想法代替自己的想法。我也希望不去做经纪人要求我做的工作，这种工作通常很无趣。在 20 岁出头时，我只想参与具有实验性、激进的戏剧，但我没做到，因为我总是跑出去喝酒，把自己喝醉。也许，我参加了太多派对，我本应该……其实不是，算了。

在我的孩子们的成长过程中，我一直在外工作，少有陪伴，对此我有一些遗憾。工作只是为了奋斗，我通常会把家庭放在首要位置，而不是漠不关心——每个周末我都飞回家。在拍摄《火线》这部电视剧时，我经常不在家，因为我的女儿①，那段时间异常痛苦。我对没有陪伴她而感到遗憾，但我已经尽力了。

在我生命中有一位了不起的女人，她名叫凯伊顿。小时候，我生病时，她悉心地照顾我。她是我曾祖父的秘书，给我很大帮助。我们曾调侃说我们之间是男女朋友——那时我才 4 岁。她一直单身，我非常后悔在她临终前未能陪伴在她身边。当时我在外地工作，我觉得她在谢菲尔德的房子里去世时并不是那么安详。我真希望能去到她的身边，当面向她道谢。在我生病时，她给了我莫大的安慰，我希望，在她临终时，我也能给她同样的安慰。

我刚满 49 岁，已经开始认真思考余生。就职业生涯方面而言，我对

---

① 和当时的女友波莉·阿斯特所生的女儿玛莎。

年轻时没能演完伟大的莎士比亚戏剧中所有的角色而遗憾，因为我的确非常喜欢莎士比亚。不过，我不想再年轻一回了。我对过去的事情没什么内疚的，我对待别人时也总是尽了最大的努力。天啊，听起来就像我即将离世！我不知道……我一直害怕死亡。我认为，除了去世的时刻及逝世时的实际状态外，真正让我害怕的是后悔没有倾尽所能。但实际上，一切都是为了孩子们。我很清醒地意识到，现在正是我在他们生命中成为重要的人的最后机会。因此，我想明年挤出更多时间，与我的孩子们更加亲密、幸福地生活在一起。实际上，当我想到这一点的时候，我觉得工作真的一点都不重要了。

过去的 10 年，是我这辈子最快乐的时候。因为每次我与孩子们在一起时都能带给彼此巨大的欢乐，所以我的生活状态变得越来越好。去年圣诞节，我们去看了南加州的巨树，我记得从把每个人叫出房车到步入树林的一整天的时光。当时，周围几乎无人，森林里的雾气正在消散，太阳冉冉升起。我们站在这些令人惊叹的三千年前的巨树面前，我确实感受到了巨大的幸福和安宁。

我有一种强烈的期望，希望时间能慢下来，这种欢乐的时光能持续更长时间。我对未来没有什么不祥的预感，但我确实感觉到自己正处在人生的盛夏，而这种生活不会永恒。

David Tennant

大卫·田纳特

演员

受访时间：2018 年 2 月 19 日

    16 岁时，我的生活重点是关于中学毕业会考和如何应对青春期。我的童年过得非常快乐。我很幸运由优秀的父母抚养长大，他们给了我很多生活上的智慧。但我并未能真正享受青春期，因为我一直知道我在等待成年的到来。小时候，我很不喜欢无法掌控自己生活的感觉，这种情况在青少年期变得更加明显。我知道我很想去戏剧学校，事实上，我想我的第一份表演工作是在 16 岁时得到的。不，我在 15 岁时就拍了一个禁烟广告。然后，为苏格兰电视台拍了一集《吉玛拉玛》[①]，跟着剧组在斯凯岛待了 4 天，那是我第一次独自住旅馆。我那个年龄已经不需要监护人了，我终于感觉自己已经长大了，可以自己做主了——那感觉像浅尝了一口成年的甘甜。

    我的父母对我观察世界的方式影响很大，但在 16 岁时我不会承认这一点——那时刚刚开始认为父母都是彻底的失败者。但是在我内心深处，即使在那时，我也知道他们对我的影响。确切地说，他们是真正的基督徒，因为他们相信人人平等，尊重每一个人，善良，有"己所不欲，勿施于人"的心态。总的来说，他们完全摆脱了基督教中有时会出

[①] 英国独立电视台的儿童连续剧。

现的右翼倾向。他们的思想开明和前卫，我珍视他们在生活中表现自我的方式。

《神秘博士》对年轻的我影响很大。我也喜欢超级英雄，但《神秘博士》是我小时候最喜欢看的电视剧，也许是因为我能认同这个角色。我永远无法认同绿巨人这个角色，虽然我也很喜欢它的漫画。我觉得神秘博士是一个我渴望成为的人，也许他也愿意带我一起出去玩。我觉得孩子们需要一个不是运动员的英雄，这是我在扮演神秘博士时经常想到的。多年以后，我发现自己真的要扮演这个角色，简直太神奇了。这部在我童年时意义非凡的剧作将成为我成年生活的重要组成部分——事实上，它最终将定义我的成年生活。

如果你现在见到 16 岁的大卫，你会好奇他为什么认为把成吨的发蜡打到头上是个好注意，会疑惑为什么他会认为这是一种可以接受的自我表达方式。我的确对服装感兴趣——我记得我发现了慈善商店，那里是我的新大陆。有一次，我把一根靴子的鞋带当领带用，还乐呵呵地招摇过市，可能是为了模仿演员博诺或吉姆·科尔。我还特别喜欢穿着一件从慈善商店淘到的西班牙外套，然后戴上那根领带。我最喜欢的衬衫是一件旧的佩斯利仿品——红底黑边。但令人吃惊的是，我非常与众不同，比想象中还要大胆。记得我去了位于托莱多枢纽的佩斯利的一家夜总会——我记得名叫托莱多路口——里面的人指责我是个怪人，我觉得那个年代大概是有"哥特人"这种说法。但我不是，只是与夜总会里面穿着西装的人对比而言，我可能……事实上，我脸上挨了一巴掌，只是因为我的衣着更酷罢了。

我自认为在朋友圈里，我是一个性格外向的人。但当我离开我的舒适区时，尽管我穿鞋带的方式很大胆，但我并不那么外向。我记得荷尔蒙混乱时的呐喊，脑子里多数时候一团乱麻，我很纠结，心烦意乱，局促不安，但我善于掩饰内心的焦虑。我认为现在的我依然善于掩饰这些坏情绪——只有我最亲密的知己才能看到一点我的内心世界。

16 岁时的我想成为一名演员，当时觉得这是一个荒唐可笑的想法。我不认识任何演员，周围的人都说这是个愚蠢的想法，我将无法靠此谋生。这个建议合情合理，但在年少的我心中，总有一个声音说，他们的想法可能错了。如果现在回到 16 岁时的自己身边，我想告诉他："你现在已经 40 多岁，你还能侥幸谋生。"虽然我仍然不知道这能持续多久！

我现在都还记得，从戏剧学校毕业后，找到第一份工作时的喜悦。我突然意识到："对，从现在起凡事都不是儿戏了，你只能靠你自己。如果你现在做不好，就得做其他工作。"生活并没有想象的那么简单。对我来说，第一份工作是在苏格兰人民剧院巡回演出，在面包车里表演布莱希特戏剧。我收到了一个工资包，在一个棕色的小信封里，装着实实在在的钱，这让我很有成就感。因为，我已经成为一个闯荡世界的成年人了。

1991 年我从戏剧学校毕业，大约在 2003 年左右拍摄《卡萨诺瓦》和《黑池》之前，我做了好几年戏剧演员。电视节目绝对会对你的人生产生影响——突然间，你出现在千家万户客厅的电视上，机会的大门开始向你敞开。当我得到"神秘博士"这个角色时，我立马意识到生活已经改变。你会突然获得很多关注，其他事物无法带给人这种感受。当然，从事新闻节目也可能会有这种程度的关注。我成名的方式我从未想过，我以前总是想象那种场景：我坐在一个房间里，电视里的名人进来了，房间里人潮涌动——"哦，看看谁来了"，每个人都朝他望去，但显然，那个名人什么也没有注意到。事实上，当你成为那个人的时候，你就会想——"低头，赶紧走到你要去的地方"。成名和被关注不会让你觉得更有力量，反而让人恐惧和紧张。

如果我现在有机会与已经离世的人进行最后一次交谈的话，那一定是我的父母。很显然，父母的教育是人的根基。你想念那些平凡的生活，想念那些打电话来聊家常的人，但你永远都不会真正感激，因为你只是日复一日地生活着。我觉得失去父母，尤其是第一次失去的时候，令人无所适从，似乎失去生命中一个支点。父母有一天终将去世，你一直都知道这是迟早的事，但这份伤痛的剧烈程度是你无法想象得到的。你也没有办法真的接受他们已经离开的事实。我的父母都不是骤然离世——因为他们都身患重病，病情发展相对缓慢，所以对我来说，他们的离世并不是突然发生的。我不知道这是好还是坏，没人想看着自己的亲人受苦，但这样做的好处，是可以确保你陪伴在他们身边，尽可能地做好父母离世的心理准备。但你永远无法真正克服心理上的伤痛。

Prue Leith

普鲁·利思

厨师、电视节目主持人

受访时间：2018 年 10 月 1 日

16 岁时我在南非上学，我的兴趣从马匹转移到男孩和派对上。我家住在约翰内斯堡，房子现在看来很奢华，但在当时的后殖民时代，感觉很正常——因为南非所有富裕的白人家庭都住在漂亮的大房子里。我在家排行第二，上下各有一个兄弟。母亲是演员，父亲是商人。一家人相亲相爱，非常幸福。我们在外面没有很多朋友，但全家人一起做了很多事。我认为我们有一个田园诗般的童年，我所有的成功归功于小时候受到的不断鼓励。没有人因为我是女孩而区别对待——我就是应该做得很好。

我的母亲[①]很特别，我很讨厌这一点。我想要一个胖胖的妈妈，能像其他所有的妈妈一样，来参加学校的庆祝活动和做蛋糕。有一天，学校的女校长告诉我，她请我妈妈到学校商讨关于高年级演莎士比亚戏剧的事。我想："天啊，杀了我吧。"我站在后面，心想这将是我一生中最尴尬的一天。当时母亲 45 岁，在舞台上演 14 岁的朱丽叶。然后，又扮演了一位患关节炎的老护士，接着扮演哈姆雷特。所有人都被她迷住了，异常兴奋。演出结束后，我自豪地走出剧厅，心想："母亲是一名演员，

[①] 普鲁·利思的母亲就是女演员佩吉·英格利斯。

她当然没法来参加校庆——她还有那么多重要的事要做。"这完全改变了我对她的看法。

年轻的南非白人不去镇上,所以我们看到的都是可爱的仆人,比如我非常喜爱的保姆艾玛。我到现在都记得,被她抱着是件美好的事。她穿一条带花边领口的白色围裙,我依旧记得她领口贴着我脸颊的感觉。我母亲思想开明——她是反种族隔离抗议组织"黑腰带"的创始人。记得她去市政厅示威抗议后回到家,黑色外套上满是被人扔的鸡蛋污渍。她也试图在她的剧团里让黑人演员与白人演员同台演出,那时候舞台上不能有黑人音乐家,甚至不能让黑人扮演奥赛罗,黑人不能和白人看相同的剧目,这太荒谬了。

如果我现在能回到少女时期,我会告诉自己更多地关注被压迫者的感受。我们是压迫者,所以,我们从来没有站在被压迫者的角度思考。现在想起来很惭愧,16岁时,我和我的女朋友们在街上蹦蹦跳跳地走着,这时,一位可敬的黑人从人行道走到旁边的排水沟里避让,好让我们经过,而我们这些白痴竟都没有注意到他。我自认为是一个自由主义者,但直到我到了欧洲之后,才知道一个没有种族隔离的社会是什么样子。我发现巴黎的黑人数量惊人,这令我很诧异。我可以和他们一起在公共场合坐下来喝咖啡——我感觉很尴尬,因为我从来没有这样做过,也显得我很自私和无知。

我的父亲会惊讶地发现,对未来摇摆不定的少女普鲁,最后走上了厨师这条道路。我曾想过当演员、艺术家和其他各种的职业,但从未对烹饪感兴趣。我们家有一个很棒的祖鲁厨师,名叫查理。在我的家庭里,食物就像金钱和性一样不能谈及。直到我来到巴黎,发现这里每个人都对食物兴趣盎然,虔诚待它。当我在做互惠生[①]的时候,看到保姆为

[①] 译注:起源于英、法、德等国的自发的青年活动,旨在给来自全世界的青年们提供一个在别国的寄宿家庭里体验文化和学习语言的机会。

她的孩子们准备美味的晚餐，我就想："啊哈，食物才是人们真正关心的东西。"

11年后，我离开了英国广播公司的"大不列颠菜单"节目组，打算不再做电视节目主持。我开始转行写小说，我想那就写吧。然而，《美食烘焙大赛》来了，我依然难以抗拒做美食的冲动。我认识玛丽·贝里，因为她是我的朋友，一个非常了不起的人。她一生都努力工作，辛勤耕耘，所以在她人生的那个阶段能取得如此巨大的成功，我很为她高兴。然后我想："好吧，现在我也有这样的机会了。"但我从不看我的节目，也不知道会有如此好的效果。我没想到会有这么多关注，但我喜欢被人关注——我是一个自我主义者，很乐意接受采访和拍照，也很乐意在超市里有人问我："你是电视里的那位女士吗？"

2002年，我的丈夫[①]离世，这让我痛不欲生。我们犯了像我父母一样的错误，我们在科茨沃尔德生活幸福，但几乎没有朋友。雷恩性格一向有点孤僻，他很少离开书房，甚至连花园都不去。家里除了亲人，没有别的朋友来造访。我并不介意这些，因为我每周要去伦敦的公司[②]工作几天，所以我们俩都是在周末才相会。雷恩去世后，我没想过出售房子，但这也意味着我会在深夜回到这所空荡荡的房子里。记得有一天晚上，我冒雨从火车站开车回家，边哭边想："他都不在了，我回的地方还是家吗？"但我有一个关心我的哥哥。雷恩在世时，我离家在外，我们通常会在7点钟通电话。他去世后，我常常到7点钟就情不自禁地想打电话。有时只好打给哥哥，他会说："啊，7点了——是时候倾诉点兄妹之情了。"之后慢慢地，我结交了一些当地的朋友，然后又结婚了。

如果我能回到生命中最幸福美好的时光，那应该是1976年的夏天。我的儿子还不到2岁，我们还收养了一个16个月大的柬埔寨籍女儿。全

[①] 作家雷恩·克鲁格。
[②] 指普鲁·利思在伦敦经营的米其林星级餐厅利思餐厅，一直经营到1995年，之后，她就去普鲁·利思学院工作了。

家住在伦敦的一套小公寓里，外面只有一个小阳台。后来，全家搬进了科茨沃尔德的这座漂亮的老房子，开始对它进行翻修。没有什么比自己筑巢更令人兴奋的了。那年是大旱之年，所以非常干燥，但这意味着孩子们能在阳光下奔跑。孩子们开心，我们也感觉幸福。这是生命中最美好的一年。

Dionne Warwick

狄昂·华薇克

音乐家

受访时间：2012 年 5 月 7 日

    16 岁时，我有许多宏大的理想，想成为首席芭蕾舞演员、钢琴演奏家、教师或摄影师。直到现在我仍然认为，这当中的任何一个理想都能带来与唱歌一样的快乐。但当我的脚部韧带撕裂，再也不能用脚趾站立时，我知道自己不可能成为一名芭蕾舞演员了。因此，我把注意力从脚趾转移到喉咙。我出生于音乐世家，天生喜欢唱歌，所以，这也许是命中注定的。但是，直到 19 岁，我发行了第一张热门唱片，我才决定走上唱歌之路。

    坦白说，我想我会立刻喜欢上那个年轻的狄昂。我非常喜欢当时自己的样子，而且一直喜欢。我把这些归功于我与我的朋友们所建立的长期友谊，我们至今还是朋友。家庭是所有人生存的支柱，而我的家庭是我强大的后盾。年轻的我所要学的最重要的一件事情，就是如何做决定，而这其中很大一部分来自成长的环境。庆幸的是，我在一个充满爱、支持和承诺的环境中长大。

    关于歌唱行业，我能讲的知识可能对年轻时的自己帮助很少。当时，并没有真正成名的模本——你可以就是可以，不行就是不行。20 世纪 60 年代，我刚踏入歌唱界，竞争并不像今天这样激烈。我们都是志同道合的伙伴，大家互相关心，互相支持。当我有机会去观看格蕾蒂丝·奈特、史摩基·罗宾逊或帕蒂·拉贝尔的演出时——他们都是我的朋友——我会挤出时间去参加。

如果我告诉年轻的狄昂未来将发生什么,她会不知所措。她会说:"你在玩笑吧。"因为除了获得众多奖项外,我还为国王和女王表演过,还和业内一些偶像一起表演过。那时,我忙着巡演,没有时间去思考压力的事情,所以还能游刃有余。话虽这样说,但我其实每天都想放弃工作。人总会有累到极点,无法支撑的时刻,然而你知道满屋子的人在等着听你唱歌,所以你必须振作起来,继续前进。

在我的记忆中有许多重大时刻,我记得第一次听到自己的声音从收音机里传出来的情景。当时想的是:"哇,等等,那真的是我吗?"我还记得我第一次获得格莱美奖和发行第一张白金唱片的情景。我亲身经历过一些种族隔离事件,这种情况在20世纪60年代非常猖獗。但因为当时总是与我的同龄人及那些我崇拜的音乐偶像在一起,这些是我生活中不得不经历的一部分。记得当时听到马丁·路德·金的死讯时,我正在飞往一场音乐会的飞机上。下飞机后,有人告诉我他被暗杀了,我感到非常难过。

有时,成为公众人物的生活很痛苦,因为根本没有隐私可言。我享受大家对我所做的工作的赞赏,但我也必须随时接受大众的批评。然而,当我和孩子们或孙子们在一起的时候,我确实会划清界限——如果我们出去共进晚餐,我希望我们能够不被打扰。

我在16岁的时候,想立刻长到40岁。这个数字对我来说很神奇——我迫不及待想要去到40岁。现在我已经70岁了,还是有同样的感觉。我不期待我能活到105岁,但这是上帝的旨意,也是你看待事物的方式。

Mary Robinson

玛丽·罗宾逊

爱尔兰前总统

受访时间：2018 年 8 月 6 日

我在家排行第三，上有两个哥哥，下有两个弟弟，我们五兄妹都是在 6 年内相继出生的。所以，16 岁时，我变成了一个假小子，有一种强烈的平等意识和正义感。我的兄弟们总说我是爸妈最喜欢的孩子，我的父母也明确表示，希望我能像兄弟们一样拥有相同机会，但在梅奥更广泛的爱尔兰社会并没有给我同样的感觉。

作为一个青少年，我几乎没有选择，人们期望我要么很年轻就结婚——但我没有兴趣，要么成为一名修女。在那些日子里，我非常虔诚，我的家人也是。我们家族里有修女，她们在英国和印度生活得很充实。我从寄宿学校毕业后，告诉院长嬷嬷我想成为一名修女。但幸运的是，她让我离开一年好好想想。父母对我非常满意，他们把我送去巴黎住了一年。当然，这改变了一切，回来后我想要学习法律。

我崇拜父亲——他是一位了不起的医生。以前，我喜欢晚上和父亲去出诊，他会在路上给我讲故事。到目的地后，他就自己走进病人家，让我在车里看书。每次，他从没有电的贫穷农民家出来，我会看着他站在前门暗淡的灯光下，和这户人家的女主人说话。他会弯下腰，非常耐心地倾听。我等了又等，希望父亲能回来给我讲更多的故事，但是他会在那里站上 20 分钟，因为他知道作为一个医生，倾听非常重要。我想是因为父亲，我才把我的回忆录取名为《每个人都很重要》。因为父亲坚信这一点，从小到大我也相信这一点——无论贫穷、衰老，还是口齿不清——每个人都很重要。

我的母亲死于心脏病突发，失去她对我而言异常痛苦。母亲只见过她的两个外孙，包括以母亲的名字命名的、我的大女儿特莎。然后在特莎的表妹出生后两天，母亲就去世了。母亲是整个家庭的生命和灵魂，是整个家庭的核心，她对我的影响超出了我的想象。当我参加爱尔兰总统竞选时，我意识到必须让人们了解我。在那之前，我一直非常注重隐私。我天生是个害羞的人，但当我以个人的身份和别人交流得越多——比如敞开心扉，就会变得更友好、更热情，成为一个更好的倾听者——我就越像我的母亲。这改变了我对公众生活的态度，在这之后也一直坚持。

1968 年，我从三一学院毕业后去了哈佛法学院。那一年给我留下了深刻的印象，法学院的美籍学生试图避免服兵役，并谴责他们所谓的不道德的越南战争。看到那些下定决心去做事情并真正做出改变的年轻人，他们的理想主义触动了我。这与我所习惯的爱尔兰非常不同，在爱尔兰，年轻人被动地等候机会。一直到你已经 30 岁了，还在等待有机会轮到你。然后，在你 40 多岁的时候，可能需要承担一些责任。这就是为什么 1969 年我回到爱尔兰，当时有一场参议院选举，我问为什么候选人都是上了年纪的男教授。我的同事们说："如果你有如此强烈的感觉，为什么不自己去竞选呢？"作为一名 25 岁的年轻女性，我站了出来，告诉大家我们必须开放爱尔兰，使这个国家自由化。

如果让我给年轻时的自己提建议，我会告诉她不能太快改变事情。我当选参议员后做的第一件事，就是起草一项使计划生育合法化的法案。我受到媒体和教会的谴责——尼克[①]烧掉了我收到的恐吓信。都柏林的

[①] 罗宾逊的丈夫漫画家尼克·罗宾逊。

大主教写了一封信，在都柏林的每个教区宣读，信中说我提出的法案将是"对这个国家的诅咒"。这对我来说打击很大，我开始动摇。现在我更清楚的是，如果你想在性道德这种根深蒂固的社会问题上做出改变，就必须花时间让人们赞同你。你必须教育、说服、与人交谈，还要有耐心。我们最终通过了这项法案，但花了整整9年时间。这是1997年我成为联合国人权事务高级专员时学到的重要一课，当时我不得不处理其他大洲的一些传统陋习，如童婚和女性割礼。

如果我能和任何人说最后一句话，那一定是和纳尔逊·曼德拉。他是我见过的最不同寻常的人，当他邀请我加入元老会①时，我感到非常骄傲。我希望能有更多的时间和他在一起，学习他令人难以置信的仁慈、温柔和宽恕的能力。他风趣幽默——很爱戏弄人，他用幽默来阻止人们把他捧为偶像，但人民还是忍不住这么做，因为他是如此杰出的人。

我记得我的父亲不止一次地在接生完孩子回家，告诉我母亲，有人问他："医生，是男孩还是其他什么？"他说："把我气坏了。"这让我相信，我父亲确实认为我和我的兄弟们是平等的。但学校没有，整个社会都没有。我不能当祭坛侍者或牧师。在我刚刚成为律师没多久，我就听说了玛德莲洗衣房妇女的遭遇。我听过很多母亲在医院里被牧师抢走孩子的故事，还了解到单身母亲是怎么被对待的，因为我曾被邀请担任单身母亲组织"珍惜"的主席。我真钦佩她们，尽管她们被看作罪犯或是堕落的女人，但她们内心仍旧斗志昂扬。

我的孩子们知道，他们是我生命中最重要的部分，这对我一直非常重要。还记得我当选总统的那个晚上，我们参加了一个盛大的聚会。回到家后，我把他们3个叫到一起，对他们说："尽管我现在是总统，但你们比这个职位更重要。"我很清楚作为一个母亲，我有责任做这样的承诺，我打心里也是这样想的。生活中也有艰难的时候，记得有一次，我

---

① 译注：元老会是由曼德拉成立的由老年政治家、老年和平主义者等组成的政治组织。

对印度进行对爱尔兰来讲非常重要的国事访问，而访问期间，正好是我的女儿过生日——我那时感觉离她好远好远。我现在仍然生活忙碌，但我很高兴已成为一个奶奶。我现在有6个孙子孙女。当我努力应对气候变化对未来造成的影响，思考我的孙辈们将在什么样的世界中成长时，这就是我奋斗的动力。

Ian McEwan

伊恩·麦克尤恩

作家

受访时间：2019 年 4 月 15 日

我 16 岁时，身材消瘦，脸色苍白，戴着一副巴迪·霍利黑框眼镜，顶着一头浓密的深色头发。从 11 岁开始，我就在一所离家 2000 英里的寄宿学校就读，一直过得有点抑郁。不过，那时我没有科学的方法来分析它，甚至无法对自己承认。但 16 岁左右，我意识到，这里虽然是学校，却是奥威尔河畔美丽的萨福克郡，自己身处的是一个极其美好的地方。我开始对文学产生浓厚的兴趣，阅读了大量诗歌，聆听了各种音乐。生平第一次，我痴迷于巴赫的乐曲，听了很多爵士乐和电子蓝调音乐。我变得对生活满怀激情，在各个方面勇敢尝试，开始对人生有了惊人的觉悟。

当然，在男校的生活中非常缺乏的就是异性同学。所以，男生们的渴望被转移到对音乐和书籍的热爱——这有点奇怪。16 岁时，一位魅力十足的英语老师夸我聪明，那是我生命中第一次突然觉得自己很聪明。他介绍了几位作家的作品给我，包括格雷厄姆·格林、艾瑞斯·梅铎、布莱恩·奥尔迪斯和威廉·戈尔丁。我变得非常非常认真，开始意识到研究英国文学就像是从事神职工作，我愿意全身心地投入其中，也许将来能找到一份英语教学的工作。

以前，我非常盼望假期回家，可是回家后不到一个星期，我就会因为周围没有玩伴而烦躁和感觉无聊。我的父亲是一名驻扎在德国的军人，从 12 岁起，我就独自一人从英国萨福克郡去德国——先坐船，然后乘火车。我很爱我的父母，他们对我体贴入微，对我的教育更是尽心尽责。但是教育能给我带来什么以及我对文学和艺术的热爱，对他们来说并不重要。这让我有些傲慢起来，直到现在我仍对此深感自责。我经历了长达 5 年时间的思考，认为任何没有读过《荒原》的人都不值得我与之交谈。我真是无法接受。

很久以后，我看到了父母充满人性的一面。我发现，塑造这些的两大力量是经济大萧条和第二次世界大战，而我很幸运地避开了。我意识到，我们这一代人的父母很多都曾经凝视过深渊。所以，当一切灾祸结束和国家经济开始复苏时，他们会对来之不易的平常、安稳和有规律的生活倍加珍惜。后来我明白了一件事，那些在我看来似乎很无聊的事，比如擦车，对于经历过杀戮的人而言，却是一种慰藉。因此，我想把这些事情告诉年轻时的自己："你生活在没有危险的环境中，你必须意识到，那些曾身处险境的人会在平淡生活中找到安慰。"而我们又在干什么呢？蓄着长发，吸着大麻，游手好闲，无所事事，觉得自己在引领时尚潮流。简直荒唐可笑。

我想，年轻时的自己一定对 1972 年发生的事感到十分惊讶。那年，我刚刚大学毕业，看到文学杂志《新美国评论》最新一期的封面上印有四个字体大小一致的名字：菲利普·罗斯、君特·格拉斯、苏珊·桑塔格和伊恩·麦克尤恩[1]。那时我才 22 岁，看到自己的姓名与我仰慕已久且富有传奇色彩的作家们并列，我差点晕倒。

大约是 1973 年或是 1974 年，马丁[2]把我介绍给克里斯托弗[3]，他们一直在日常生活中凑到一起搞恶作剧，对我身体的疼痛很下流的玩笑。

---

[1] 译注：1972 年，麦克尤恩的作品受到评论家泰德·索罗塔洛夫的赏识。
[2] 马丁·艾米斯，小说家。
[3] 克里斯托弗·希钦斯，记者、小说家。

每次我进入房间,克里斯都会用第三人称的口吻说:"苗条而又奇怪的伊恩·麦克尤恩来了。"那段时期,我认识了很多青年人,或者说大多都是年轻男人,他们都成了我毕生的朋友——詹姆斯·芬顿、克雷格·雷恩、克莱夫·詹姆斯、朱利安·巴恩斯。我们一起在镇上很开心地奔忙,我们的第一本书和文章得以出版和发表。

我没有像马丁那样赢得许多女性的芳心(他因此而声名远扬)——我更喜欢专注于一段感情。从一开始,我就喜欢做一个父亲,非常喜欢。1982年我结婚了,然后我和妻子搬到了牛津,有了两个儿子,我还有两个继女。在牛津,我们有一个大家庭,那真是温馨的时光。现在我常常见到我的孩子们——他们一直是我生命中无穷的快乐源泉。

Dylan Moran

迪伦·莫兰

喜剧演员

受访时间：2015 年 1 月 26 日

  我想告诉 16 岁时的自己，凡事不要太较真。回首往事，我惊讶地发现，当时的我把事情看得太复杂！那时的我非常极端，自大得离谱。所有的一切都是关于自己、书和诗歌。这样说并不是意味着现在这些对我而言不再重要，而是当时我觉得这些事是非做不可。现在我想对年轻时的自己说："如果你把人生看作一场戏，而你就是那个出现在第七幕中笨拙而又健忘的角色，正在寻找你的钥匙。"

  学生时代是一段可怕的时光。我成绩不好，我也不愿意在学习上花太多精力。但是我博览群书，比如战后的美国小说，像约翰·契弗、菲利普·罗斯和索尔·贝娄等受人崇拜的大作家撰写的小说——还看过很多戏剧，像契诃夫和肯尼思·泰南的戏剧。我也会写很多东西，也会对以后要做什么想很多。因为我似乎并不像我身边的人计划的那样，最终成为一名牙医或会计师。

  我那时是个杞人忧天的年轻人吗？是的，我会接纳这种担忧。听起来有些宿命论和沮丧感，当你到 40 岁时，你处于无数阴影叠加的灰色地带。但当你还是青少年时，你的世界非黑即白。青春期就是这样。我不是在城市里长大——我们当时住在离都柏林 30 英里远的偏远地区。那时的我不顾一切地想去城市——我和朋友们都只能在乏味的乡村田野里寻找乐趣。回想起来这段时光非常天真烂漫——我当时真的一无所知，但是我有一群非常要好的朋友，一起玩得很开心。那时的我总是被善于讲幽默风趣故事的人所吸引。

作为一名爱尔兰天主教徒——不管你对此作何感想，但天主教的一切教义早已在你年幼时便深入血脉。在我成长的过程中，我们家是我所知道的唯一一个不去教堂的家庭。这种抗拒不是被动拒绝，而是粗暴而强烈的拒绝。我很讨厌教会，当人们还在谈论着教皇弗朗西斯是一个与时俱进的、有远见卓识的人时，我总是惊讶不已——他不过是另一个"500 岁的老头"，衣冠楚楚地满嘴谈论人们的生活、颁布过时的法令，而这些法令的根据出自一位 2000 年前的政治革命家之口。在过去的几年里，我一直对东德非常感兴趣，因为我觉得东德有着与欧洲相同的历史背景。我认为，在昂纳克及其余派系统治下的东德与在教会统治下的爱尔兰非常相似。

大约 19 岁时，我去了一个喜剧俱乐部，我问我是否可以上台表演 5 分钟。就是这样，有了我的第一次上台表演。当时我真的有很多焦虑——"我希望能给大家带来欢乐，但如果我出丑了会怎么样？"但很显然，有某种东西吸引了我，让我抓住这个机会。那是肾上腺素成瘾症，真的——不是因为勇气。一个脱口秀演员的典型故事线就是，不论他们过得是否悲惨，他们往往自我怜悯。这通常是一种高度自尊和自怨自艾的矛盾体，因为不断地去引人欢笑其实是一种可疑的行为，就像不断地去尝试拆除人们看不见的炸弹一样。我越来越想知道那是怎么回事。有时候，你会见到那些总是很开朗、很爱开玩笑的人，其实过得很惨，这种人就是可怕的灾难。他们成天神经紧绷，而笑声便成了他们紧张的情绪下短暂的停歇。

在我看来，要是十几岁时的我遇到现在 43 岁的我，他的第一反应一定是："你怎么这么胖了？发生了什么？"但他会为自己站出来做了真正想做的事情而感到高兴。那时的我真的不太认同为了谋生而去做自己不想做的事的想法——我认为自己没办法坚持下去。毕竟，要我到办公室工作无异于把我关进监狱。我花了所有的时间去思考关于写作的事，还把干这行的人跟从事体育行业的人进行了类比。从事这两种职业的人都对自己的职业有种痴迷，我每天早晨睁开双眼想到的第一件事都是工作。

我会告诉十几岁时的我，别老想着去抽烟——去找个托盘，在里面点个小篝火，绕着它走几圈，再看看你喜不喜欢这种感觉。

我现在正回到表演单人喜剧的路上，我再次习惯了这样的生活方式。你拥有的物质完全取决于你在生活中的位置。昨天晚上我说到，当我看到一些东西散布在房子的周围，比如一支燃尽的蜡烛或一根绳子，我会把它放进我的口袋里，心想："这可能会派上用场。"我在等待的是一幅什么样的世界末日场景？而这样一支旧蜡烛会成为其中必不可少的一部分吗？我的脑子里到底在想些什么？

当我意识到自己不再年轻时，我还是会有那么一瞬间的惊诧——我似乎一次次地被这种惊叹吞噬。你的另一半生命就像一个巨大的阴谋论——没有人会告诉你，在你身上会发生些什么。我很庆幸在成长的过程中，没有把运动才能和外表看得很重，因为事实上当你变老时，你会发现自己对此的追求都是徒劳无功的。在我那个时代，我们往往都是一觉醒来，手里拿一个馅饼，然后抽上一根烟——可现在每个人都突然变得像简·方达[1]那样规律地生活。我不担心自己的健康，但我的确害怕死亡。

当我回首往事时，我从来没有站在一座金山上对着天空欢快地尖叫过，我不过是个和妻儿一块逛街的普通人。但我曾经试过在夜色尚早时，走下舞台，完成一些我没想到自己能完成的事，就像在喜剧中完成三个后内结环一周跳[2]。第一次，我做到了，想了想："好吧，那我就是上帝了，我该奖励下自己，最好给自己买条漂亮的裤子。"

---

[1] 译注：美国著名演员，息影后投身健身事业，取得巨大成功。
[2] 译注：花样轮滑中的一种跳跃动作，腾空转体360度。

第六章

友 谊

你终会遇到志趣相投的伙伴。

——梅拉·沙尔

Dame Julie Walters

朱丽·沃特斯爵士

演员

受访时间：2016 年 9 月 12 日

16 岁时，我就读于斯梅西克的霍利洛奇女子文法学校。这所学校听起来不像名校，也不会引人遐想。很多人都不会将孩子送到这所学校，因为他们觉得这儿的环境过于艰苦，可我很喜欢这所学校。我真的讨厌我的小学，那是一所天主教预备学校，修女们动不动就拍打学生的头。我非常害怕她们——在那里我能学到什么呢？

当人们感觉自己没有立足之地时，学校生活就会变得很困难。我擅长运动和逗大家开心，我从来没有参加过学校的戏剧表演，不过我常常四处走动，为大家带去欢声笑语。那时，我并没有非常用功地学习。我会打篮球和曲棍球，还是一个跑步健将——1966 年，我在伍斯特郡的 200 米比赛中获得过冠军！我在里约奥运会上看了很多场赛事，累得筋疲力尽。我屏住呼吸陪着他们一起跑完了所有的比赛——10000 米赛跑非常艰难，当莫·法拉赫倒地时，我真的很难过。

我对男孩充满了好奇，但我太缺乏自信，不敢与他们搭讪。学校里有些女孩表现得如同 30 岁女人一般成熟，而我却像一个 11 岁左右的小女孩。我会建议年轻时的自己，不要担心男孩们会有多喜欢你。那时，如果有人喜欢我，我总是感到受宠若惊，这似乎比我对他们的看法更重要。我会对年轻时的自己说："不！认真观察他们一下再说。别担心，男孩多着呢。不要轻易接受他们的表白。"

我出生在一个工人阶级家庭，家里没有一本书，但我的家人全都接受过继续教育，我的哥哥还上了剑桥大学。这得益于母亲对我们的鞭策，她期盼我们能做点和我们的生活息息相关的事情。尽管我的父亲是一名建筑工人，母亲在吉百利商店做巧克力包装——但他们并不希望我们做这种工作。母亲更希望我成为一名护士。"这样你可以去世界任何地方！"她说。

我们住在斯梅西克贝尔伍德的带露台的房子里，那里也是英国如今最贫困的地区之一。那所房子又大又古老，路的尽头还有一个公园。但家里人从不允许我去那里，因为母亲说那里有一些奇怪的人。直到有人想要绑架我，我才明白她的意思。那次，我们在一所又大又旧的空房子的花园里玩耍，有个人看到了我们，然后威胁我们。他让我们"把裙子掀起来"，他企图把我们带走，幸好没有发生什么可怕的事情。后来，我将这件事写进我的自传里时才感觉后怕。最近，我写信给当时也在场的一个女孩，她对这件事也是心存阴影。

1966年，我正好16岁，这似乎有些不可思议。最近，我看了朗·霍华德制作的关于披头士乐队的纪录片，里面所有的女孩都在放声尖叫。我从来没有那样做过，但当我第一次与异性亲吻时，正好在播放《我想握住你的手》这首歌。那真是太美妙了——那是一段美好的时光。上大学之后，我接触到了嬉皮士文化，很快便爱上了它。那时，我留着长发，穿着宽松的喇叭裤，身上散发着充满印度情调的气味——也就是广藿香，它们对我来说真的很有吸引力。

16岁的我对政治一无所知，但我知道伊诺克·鲍威尔的"血河"演讲是关于斯梅西克的事情。直到我遇到我在大学的第一个男朋友，我才完全明白这背后的含义。大学期间，有一次反种族隔离的游行，他说我们应该去参加。我问："我们要去吗？"他说："难道你认为种族隔离应该被宽恕吗？"我用词典查了"宽恕"这个词的意思，然后我又尝试去查"种族隔离"这个词,但我不知道怎么拼写。因此,我主要是受到他的教育和影响。

在看了杰梅茵·格里尔的《女太监》这本书后,我所有的想法都得到了证实。这本书由一位比我更有智慧、更年长的人所写,一本关于女性如何被当作二等公民对待的书。这一点,我在成长过程中也深有体会。我记得母亲说过:"你必须工作,但你不一定要结婚。"她的想法是来自生活经验而不是来自书本。从坚强的女人那里听来的建议,真的影响到了我。

当时的我并未做长远的打算,当我开始从事护理工作时,它似乎可以成为我此生的事业,但那并不是我想要的生活。我躺在家里的浴缸里,非常平静地对自己说:"我想成为一名演员。"大家都告诉过我,我应该站在舞台上,可我从不敢大声说出来。尽管我仍然不知道该怎么做,但至少我还是把这个想法说了出来。随后不久,我的男朋友告诉我,在曼彻斯特理工大学有一门相关课程。于是,我辞掉了护士的工作。当然,母亲为此十分生气。我却觉得,只要能到戏剧学校进修,我就一定能取得成功。我十分同情年轻时的自己,我想搂着她,安慰她:"没事的,你是我的朋友!"我能感受到她的无辜。我深深同情那些进入这个行业的女性,这是一个残酷的名利场,处处充满着对女性的排斥和对女性身体的评头论足。

大众剧院是个很棒的地方,在这里,我们感觉自己正在改变这个世界。威利·罗素、艾伦·布利斯代尔、皮特·波斯尔思韦特、比尔·奈伊、马修·凯利和安东尼·舍尔……都是一群出色的演员,最近不幸逝世的艾伦·多瑟则是最杰出的导演。这是一个与社区息息相关的剧院,为社区而建。我们也会去附近的酒吧表演。我们热爱着这个社区,社区的人也很喜爱我们。

我扮演的很多角色都与阶级有关,我非常清楚阶级的分化。我记得16岁时去剑桥看望我的哥哥,我觉得那里就是另一个世界。我也记得,我对中产阶级和他们的特权感到非常愤怒。"中产阶级的女演员？你应该演得非常好吧——毕竟你拥有那么多的特权。"这当然是一派胡言。演戏和阶级没有关系，不过上戏剧学院倒确实与此有关，因为普通人往往都负担不起。

我与维多利亚·伍德的相识，简直就是上天给予的恩赐。从我们相遇的那一刻起，我们就会因为同样的事情开怀大笑。我们会看着别人然后相视而笑，不是那种令人讨厌的嘲笑，而是我们看到了人性的弱点及其有趣之处。我知道我总会遇到一个非常特别的人，正如我很幸运遇到了她。我想："如果我要写些什么，这就是我要写的故事。"她好像能看透我的心思。我至今仍无法接受她已经去世的事实——我的心久久不能平静。她是一个非常优秀的人。我们一起走过了一段颇为漫长的道路。

《凡夫俗女》这部电影对我而言意义重大，它就像是我自己生活的真实写照。我从未想过这部电影的反响会如此之好，因为在台上表演和在台下观看的感觉是完全不同的，它开启了我的职业生涯。后来，我有幸成为艾伦·布利斯代尔的《黑衣小子》中的一名演员，这是一部颇具突破性的电视剧，参与到其中是一种革命性的体验，简直令人难以置信。我很早就认识了阿兰·本奈特，他是一个很好的合作伙伴。我真是个幸运儿。

大家对我真的很好。你可以说我备受宠爱，但并不是真正意义上的爱。我不知道你们是怎么定义爱的，但无论如何，能感受到人们对自己的喜爱真是一件很美好的事。

我和我的爱人格兰特一起度过了31年，日子过得很快，仿佛弹指一挥间。他在我们相遇的那个晚上就搬来和我一起生活，从未离开过。那一晚，我在一家装饰华丽的酒吧里喝得酩酊大醉，还说："我敢打赌这里肯定没有工党成员。"紧接着，他就转过身来说："我就是。"我看着他，心想："哦，这个男人还不错。"或许，我真的把这句话说出了口，那时我醉得厉害。我记得自己当时还说了一些荒唐的话，比如"这个人的脖子也太粗了吧!"后来,他把我送回家,还修好了我的洗衣机。到了这个份上,一个女孩还能要求什么呢?

　　年轻时的我一定认为住在农场实在太舒服了,乡村生活一直是我的向往,我自己的绿色天地——如今我仍然很喜欢。我喜欢宁静,喜欢在乡间散步,喜欢在各种天气里外出。在隆冬时节,看着周围悄然发生的变化,真是美妙极了。在这样悠闲的日子里,除非有真正吸引我的表演角色,否则我才不肯离家去工作。

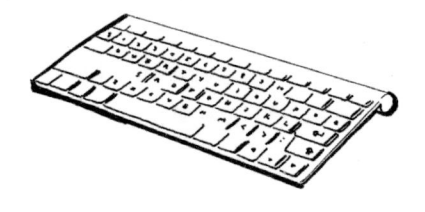

Meera Syal

梅拉·沙尔

喜剧演员

受访时间：2012 年 9 月 24 日

16 岁时，我眼中的世界很小，也很孤寂。我和亲密的家人住在一个小镇上，在一所女子文法学院上学。我那时的担忧，主要是能否通过普通水平考试和入选校篮球队。我上了一所好学校，学校鼓励女孩接受良好的教育，充分发挥自己的才能。男孩子们不大在意这些，这对我来说很好——只要不考虑他们，我就能在事情变复杂前花时间寻找真正的自我。

我那时很胖，害羞腼腆，生活在自己的世界里。没有男孩注意过我或约我出去过，我也并不期待他们会这么做。因为，连我自己都不想和像我这样的人出去约会。即使男孩愿意跟我聊天，也只是拿我打趣开玩笑，或者向我抱怨他们的女朋友。我很清楚我的四周都是蓬勃的荷尔蒙，我的朋友里也有些人正在热恋中。但是，我把对男孩的害怕藏在心底，祈祷上帝将来派一个人抛开一切偏见喜欢上真实的我。

那时的我过得还算快乐，但内心深处也会有沮丧。我有自己的烦心事，我们学校里只有 3 个印度女孩，而我就是其中一个。我总是梦想着有一天能在写作和表演方面出人头地，但我从未告诉过任何人，因为像我这样的女孩不会去写作或演戏。我在内心与自己展开了一场搏斗，艺术梦想的那一头是理智的我。这使我有些崩溃，我知道我的内心深处有一种渴望逃离这个狭隘世界的冲动，但我不知道该怎么做。因此，与其说是我对世界感到愤怒，不如说是对现实感到恐惧。

假如我现在遇到十几岁的梅拉，从第一印象来说，看到的就是一个胖胖的、邋里邋遢的女孩，很可能就不想再费心思去了解她了。但如果她对我敞开心扉，我想我会喜欢上她。她内心的幽默感和想象力，有待人们去发掘。我想告诉她，不要对自己太苛刻，来日方长。我会说："这一切不会很快发生，但也不是注定不会出现。你还有很长的路要走，但要相信自己。"我还会告诉她，有男朋友意味着有人愿意接受你，是你更加成功的关键——这个想法对于现在的我来说，真的很荒谬。如果你喜欢自己，喜欢独处，你就会吸引身边的人。我也会打破她的幻想，温柔地告诉她，她不会嫁给奥斯蒙德组合①中的任何一个男人，我曾经认为这真的会发生。

对我来说，在曼彻斯特大学最后一年的个人演出是我人生的转折点。那是一部以黑色幽默为内核的独角戏，讲述的是一个印度女孩为了成为演员而离家出走的故事。我同时扮演了男女老少12个角色，我所有的情感都倾注到这50分钟的表演里。具有讽刺意味的是，我当时并没有很紧张，因为我知道情况不可能更糟了，这将成为我所有创作艺术梦想的最后绝唱。那时候，我已经接受了那些梦想永远不可能成真的事实。没有人认识我，即使出了丑又能怎样呢？事实上，正是这种不留退路的勇气改变了一切。当我这样做的时候，我感受到了观众们的反应，我体会到戏剧的魅力。这场演出吸引了许多人的注意，也正因如此，我一路演到了爱丁堡，在那里，我获得了几个大奖，然后皇家宫廷剧团的人看中我，给了我一份表演的工作。在那一刻，我突然发现，我大可以选择继续我的学业，也可以选择让自己的梦想起飞。我最终选择了放飞梦想。

我会用下面的话语宽慰年轻时的自己：你终会遇到志趣相投的伙伴，但那得等到30岁出头。就在那时，我恰好加入了《我的天啊》喜剧剧组。推出这部剧实属不易，然而过程却十分奇妙。作为年青一代，随着

---

① 译注：奥斯蒙德组合是美国20世纪70年代初的一个家庭乐队组合。

年龄的不断增长，我们心中萌生了很多秘密。所有的秘密都会让我们自己开怀大笑，却不为旁观者所知。我突然间恍然大悟——天啊，原来很多人和我一样。这种感觉无须解释，我们心照不宣。就像曾经的我那样，整个团队一起义无反顾地以大胆的态度创作了这部作品——我们不知道是否有其他人能看懂这部剧，但我们知道，我们必须要讲真话。后来，这部剧产生了巨大的影响，我们不仅获得了奖项，还进行了一次大型的现场巡演——这是我平生离摇滚音乐最近的一次。

　　我会告诉年轻时的自己，建立社交网络和良好的行业关系远远比自己想象中更加重要。我曾经相信工作本身能证明一切。我会在结束一份工作后和女化妆师成为朋友，而不是和导演成为朋友。但这个世界确实是围绕着人际圈在运行，大家也更倾向于找熟人合作。我现在仍然没能进入到某个圈子里，如今要进入可能为时已晚。或许，我应该在年轻时学会培养人际关系，尽管那时的我完全不屑于此。没有什么是自然而然的——你不能喊着"给我来份该死的工作吧"，这无异于像艾伦·帕特奇强迫首席责任主编"闻闻我的起司"一样[1]。我仍然不知道干完下一份工作之后我该做什么，但我已经接受了宿命般的职业生涯。因为我的表演角色很难确定，所以在完成大量表演工作之后，我偶尔会感到失望。

　　年轻时的我无法相信，我会走上现在这条人生道路。那时的我只敢幻想："天啊，真的吗？我真的能靠梦想中要做的事来谋生吗？"你开始会有点害怕憧憬未来，但同时，你也要对这个行业保持乐观。

　　如果我告诉16岁的自己，有一天唐尼·奥斯蒙德[2]会在我扮演一位85岁的老太太的电视节目中客串，那么年轻的我一定会因激动而晕倒。你挂在墙上的海报里的那个英俊男人，正在和你扮演的85岁的印度老太太坐在沙发上相互调侃。多么不可思议啊！

---

[1] 译注：艾伦·帕特奇是英国 TalkBack 制作、在 BBC 播出的情景喜剧《我是艾伦·帕特奇》的主人公，"闻闻我的起司"是剧中的经典片断。
[2] 译注：英国20世纪70年代红极一时的摇滚歌手、演员，奥斯蒙德组合成员之一。

William Adams

威廉姆·亚当斯

音乐家、嘻哈团体黑眼豆豆创始人

受访时间：2018年5月19日

    从17岁开始，每年我都会向16岁的自己和60岁的自己祈祷。假如你想成为音乐家、医生或牧师，不管是什么职业，都要祈祷未来的自己能一直走在正途上。随着年龄的增长，如果你也向过去的自己祈祷，忠于他的品格，就能避免很多错误的发生。这种与年轻的自己和未来的自己持续沟通的方式，帮助我做出每一个决定。比如，明天我要去脱衣舞俱乐部吗？不大可能，因为60岁的我正在祈祷，告诉我不要做这种傻事。出于同样的原因，在十几岁时我亦没有让自己深陷于疯狂行为中，比如无保护措施的性行为。年少的我从16岁起就一直祈祷，像卫星导航一样，告诉我到达目的地的坐标。上帝会创造奇迹，但只有自己去尝试，奇迹才会出现。

    16岁时我还在上学，但17岁时就签了一份唱片合约。与我最好的朋友阿帕[①]一起创办了黑眼豆豆乐队，我们都是坚持不懈的追梦者。有人会说我们糟透了，但我们只是想："去你的，你并不知道我们做的事情。"尽管我们有不同的心态，但你不能傲慢到无视每一个批评者，因为有的批评是可以听取的。你不应该只沉浸在赞美中，如果人人都说你很了不起，这可能是致命的赞美，它会削弱你的能力。你必须知道该接受什么，

[①] 美籍菲律宾说唱歌手兼制作人阿帕·德·阿帕，又名 apl.de.ap。

忽略什么；你必须冷静，不要情绪化。压力并没有错——钻石就是由压力产生的。

我和我的家人在一个充满压力的环境中生活，因此，我从不会受到压力的困扰，而是把每一个问题都看作需要解开的谜题，所以我成为计划的主人。我不仅会自我约束，也会确保周围的人不会制造麻烦。母亲对我的人际交往有很严格的要求，祖母给了我一个很有用的祷告——"我们以我们所知的谦卑来到你面前"——这帮助我形成了自己的祷告风格。它就像我的指南针，因此我总是知道我真正的方向。所以，即使你在一个特定的环境中与特定的人相处，也并不意味着你会偏离正轨。这种祈祷就像我的免疫力，好比如果我在肝病感染区域范围，但我已经注射了乙肝和丙肝疫苗，所以我不会感染病毒。

我感觉我的政治意识很弱，但社会意识较强。我在一个贫民区长大。夏天，没有学校为贫民区的孩子提供早餐和午餐，穷人们也无法为他们的孩子提供一日三餐，只能负担起一顿饭。因此，我的母亲组织发起了一个夏季午餐项目，并让我们帮忙。重要的是，这是社区的自给自足，而非来自社区外的富人的施舍——这是我创业精神的启蒙。我的母亲还有一份在贫民区照顾孩子的工作，这些孩子的父母要打3份工维持生计，无暇在孩子们放学后照顾他们。我的叔叔在那里教这些孩子打篮球。这就是我回到贫民区，创建了我的计算机学校和机器人项目的原因。

当年轻人告诉我，他们想成为明星时，我感到心痛不已。要知道脱衣舞娘是明星，现在有妓女也是"明星"，真不知道"明星"这个词的具体所指是什么。我在成长的过程中，并没有想过成为一个明星，我只想照顾我的母亲，甚至没想过签唱片合约。能签约是因为我擅长即兴表演，我在一场自由式表演比赛中脱颖而出。直到 1995 年，在我 17 岁时签下我、对我有知遇之恩的埃里克·林恩·赖特[①]逝世，我才开始主动争取签

---

① NWA 说唱团成员之一，他在 1986 年推出了自己的唱片公司"无情唱片"。

订唱片合约。我们创办了黑眼豆豆乐队，当时我想："我现在知道什么是唱片合约了——我们需要它。"

2015年，我写了《街头生活》这首歌，这是我第一首没有节拍的歌。我在飞机上写完它时，它是一首诗。当时，是要去中国为我的人工智能公司筹集资金。在飞机上，我一直在思考黑人祖先在过去的100年时间里所面对的改变——如何从人们口中称呼的"黑鬼"变成了在监狱进出的囚犯。对于我写的每一首有趣的歌，比如《激增》或《我的巅峰》，我都有意写成诗或具有深刻思想的文章。我们写这些歌时，并不是为了需要，或是凭借这首歌赢得格莱美奖或在体育场大卖。我们可以写出像《终局之战》这张专辑里的歌，我们也知道它会很成功。《街头生活》这首歌并不是写给大众的，也不关乎销量或赞誉，而是关乎现实存在的问题。

当我第一次向杰米·福克斯展示我的漫画小说《太阳的主人》时，他不以为意。直到我向他证明我的能力后，他才认真对待这件事。他为什么会这样呢？因为他的指责就是让我更努力工作，超越自己的极限来吸引他的注意力。只是写一本书，对不起，那远远不够。任何人都能写，但当我告诉他："看看这个——我可以用AR技术把我的书变得生动起来。"他说："什么？好吧，让我们就这么做吧。"

在我做过的所有事情中，我认为16岁的自己最喜欢的是《街头生活》那张专辑，融合了漫画小说、AR技术、音乐和视频。他会问我是哪家公司在做漫画小说，我会告诉他："哥们儿，是我们做的呀，是我们自己的公司。""你说的我们自己的公司是什么意思？"我回答道："你没听错，我们做了很多事情，比如人工智能之类。""人工智能是什么？""没关系——等你大一点我再告诉你。你现在需要知道的就是不要去听那些反对者的声音——集中注意力。当事情进展变得困难，你也快扛不住时，继续前进，坚持不懈，不要放弃。"

我第一次对艺术家产生钦佩，是在听到林-曼努尔·米兰达的《汉密尔顿》这首歌时。我说："等等，他们一直在说唱！甚至都没有停顿一下！"从开始到结束，一切都那么完美。每一句都与下一句相辅相成，整首歌都很押韵。我很喜欢这首歌，超级棒的一首歌！

参加《美国之声》节目对我是一个奇妙的假期。我喜欢去美国，和周围的人欢聚一堂，这让我想起了16岁时的自己，追逐着自己的音乐梦。现在我有一个伟大的梦想，但当时我也有一个伟大的梦想，那就是照顾我的母亲。当我带她去看我买的第一套房子时，她问："这房子租金多少？"我说："妈，这是我买的。"当时一心扑在节目上，不知道什么是抵押贷款。我们以每月100美元的租金把房子租出去，我告诉母亲，我的房子每月花费5000美元，她吓到了："一个月5000美元？威尔，这可是4年的节目收入啊！你负担得起吗？"我说："别担心，我不会轻易放弃。我知道如何在压力下工作。我很擅长这样做。"

我最好的朋友阿帕是被收养的，当时他住在菲律宾的一个村庄里，5岁时得到养父的资助。他的养父是苏格兰人，在他14岁时把他带到了美国。这样，他就可以去上学和接受眼科手术，因为他有严重的眼疾。我之所以成为现在的我，得益于14岁时我认识了阿帕。高中毕业时，我没有参加自己的毕业典礼，因为我俩的毕业典礼同时举行，我希望参加他的毕业典礼。他说："你在这儿干什么？你的毕业典礼怎么办？"我说："没关系，你只在美国待了4年，我想看着你毕业。"

如果我可以回到过去的某一天，那就是阿帕的养父问他："儿子，我带你来美国是上大学的。你想上哪所大学？"阿帕回答："我想和威尔一起做音乐。"他父亲打电话给我："我带艾伦来美国是来上大学的，现在他却说想和你一起做音乐。我认为你应该考虑一下你的职业选择。如果你确定那是你想做的，我们家不再欢迎你。你们俩下星期就得离开，艾伦现在由你负责了。"我理解他为什么这么担心和生气，毕竟他付出了那么多。而我也不知道为什么这么肯定，我跟阿帕说："兄弟，别担心，我们会成功的。"我们抱头痛哭。那时，我们困难重重，就像埃里克·林恩·赖特刚去世时那样,似乎所有通道的门都对我们关上了。但是我们一直在一起,直到有一天,我们创建了嘻哈团体黑眼豆豆乐队,一起回到菲律宾。那些曾经因为他有一半黑人血统而叫他"小黑块"的人,现在把他当作菲律宾的国宝来对待。我明白他的感受,我觉得我也回到了故乡。

Chrissie Hynde

克里希·海德

音乐家

受访时间：2014 年 9 月 15 日

16 岁时，我唯一的兴趣只有音乐。那是 1967 年，正好是音乐的全盛时期。那时，圈子里全都是英国的乐队，比如吉米·亨德里克斯等等。我在俄亥俄州的郊区长大，与收音机为伴。当时，越南战争正在激烈进行，青年文化蓬勃发展。青少年和成年人之间存在着一个巨大的代沟，我们当时的座右铭是：不要相信超过 30 岁的人。对我们而言，生活中只有音乐。当时我只是个孩子，但自认为已通晓一切。

我会告诉年轻时的自己，要尊重父母。我的父母性格直率——他们是来自郊区的、勤劳的美国人。他们无法理解我的行为，对此也很恼怒。我们之间无法交流，因为只要交谈，每件事都会变成争吵。我们从思想意识上就存在冲突，导致家庭矛盾重重。但现在我能明白，父母只是要面子的人，努力维持着家庭团结。现在，我已身为祖母，深刻地理解生活的艰辛。我必须承认，在维持家庭团结方面我没有我父母那么成功。

我总是感觉生活如履薄冰，当你在自己的家乡感觉像个陌生人时，那让人很不舒服——在一个陌生的地方觉得自己是个陌生人要容易得多。我从未见过护照，也不清楚谁想离开，但我想快速离开，且目标明确。我没有在美国旅行，而是直接去了伦敦，因为那里有很多乐队。

我建议年轻时的自己，不要让毒品毁了你的人生。首先，我会告诉她要戒烟，而不是40年后再戒烟。吸烟和酗酒都是社会最大的毒瘤。我会告诉年轻的自己，要坚持不要碰毒品和酒——因为我浪费了太多的时间在吸毒和饮酒上，没有任何益处。我极其注重个人隐私，从未公开过自己的糗事，但一年之内，我乐队的两个成员相继离世的事实，可能会让人对我们的状况有所了解。

有时候，当你努力养家糊口，维持家庭完整，但是夫妻关系破裂，你就会情绪失控，不再有耐心照顾孩子。当了祖父母后，你会感觉轻松许多，但我从不允许我和孩子们在一起的照片流出去。照片被流出去的唯一一次是在乔·斯特拉莫的葬礼上（那时孩子们已成年），因为我们爱他，我说："为了乔，这次照片流出去就算了吧。"

我曾拥有过一段跌宕起伏的精彩人生，我住在我梦想的地方。我爱伦敦，一直如此。我在这里过着普通平凡的生活——我仍然买 Viz 杂志，用牡蛎卡[①]到处旅行，也会搭乘公交车。人们认为那不可能是我，所以没人打扰我。如果保持沉默及远离媒体的话，就能过普通人的生活。

我认为保持积极心态是一种行为准则，沮丧的心态则会坏事，会将你击倒，所以必须战胜它。对我而言，要想战胜它就意味着不饮酒、不吸烟和不吸毒。如果按照自己的准则生活，你的灵魂不会坠落至黑暗的深渊。现在我老了，更多地考虑死亡。20多岁时，未来在前方若隐若现，似乎无穷无尽，虽然对我乐队的吉他手来说是个例外，因为他在25岁时就离世了。但当你到了我这个年纪时，生命的有限性就表现在你的脸上。可说实话，我有点喜欢这种感觉，这并未困扰我。我已做完想要做的事，并已做好随时离去的准备。

---

① 译注：大伦敦地区交通卡。

Benjamin Zephaniah

本杰明·泽凡尼

诗人

受访时间：2009年5月23日

16岁那年，我刚离开伯明翰的一处少管所。当时的我可谓是一个不折不扣的愤青，厌恶巴比伦以及其他任何死板老套的事物。我经常去不同女友的家中借宿，也时常会去看望我的母亲——她一直都非常担心我。毕竟我有点小叛逆，靠入室偷窃谋生，除此之外，我总是辗转于不同的派对。

即便在当时，我就已经萌生了想成为诗人的念头——不过我从未跟任何人提起，"诗人"一词使我联想到的只是一连串已故的男性白人，可是当我听到诗歌，我立马就爱上了它，并且认定"这就是我想做的"。当枪支开始出现在大街小巷，我便下定决心要搬去伦敦并立志成为一名诗人。

我会对16岁的自己说："我知道你正饱受阅读障碍的折磨，但是尽量多阅读。另外，把诗歌带入生活，不要为此感到羞耻与胆怯。"我还记得有一次我入室偷窃时，停下来看了看书架上摆着什么书，心想："哇，他们竟然会读雪莱的作品！"当我搬到伦敦时，我向人们谎称我是一位小说家——因为我觉得自己还没有做好进入诗歌界的准备。

最终，我选择在当地的一家书店接受真正的教育，以此开启我的学习之旅。叶壹堂书店曾经拨款出版新诗歌，并且也同意出版我的作品，前提是我加入他们的组织。在那里有一些女同性恋女权主义者、异性恋女权主义者、爱尔兰共和主义者，他们都曾是我的良师，向我介绍了许多作家，教导我新的思考与提问方式。他们使我更加了解自己。

我来告诉你，我喜欢年轻的本杰明的原因：他的生活随心所欲，可以随时轻松自在地走遍全国。哪怕现在的我身上没有任何贷款，还有一幢房、一间录音室和6台电脑，却不再享有那份自由。我记得我与女友同居时，常常会睡在离出口最近的地方，这样，当警察闯进来时，我就能直接脱身。这种事确实发生过！

过去，我对女性十分粗暴，就像我父亲对我母亲那般。但是现在，我再也不会那样做。如果让我看到一个男人对一个女人动手，我会直接上前把他打趴下。我曾故意用车门夹过一个女孩的头发，之后还故意把她沿着马路拖拽了有好几码①远。多年之后，我见到她并向她致歉。她却说不会再对我抱有任何好感，因为我不再是一个真正的男人——我听了太多白人"左"派的话。这让我意识到，我已经走了多远，以及有些女性在性别方面是多么缺乏自信。

我会告诉年轻时的自己，要做好自己能比预期活得更久的打算——考虑到过去的生活方式和周围的圈子，我本以为自己最多活到30岁。当我年轻时，我经常和比我年龄大许多的人厮混，但是现在我反而会更多地与年轻人相处。这可能是因为我从来没有过孩子，再加上我也从不去理会父母们那种传统的担忧——所以我和年轻人有共鸣。我对他们坦诚相待，我不会隐瞒我的过去，也不会对他们进行说教。

我曾在婚姻中犯下了一个大错。当时，我的妻子还十分年轻，而我却直接给她下了最后通牒——要么立即嫁给我，要么5年之内我绝不再提及此事。在结婚这件事上给对方施压，可能是个错误的做法。在一起的那几年里，我们几乎从未争吵过，结果，某天我回到家时发现她已经不辞而别了。如果平日里我们有所争吵，我也许还能做一些挽回。

---

① 译注：1码≈0.91米。

我最大的恐惧是害怕自己孤独终老，而现在的我已然如此。我认为这是不正常的现象——不利于你的心智健康。我们生来就是群居动物，我们喜欢照顾和保护彼此。就我个人而言，我至少每年需要一到两次性生活。我有一群粉丝，他们口口声声说着爱你，但是实际上并不在乎你，这常常使我陷入孤独。

第七章

毅 力

毅力会让你到达你想去的地方，
感恩会让你在前进的道路上保持正确的方向。

——亨利·温克勒

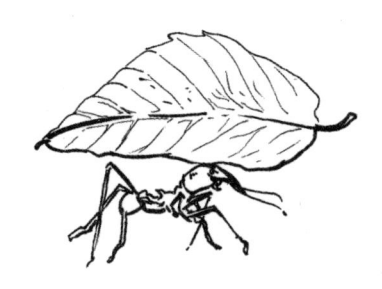

Michael Flatley

迈克尔·弗莱利

舞蹈家及舞蹈编导

受访时间：2015 年 10 月 5 日

16 岁时，我住在芝加哥。我喜欢玩冰球、吹长笛，还是一个熟练的业余拳击手。同时，我也是一名舞者。那时，我正为冲刺在爱尔兰举行的世界舞蹈锦标赛的冠军做准备。我好胜心非常强，我决定要成为历史上第一位赢得这个比赛冠军的美籍爱尔兰人。17 岁时，我做到了。

记得那时放学后，我在父亲的建筑公司兼职。所以，我大部分课余时间要么在挖沟，要么在劳动。我那时是一个爱空想的人，但挖沟给我上了十分宝贵的一课，它让我学会尊重那些为生计而辛苦劳作的人，知道了金钱的价值——劳动者们挣钱的来之不易以及存钱的艰难。我的父母是 1947 年从爱尔兰移民过来的，他们身无分文，只是怀揣着一腔热血，想要在新的天地里实现梦想。他们夜以继日地工作，每周工作 7 天，从不休息。而当我和哥哥足够大时，也开始努力干活，自然也分担起弗莱利家的家务活。

如果我见到 16 岁时的迈克尔会怎么做？哇，这个话题有点沉重，很难回答。我希望我会喜欢他，但和他聊天会很困难——因为那时的我不怎么健谈，还非常害羞。如果我能够给那时的自己一些建议的话，我会告诉他，前面的路非常崎岖，必须坚信自己会走过去。只要埋头苦干，无视所有无关紧要的东西，成功就会到来。

我给自己设定了一个大挑战，创造一种前所未见的全新舞蹈形式。

那时，从未见过有舞者能够一个人独舞巡演。舞者们从来都是舞台上默默无闻、无人注意的背景板而已。而我的梦想是让舞蹈在剧院里，甚至在大型舞台上成为表演的重心。但那时没人觉得这个想法可行——不仅我最亲密的朋友们这么想，就连我的家人都觉得我疯了。多年来，我不得不在逆境中保持自信，这给我带来了很大的精神压力。这一路上孤立无援——我只能在媒体上展示和推销自己。20 年以后，当我们从东京到得克萨斯的门票全部销售一空时，我知道这一切都是值得的，虽然当时确实很艰难，身心疲惫。20 年来，我真的伤痕累累，包括整个脊柱、膝盖、小腿跟腱——我的身体为事业付出了沉重的代价。

在《大河之舞》进入欧洲歌唱大赛之前，我和一支名为"酋长乐队"的非常出色的国际民谣乐队一起巡演，我作为他们的独舞有 10 年之久。巡演间隙，我回到父亲的建筑公司工作，这样才能够挣钱支撑我的生活。有时候，我可能在建筑工地上工作几个月后才会接到电话，通知我下一份舞蹈工作。让我印象深刻的一场演出，是在好莱坞露天剧场，台下有 18000 名观众。当时我 30 多岁，已经好几年没有跳舞了，所以我必须努力训练来保持身体的协调度。但当我一出场，观众们就立刻站了起来，那真是不可思议。那天晚上，我回到更衣室，对着镜子说："这就是我想要的，我不会回去了。"

当我失去了在《大河之舞》里的表演角色[①]时，我度过了一段艰难岁月。我一度觉得我终于实现了梦想，所以当它陨落时，我的心都碎了。但我不断地安慰自己，总是和父亲促膝长谈，他有句名言："黎明到来之前，总是会有一段最黑暗的时光。"唯一的办法就是创造一些完全属于我的作品，所以，《王者之舞》就此诞生了。它的出现是如此具有冲击力，就像一把锤子一样砸得其他的一切都黯然失色。当我们抵达澳大利亚的时候，已经有 10 万人翘首以盼；世界上大型舞台巡演的门票全部售罄。

---

① 1995 年，一场合同纠纷导致弗莱利被解雇。

而且，我们今年将举行全球巡演，并在伦敦和百老汇举办演出，以庆祝舞团成立 20 周年。

成名后，我很难避开别人的注意。我的私生活非常隐秘，也总是尽量远离媒体。伦敦人懂得尊重这一点，因此我在伦敦生活得非常自在。同时，随着年龄的增长，我觉得自己越来越接近爱尔兰和爱尔兰的一切。无论我身在何处，我总是感觉爱尔兰深深地印在我的心里。我的父母都是爱尔兰人，我的妻儿也是爱尔兰人，无论是伦敦，还是爱尔兰，都承载着我 20 年来的生活轨迹。

我对癌症的恐惧[①]非常强烈。那时，医生们对我毫无隐瞒——他们很坦率地告诉了我病情的严重程度，以及要立即给我做手术的原因。当我进入手术室时，我的脑子非常混乱。与死亡擦肩而过从来都不是一件容易的事，这使我很快想到了那些我未曾做过却很想去做的事。我并不想提及那些事，不过，这让我想到了那些我应该花更多时间陪伴的人，以及我该如何更多地去帮助他们。如果我能回到噩梦的前夜，我会对自己说："去迎战所有的艰难困苦，要记住你是一个斗士，要知道你最终会挺过去。"在伦敦，我们为那些负担不起舞蹈课费用的孩子免费开办练习班，这也成了我生活中不可或缺的部分。现在，我每天都会为有家人、朋友、妻子和帅气儿子的陪伴而对上帝表示万分感谢。

我还想向上帝再祈求一晚，用来陪伴我的父亲。他今年 3 月去世了，愿上帝保佑他安息。坦白说，那些离开的爱尔兰人没有哪个比他更勤奋了。他是一个高大魁梧的爱尔兰人，总是以身作则，直到 70 岁还一直挥动着大锤。他很有幽默感，而且是个通情达理的人。尽管我去过世界各地，见过很多名人，但我最难忘的，是夜晚和我的父亲、哥哥肩并肩坐在一起，在科克郡的家里，边喝啤酒边看拳击比赛。这是我人生中最美好的回忆。

---

① 弗莱利在 2003 年被诊断患有面部恶性黑色素瘤。

Imelda Staunton

伊梅尔达·斯汤顿

演员

受访时间：2008 年 12 月 22 日

16 岁时，我就很清楚自己想成为一名演员。我演过所有校园剧，还在校外和一位激情四溢的戏剧老师一起表演过戏剧。我从不焦虑，因为我有明确的目标。我总是很合群，在团队里受人喜爱。大概 11 岁的时候，我开始接触男孩 —— 当时我们和街道对面的男子学校一起合作表演校园剧，所以，想要跟男生相处并不困难。但因为当时的我一心放在表演上，所以并不迷恋男孩，也没有过什么狗血的青春爱情故事。

如果现在的我遇见年轻时的自己，我想我们之间还是会有很多共鸣。我们有同样的幽默感，同样的朋友圈，而且还住在伦敦的同一个地方。不过，我很开心我现在没有她脸上那些斑了。

小时候，我并不介意自己是独生子女，但长大后，我意识到自己需要在某些方面做些调整，而这些早该是兄弟姐妹教给我的知识。我未曾接触过那些和兄弟姐妹相处才能懂得的微妙情感，所以我必须认识到，我不能一直我行我素。当朋友们用同一种口吻说厌恶和喜欢我时，我也大可不必过于放在心上。

14 岁时，我不再信仰天主教了。我的父母都是第一代的爱尔兰人，在我很小的时候，他们带我去教堂，送我去了一所女子修道院上学。但那个时候他们也逐渐开始弃教了，所以对于我弃教并没有过多在意。

我会告诉年轻时的自己,要尽快坚强起来,因为整个演艺生涯会遭受很多挫折。两年前,我很想得到一份表演的工作,便写信给了导演。这是我人生中第一次这么做,但最后我还是被拒绝了。我沮丧地认为他们对我一点也不感兴趣,但我也还是会想,我的人生走到这一阶段了,肯定还是有机会的吧?然而事实证明,他们对我确实没有兴趣。我还记得,我曾经很渴望为皇家宫廷剧院效力,但最后还是没能成功。后来我明白了,我没有挑选角色的自由。我已经学会了更好地承受打击,但我也总是善于接受批评。

我会告诉年轻时的自己,要勇于接受失败。每个人都必须通过自己的奋斗,才能在激烈的竞争中生存下来。我认为其中最重要的是勇于接受失败。面对成功很容易,但如果你能接受失败,坚持下去,从失败中学习,你会从经验中学到更多。没有人会永远处在低谷,也没有人能永远站在高峰。

我还会很乐意地告诉年轻时的自己,有一天,会遇到一个皮肤黝黑且高大帅气的约克郡人,然后他会在彩排中盯着你,他想告诉你,他想要娶你。我会向年轻时的自己保证,尽管你事业心很强,但最终会把婚姻看得比工作重要。是的,当我和我的先生结婚的时候,我们认为如果要分开,结婚就没有意义了。所以,在接下来的 25 年里,我们分开过最久的一次是最近的 5 个星期。有些夫妻几乎一辈子都天各一方 —— 这样对婚姻并无好处。

令我自豪的是,我没有错过女儿贝茜成长的每个瞬间 —— 我和她的父亲一直都陪在她的身边。如果我们其中有一个人不在她身边,我母亲也会陪伴她。所以,我们在这方面问心无愧。我对此很满意,我现在也为她感到十分自豪。任何教育方法都不是完美的,但至少我们一直陪伴在她左右。

最近几年我实现了自己的梦想,《维拉·德雷克》这部电影是我的收官之作。值得欣慰的是,这部电影受到了很多观众的喜爱,取得了巨大的成功,那一年是我职业生涯中最好的一年。

Joanna Lumley

乔安娜·林莉

演员

受访时间：2016 年 6 月 27 日

我在印度出生，在中国香港和马来西亚长大。8 岁时，去了我的第一所寄宿学校。现在看来，8 岁实在太小了。父母抚养我在国外长大，然后送回英国上学，这似乎是意料之中的事。我特别喜欢我的第二所寄宿学校，那是位于黑斯廷斯后面山上的英国天主教修道院。修女们穿着蓝色的长袜，她们聪明可爱。学校有 70 多个寄宿生，我在那里过得很开心。

青少年时期的我们，都是懵懵懂懂的。16 岁时，我身上有点斑疹，头发也有问题。我们可能只吻过男孩的脸颊。有一天，有传言说有个女孩"做了那件事"，我们都肃然起敬。那个时代的音乐精彩纷呈，披头士乐队、埃弗里兄弟乐队才刚出道，他们的音乐都有点猫王的味道。我们所有人都躲在被子里，用借来的晶体管收音机收听卢森堡电台的音乐。这太刺激了！星期六晚上，我们会在学校体育馆丹塞特舞池跳 45 度倾斜舞。

如果可以的话，我们希望能像演员碧姬·芭铎或克劳迪娅·卡汀娜那样，有纤细的腰身、紧身的衬裙、可爱的表情和粉红的口红。有一款口红叫"粉红卡普里"，这款口红的名字"卡普里"一词因太过异国情调而读起来备感拗口。我们痴迷于像索菲亚·罗兰那样，戴着丝巾骑在韦士柏牌小型摩托车上。我最大的愿望，是有人把我误认为是法国女人。

我会告诉年轻时的自己要专心。我是一个爱炫耀的人，是一个喜剧演员，也是一个小丑。那时我对未来非常迷惘——当其他同学在温习功课时，我却在草稿本里画画。我害怕学习，从未想过上大学，急不可耐地想要出去见世面。我非常热爱表演，但因个子高，时常被迫扮演男演员的角色。所以，当帕斯蒂在《荒唐阿姨》里戴起假胡子时，这已然成为我的第二性征。我喜欢逗别人笑。

让我庆幸的是，我那慵懒活泼的青春期没有发生在现在，而是在很久以前。如果我现在16岁，情况会完全不同。这是社交媒体横行的世界，女孩们担心自己的体重、担心别人的看法、担心每天的穿着，这很可怕。这些对当时的我们来说，无关紧要。我们那时候做过的最爱美的事，就是把衬裙浸在糖水里，以使其变得更有垂坠感。

在那些日子里，几乎人人都可以成为模特。伦敦的潮流瞬息万变，突然就会有人占领潮头。我们自己化妆，自己做发型，坐地铁去各地。我们的生活自己做主，无拘无束——我曾买过一辆迷你牌汽车，会把车开到目的地后停在路中间！尽管我们合租在伯爵府的公寓，但那里就像是天堂。我们一贫如洗，但4个人能凑齐9英镑的房租就会欢欣雀跃。我们那时有一种"视金钱如粪土"的嬉皮士精神，但如今的世界完全发生了改变，金钱至上，铜臭味十足，精致利己和冷酷无情。

我21岁生下了儿子，自此生命中多了一个比自己更重要的人，生活发生了巨大变化。我那时刚开始演戏，突然就得面临支付账单、养家糊口以及给孩子买衣服。之前一个人时总是浑浑噩噩，而这些事让你清醒。有一段时间，我身无分文，尤其是30岁时主演的《新复仇者》上映之前。在这个残酷的世界里，最难的事就是找一份工作，而当你是一个失业的演员时，人们从你眼中就能看到绝望。但是，能扮演《新复仇者》的角色波蒂，与最好的导演和演员共事两年，让我感触很深。

詹妮弗·桑德斯是我的闺密好友，在电影《荒唐阿姨》中，伊代纳和帕斯蒂形影不离。在现实生活中，虽然我们都是有丈夫和孩子的女人，现在都当奶奶了，我们依旧亲密无间。25年来，扮演帕斯蒂这个角色一直是我在这个世界上做过的最有趣的事。我和詹妮弗·桑德斯都很爱对方，我们为还能在一起拍电影而感到欢欣鼓舞。珍惜带给你快乐的人吧，必须记得说"嘿，我爱你"，并告诉那些友善的陌生人："上帝，你是个好人。"当像维多利亚·伍德这样的天才离世时，想到我们将不再拥有那些奇思妙想的作品，我们感到很痛心。她确实是最有才华的人。

我一直愿意接受自己不再年轻，所以我很喜欢进入古稀之年的感觉。我认为自己没什么变化，只是数字增加了而已——我们就像树一样，随着年龄的增长，有了越来越多的年轮和层次，但在我们的内心深处永远是小时候的样子。我很幸运，70岁时还在工作。请注意，我也干得很卖力。

今年是我与丈夫斯蒂芬[①]结婚30周年，我们深情对望，想知道这些年是如何熬过来的。我希望我们今年能一起度过，不像以前那样——我可能在拍电影，他可能在排演歌剧。今年意义重大，30年很美好。

我会告诉年轻时的自己，除非你下定决心变得强大，否则你永远都弱小——我们每个人都可以变成蝙蝠侠。我不是律师、护士、教师，或有任何其他专长的人，但当你像我一样没有一技之长，却有某种名气，就可以利用它来吸引公众的注意力，从而改善他人的生活。那是很大的特权，我想负责任地去使用这个特权，这从来不是出于政治原因，而是为了地球和它所带来的福祉。

我最快乐的一天，可能是我12岁生日那天。那是一个可爱的春日，在黑斯廷斯附近美丽的山丘上，父母给了我一双我梦寐以求的米色平底运动鞋。我住的宿舍很漂亮，还有一群非常有趣的朋友。我记得当时就在想："这是我过得最棒的生日，我会终生难忘12岁的时光。"我感觉自己一直都是12岁——真是太棒了。

---

① 英国歌剧指挥家斯蒂芬·巴洛。

Graham Linehan

格雷厄姆·莱恩汉

作家、喜剧演员

受访时间：2017年5月15日

16岁时的我，孤独、没有安全感、被人欺负、很不快乐。我痴迷于科幻小说、漫画、音乐和喜剧，每天都有生存的危机感。我身材高大，本应充满自信。但我担心控制不好情绪，所以我试着让自己看起来更弱小，以避免麻烦，这让我看上去总是无精打采。我在一所充满暴力的男校读书——就像在一个监狱般的地方生活了12年。有趣的是，我的父母为我做的第一件事就是为孩子们在"监狱"里的生活做准备。当我离开学校时，有种令人难以置信的轻松。

16岁那年，我彻底失去了信仰。我阅读了约翰·欧文的《苹果酒屋的规则》这本书。在此之前，我是非常虔诚的宗教信徒，并且反对堕胎。读完这本书后，我认为书中的中心论点阐述得极其精辟。我意识到自己对医疗程序的理解是幼稚的，仅仅在"杀婴儿"的层面而已。我想："等等，事情比你认为的要复杂得多。"然后我成熟了一些。当你对堕胎的看法改变后，很多基础价值观也会受到撼动，其他一切也都随之改变了，就像多米诺骨牌一样。也许，这就是天主教对爱尔兰堕胎合法化如此恐惧的原因。

如果我早年没有信仰宗教，我想我不会是现在的我。当然，一旦你不再信仰宗教，那些庆典与仪式突然就变得滑稽起来。必须要放弃每个星期天，穿上最好的衣服，在教堂无聊地待上一个半小时——天啊，现在这些对我来说太可笑了。认识到这一点，会让你意识到，在其他地方举行的任何仪式都很荒唐。因为你会发现，到处都是这种人们自以为很重要的仪式。

父亲因我拒绝去教堂而伤心失望，他坚信自己的信仰，仍然经常去教堂。我们之间曾有一段长时间的争执，但后来我们克服了这种隔阂，接受了彼此，相互谅解。父亲一直是个古道热肠、举止得体的人，如果宗教是他生命的一部分，对我而言，这也无关紧要。我也敬仰教皇弗朗西斯，他很了不起。很显然，在某些事情上，我和父亲之间有很大的分歧，但我认为他做得很好。他非常虔诚，他认为好的无神论者会比不道德的基督徒更快地升入天堂。是的，梵蒂冈肯定有一群红衣主教想要抓他。

《巨蟒》这部电影对我的影响最深远。每当我听到主题曲时，都会深深地触动，兴奋不已。演员们的表演神秘莫测，你难以理解有些幽默短剧的用意，但我非常喜欢，也一直喜欢那些为之努力工作、期待我赶上他们，而不是贬低我的人。然后是电视剧《弗尔蒂塔旅馆》，这是一件近乎完美的艺术品。我做的一切都是为了创作《酒店巡查员》和《巴兹尔老鼠》，我使劲地按着欢乐蜂鸣器，用震耳欲聋的响声激励自己。

我想，十几岁时的我最开心的事，就是听到他未来会有很多女人。但我想他不会相信，因为他在 18 岁才有了亲吻一个女孩的经历。我那时觉得自己很丑，也不是一个有趣的人，我很想回去告诉那时的自己："坚持住。一切都会好起来。"音乐新闻和喜剧写作都会对你有很大帮助，你会遇到有趣的人。

我为电视剧《神父特德》感到非常骄傲，但我后来才明白，当创作完成时，你得把作品全权交给观众。有一次，我和亚瑟[①]去克莱尔县参

[①] 亚瑟·马修斯，莱恩汉曾经的合著者。

加《神父特德》的周末活动。每个来的人都打扮成神父、主教和修女的样子,这太棒了。但过了一会儿,我环顾四周,开始感到有点不安。我看见有个打扮成神父的人和一个打扮成红衣主教的人笑得前仰后合,但接着他们就注意到我和亚瑟,他们开始表现得很矜持。我们没有打扮成神父模样,只穿着平常的衣服。我们意识到:"我们把事情搞砸了,我们的存在妨碍了观众把自己沉浸在剧情里。"我们觉得不应该再来这里祷告了,因为我们打破了魔咒。后来,我对其他作品的看法也是一样。一旦你完成了一部作品,就必须离开它,把它交给观众。

我很乐意告诉年轻时的自己,我创造了一部对于爱尔兰人来说意义重大的剧本——我很自豪爱尔兰人已经把神父特德记在了心里。我认为,这可能在某种程度上以一种健康的方式改变了爱尔兰社会,就是割掉了社会的毒瘤。对于一个作家来说,没有比这更好的了——这就是每个作者的终极目标。唯一的小问题是,你不得不向年轻时的自己承认,你只在职业生涯最初时做到了这一点。

从反抗体制中获得的乐趣会让人上瘾,尤其是当你被束缚多年之后,一旦突然放松,就像一根巨大的橡皮筋被不断拉伸,然后发射。我觉得这就是 16 岁时发生在我身上的事,这种动力一直把我带到了 49 岁,仍然想要尽可能多地反抗社会不公的体制。

在人际关系方面,我会告诉年轻时的自己:"每当你想要做一件不太道德或者有点刻薄的事情,请记住,一旦做了,你的余生都会因此而困扰。尽管做了这件事你会感到很爽快,但你往后的日子都会深受其扰。如果你没有,那你很可能是有反社会人格。"对于人际关系,我时常焦虑,我知道一段感情很可能就要结束,所以我会快刀斩乱麻。我想,我希望弥补失去的时间。因为年轻时的我情商很低,所以我花了好几年时间寻找伴侣,这让我不开心。我也不是一个很好的男朋友,直到现在,这仍是让我不开心的很大一部分原因。时不时地,我的妻子会听到我说"唉",她会问我怎么了,我会说:"只是想起了 25 年前发生的一件事。"

如果我能回到我生命中的任何一个时刻，我想应该是我和亚瑟一起创作的那些年。我认为人在笑的时候最快乐——我与亚瑟一起创作时就是这种感觉。你们一起投入工作，你会因为一个想法而笑，他也会跟着笑。他跟你分享一个想法，你会笑得更加开心。我还清晰地记得那个晚上，我们想出了一段绝妙的剧情：一个猴子牧师跳上书架，朝人们扔东西。我体内的内啡肽就像水泵一样让我们笑个不停——这就是快乐——纯粹的快乐。我们曾拥有一段魔幻时光，但现在却已无法找回。我们两个人的性格迥异，已难以回到从前的状态。独自的创作却远不如合作的那么精彩。

Henry Winkler

亨利·温克勒

演员

受访时间：2011 年 6 月 27 日

16 岁时，我做每件事都紧张不安——因为有学习障碍[①]，我就像一碗果冻毫无自信。上学对我来说可能非常艰难，我的学习成绩一直不理想。我想告诉年轻时的自己，说服自己放弃某件事是很容易的，因为你担心自己做不到，或者会出丑。但是，无论你决定走什么路，恐惧都会比实际的旅程更糟糕。

我在学校并不受欢迎。我就像一只牛虻——从一个小圈子走到另一个小圈子，总是对被别人喜欢而感到紧张，以至于从来没有享受过和朋友们在一起的时刻。我骨瘦如柴，是班上的小丑。但我擅长跳舞，每次参加学校舞蹈比赛，总能获胜。但是，我从来没有足够的自信去邀请我想要约会的女孩。所以，我总是和任意一个能关注我的女生约会。

如果现在遇到那个少年，我会喜欢他。他思维敏捷，风趣幽默，他过去总是用这些优点来掩饰其他缺点。但是，年轻时浪费了青春——我希望有 16 岁时的身体和现在的大脑，这样可以减少那时的很多苦恼，因为我现在知道我们都一样。

从我读到剧本的那刻起，我就喜欢上了方茨这个角色。我通过试镜

[①] 温克勒的阅读障碍症在他 30 多岁之前未诊断出来。

得到了这个角色，但一开始这个角色只有 6 句台词。这部剧在 1974 年 2 月 4 日播出，4 月时，我去阿肯色州的小石城进行宣传。当我晚上 11 点半下飞机时，有 3000 名粉丝在等着我。这时，制片人开始意识到这部剧很受欢迎。

毅力会让你到达你想去的地方，感恩会让你在前进的道路上保持正确的方向。记得我们在达拉斯宣传《快乐的四天男孩》这部剧时，有 25000 名粉丝到场。安森·威廉姆斯[①]低声对我说："我们值得享有这些待遇吗？"我回答："这不是值不值得的问题——他们已经在这里了。只要对粉丝说声'谢谢'，然后唱着歌继续前行。"

直到 40 多岁时，我才意识到，不管我多么谦虚，我都必须承认，这个我最喜欢扮演的角色给很多人留下了深刻的印象。如今，我遇到过一些 40 多岁的人，他们感谢我。当我问："感谢我什么？"他们说："感谢您让我们的客厅里充满了欢声笑语。"

16 岁时的我，从未想过会取得现在的成就。那时，我梦想成为一名演员，但永远无法想象自己会成名，然后成为制作人、导演并创作了 18 部小说。如果告诉年轻时的自己这些事情，他肯定会目瞪口呆。我真的是个幸运的人。

---

① 安森饰演沃伦·波西·韦伯。

Sir Salman Rushdie

萨尔曼·鲁西迪爵士

作家

受访时间：2016年5月30日

  13岁时，我从印度前往拉格比公学①上学。3年后，我已经是一个非常传统的公立学校的男生了。我那时写的一些东西便是关于寄宿学校的故事——幸运的是，那些文章已经找不到了。但我仍然记得，那时的文章带着一种陈词滥调的公立学校保守感，包括在政治方面。那些文章反映了我的经历——我出生于印度一个家境优渥的家庭，那些与我情况类似的其他男孩也被送进了这所学校。因此，我的世界观相当保守也就不足为奇了。我是非常墨守成规的——我的叛逆期来得有些晚。

  我和传统的学生形象有一点不一样，刚到学校的时候，我不知道我会被认为是一个与众不同的人。因为我不是英国白人，那真是很残酷的现实。这让我早年过得很艰难，我的快乐可以说在去了拉格比公学后就消失了。我那时还常想，如果我擅长一些英式运动，我的出身可能就不会那么引人非议。因为有几个印度和巴基斯坦裔男孩，特别擅长打板球，他们似乎就没有我这种境遇。遗憾的是，我在那些运动上一点优势都没有。

---

① 著名的独立寄宿学校，位于英格兰沃里克郡的拉格比。

我们根本不信教——我父亲不信教，而我母亲在宗教信仰方面也只是不让我们吃猪肉而已。我的朋友、邻居们，和我们也是一样的状况。现在，宗教再次成为社会关注的中心，这似乎有些奇怪。那时宗教传播还没有兴起，也都不算什么大事。不过，这并不妨碍那时的我喜爱宗教传说。

　　刚去英格兰上大学时，我很担心遭受到像之前一样的种族歧视。但是我的父亲说服了我，他告诉我，去剑桥上学是一件非常好的事。如今，我很庆幸当年父亲这样劝说我——在大学的时光非常快乐，还为我解开了很多之前的心结。我在剑桥时，正是社会风云大变的20世纪60年代中期，在那样的时代下，度过我的18岁到21岁可以说是非常好。那几年的政治氛围浓厚，大家都在为抗议越南战争而奋斗，那也正是我的个人政治观萌芽之际。反主流文化盛行一时，也有人称其为"青年大骚动时期"——这是第一次年轻人对社会造成如此大的影响。参加这样的历史事件，让我学会了以不同的眼光看待问题，无论是关于自己和当代人的问题，还是性与社会的问题。

　　我喜欢20世纪60年代中期的讽刺和超现实主义。我有《边缘之外》的唱片，并且记住了其中很多片段——现在我也能哼唱出来。多年后，当我在广告业工作时，曾与彼特·库克和达德利·摩尔共进午餐——我那时想要邀请他们拍摄广告。达德利·摩尔起初对此十分感兴趣并且态度很好，但彼得·库克迟到了1小时，喝得醉醺醺的，还一边咒骂一边把达德利·摩尔拖走了，并拒绝了我的提议。我失望透顶，因为我之前还很期待见到他。那次见面后，在我的印象中，达德利·摩尔为人极好，但彼得·库克的酩酊大醉也让人记忆深刻。

　　我可能会向年轻时的自己指出，当初父母为我做出了多大的牺牲。我觉得为人父母后能体会到的一件事就是，我明白了自己父母的所有付出，而年轻的时候却认为这是理所应当，不屑一顾。我现在知道，让我到那么远的地方去上学，其实对他们来说是十分不舍的，我母亲尤其如此。他们尽全力来满足我，尽管那对他们来说并不是最好的决定。父亲给了我一个离开家的选择，而至今我仍然不明白，当初自己怎么就答应了，因为我那时在孟买上学很开心。我想，他们一定花了很大的功夫才成功把我送出去上学，并且一直支持我。后来，当他们期盼着我回家时，我却说我想留在英国当一名作家，这让他们感到震惊。对他们来说，作家甚至不算一个真正的职业。

我当时并没有意识到这一点，但现在我明白了——父亲在很大程度上影响了我看待世界的眼光。他的兴趣变成了我的兴趣，甚至连我们家的姓氏鲁西迪[①]也是根据父亲在哲学方面的兴趣而取的。倘若我能重返父亲在世之际，我想告诉他，他的想法对我的影响很深，并向他表达我的感激之情。至于我的母亲，我现在更加清楚地明白，她当初为了能够送我去上学做出了多少牺牲，以及她是多么善解人意，尽管与我的分别让她痛苦万分。

事实上，我很为年轻时的自己感到骄傲，因为他拥有强大的勇气与意志。1968 年，我从大学毕业；1981 年出版了小说《午夜之子》——我花了将近 13 年才找到了属于自己的作家之路。假如可以回到过去，我想对年轻时的自己说："干得好，坚持下去！"在无法保证任何利益或成功的情况下，花 12 年的时间去做某件事，这需要极大的动力和意志。

在《午夜之子》问世前的 12 年里，我常常摇摆不定，一直对它迟疑不决。因为我很多的早期作品都石沉大海了，并且大部分都没有出版。我出版的第一部小说《格林姆斯》反响很差——就连我自己如今翻阅它时，书里的大部分内容都让我不忍直视。我那时在广告公司做兼职工作，我的同事们总是告诉我不要犯傻。他们对我说，如果我把心思都放在广告上，我就能赚一大笔钱。而且，当作家这种事，一听就感觉在开玩笑。

[①] 为了纪念哲学家伊本・路世德（Ibn Rushd），他的父亲取了鲁西迪（Rushdie）这个名字。

广告业的每个人都有著书或策划电视节目的梦想,但大多数人从未实现。但是,我内心深处的某种感觉让我坚持了下来。

倘若我可以回到过去,想要给年轻时的自己留下深刻印象,我会把我写的 17 本书摆在他面前。马丁·艾米斯曾说过一句很有意思的话——为这世上留下一架子的书。你希望自己有这个底气说:"从这儿到这儿,都是我的书。"我认为作家的一生很漫长,而且我们不会在任何一本书中囊括全部的自己,这些书更像我们人生旅途的写照。尽管有很多作家写的书更多,但我还是很惊讶自己居然写了 17 本书。16 岁时的我,可能最喜欢我写给儿子的那两本书:《哈龙与故事海》和《卢卡与生命之火》。尽管它们的受众是 12 岁的孩子,但它们能吸引任何年龄段的读者。我经常建议那些对我的书籍感兴趣的人:从这两本书开始阅读。

你们可以问一问我的前妻们对我的看法,但我自认为是一个非常友好、性格开朗的人。我对我的第一段婚姻确实感到非常遗憾,她是我的大儿子扎法尔的母亲,在扎法尔 19 岁时不幸去世了。事实上,我们那时已经重建了一段友好的关系。在她生命的最后一天,我在医院里握着她的手。虽然我们的婚姻结束了,但这段情谊并不会。我们在一起的时候,彼此都非常年轻,在 15 年的时间里,我们成长为了不同的人,最终还是和平分手了。总的来说,我认为自己是个体贴的丈夫,但我的妻子可能不认同这一点。我的一个前妻前不久还在她的书里[①]责怪我,所以我们的想法很明显不同。

虽然我的确喜欢社交,但是媒体总把我曲解成一个生活糜烂的人。实际上,我更喜欢小型的聚会,最好是两个人的约会。因为在大型聚会上,你无法和每个人都交谈,也感受不到自己的内心想法。

对我而言,非常非常重要的事,是做一个儿子们的好父亲。我想他们都会告诉你,我们之间十分亲近。对扎法尔来说,这一点尤其重要。

[①] 他的第 4 任妻子帕德玛·拉克施密的回忆录《美丽、勇敢和第二次幸福》。

首先，他的母亲在他年轻的时候就去世了；其次，他成长期间正好是我遭受攻击的那些年。对我的追杀令开始时，他只有 9 岁，这对他的整个童年都留下了阴影。我试着向他解释所发生的一切，因为我认为，他从别人那里听说这些事，然后被吓到是最糟糕的事。当然，我很担心他的安全——他的母亲和我尽了最大的努力确保他有一个比较正常的童年，但对他来说，那仍然是一段非常艰难的时期。在那种环境下长大，对他的性格可能会产生不好的影响，但他很坚强，很有风度，也非常冷静和善良。

如果我可以回到过去，重新体验生命中的任一时光，我会从 1979 年开始。那时，我刚写完《午夜之子》，而我的长子也快出生了。事实上，我还记得在我写完的时候，我告诉他的妈妈，坐在那儿别动，交叉双腿。我想，从我 32 岁成为一个父亲，到两年后我的书取得巨大成功，那可能是我一生中最美好的时光。

Ewan McGregor

伊万·麦格雷戈

演员

受访时间：2011 年 10 月 3 日

16 岁对我来说，是非常重要的一年。为了学习戏剧，我移居英国柯科迪。结果证明，学习异常艰辛和耗费心神。这是一段艰难的时光，但也让我快速成长。9 岁时，我立志成为一名演员，这完全是受我叔叔[①]的影响。叔叔来到克里夫，他与其他人迥然不同，他是如此幽默风趣、魅力四射。这样说并不是克里夫没有这样的人，但在那里生活的大多是农民，很少有演员。在我对什么是演员还一无所知之前，就想成为像叔叔那样的人，而且这想法从未改变。

我总是乐观向上，这不是出于选择，而是生性如此。我在一个幸福快乐的环境中成长，周围都是善良的朋友和家人。克里夫是个适宜孩子成长的好地方——孩提时的我们，成天骑着自行车到处游荡，早出晚归，我们拥有孩子们难得的、真正的自由和独立。

我一直想去伦敦，尝试实现自己的梦想，主要原因是从小喜欢去那里看望叔叔丹尼斯。但当我 17 岁去伦敦市政厅音乐与戏剧学院学习时，想到要离开苏格兰，突然感觉难以接受。至今，我还依稀记得父亲送我的情景。他把我送到一间简陋不堪的房间，我注意到他环顾四周，我们

---

① 演员丹尼斯·劳森。

俩应该都在想："该死，这个地方太可怕了。"从某种程度上说，我真切感到要离开家了，这种感觉在我去柯科迪时未曾有过——这次来真的了。令人难以置信的是，我成了一个苏格兰人，记得当时我在牛仔夹克上缝过格子呢缎带。在异乡伦敦，我就是个超级苏格兰人。

我会告诉年轻时的自己，即使未能获得某部电影的角色，也无须焦虑。19岁时，我还在戏剧学校读书，需要做两件事：一是出演一部电影的角色，这是一个非常感人且悲伤的战争故事；二是出演由丹尼斯·波特编剧的BBC戏剧《你衣领上的唇印》。这两件事都让我兴奋不已，但我最想演出的却是另一部电影。我极其渴望能成功入选，但最后因试镜时对角色诠释不好，没能被选中。结果，这部电影没拍成——所以，如果我获得出演这部电影的角色，我就会为一部压根不会拍出来的电影而错过出演丹尼斯·波特的电影。我想，这就是命中注定。

戏剧学校的教育重心，在于寻找你演出中的弱点，所以常常会打击你的自信心。因此，寻找到一个好的经纪人就显得至关重要，因为这会给自己带来一丝自信的光芒，觉得自己还是很善于表演。我会想："嗯，总会有伯乐看中我的。"而且，获得出演由丹尼斯·波特编剧的连续剧的机会——这是我第一次觉得，有剧组想找我演出而不是想找别的演员。突然间，我的自信又回来了。我进入经纪人的办公室，她让我坐下，然后对我说："你将在剧组工作6个月，薪水为2.4万英镑。"我不得不打断她的话，然后问她："我能给我父亲打个电话吗？"我只是想告诉他，我会过得很好。

如果现在遇见十几岁的自己，可能我曾经做过的有些事情，他并不会认为很酷。但我认为，我们具有相同的动力和动机。孩提时，我就想参与这些重要的演出，我想我已经实现了。当然，我也还在现实生活中学习，要明白人生不能总在戏剧里。我很幸运能参演大大小小的各种电影，甚至在演绎这些电影的角色中获取了各种不同的体验。我有一个非常简单的方法——如果你喜欢这个故事，就去完美演绎它。

我已有 11 年不沾酒了,只是很少有人关注。现在,我不需要喝酒就能和同事们愉快地相处。以前,只有几杯酒下肚之后,才能变成真正的自己,但现在我一直都是真正的自己。像以前那样饮酒,实则让我苦不堪言。

当我拍摄《猜火车》这部电影时,我未曾想过"这就是我,这就是我的时刻",但我确实对这部电影感觉奇妙。我当时想,这本书写得精彩绝伦,确实抓住了这个国家的精髓。我也明白丹尼是拍摄这部电影的最佳导演,还有演技精湛的演员。所以,我们确实对这部电影期望甚高,但我未曾设想过⋯⋯我记得第一次看这部电影是在伦敦,和我的妻子以及叔叔丹尼斯一起。从电影院出来,有一种不确切的震惊,这完全出乎意料。但我有强烈的自信,所以并未觉得会对我有特别的帮助。当然,现在我明白了——它成为一部全球性的电影,也让我进入了公众的视野。

我喜欢苏格兰的生活,无论是工作还是回家探亲。而且,我也喜欢在格拉斯哥拍摄电影《完美感觉》。现在,我已经在格拉斯哥拍过 4 部电影。虽然我不是格拉斯哥人,但自从 1994 年在格拉斯哥拍摄电影《浅坟》以来,看到了这座城市的变化。格拉斯哥是一处胜地,我认为这才是电影中需要的实景。

我认为住在哪里并不重要——如果你选择不过分注重区域,你可以在任何地方保持家庭生活的隐私。但我觉得这需要自己去寻找,而我永远不会那样做。因为我与家人在苏格兰生活幸福,在美国有一帮朋友,而且还有 4 个孩子。这已足够,我没有太多时间做其他事情了。我忙于照顾孩子们,我喜欢这种幸福美满的生活方式。

Sir Roger Bannister

罗杰·班尼斯特爵士

运动员

受访时间：2014 年 5 月 5 日

16 岁时，我一心想去牛津大学上学。我的家族中从未有人在牛津大学上过学，当时要考进牛津大学难如登天。到现在我也没弄明白，为什么当时会迫不及待地想离开学校，但我非常渴望继续从事医学事业。

我会告诉年轻时的自己，他可以而且应该向父母学习更多。我那时相当自立，不过父母确实也给了我很多支持。我总是干劲十足地做每一件事，上中学时，我什么事都做，全身心地投入。进入大学后，我被选为体育俱乐部和学生会的主席。我常常觉得，我必须充分利用我的父母没能享有的机会。牛津大学是个奇妙的地方。

在牛津，运动似乎是一种时尚，所以我开始站上跑道，我还付费加入了体育俱乐部。最初，我跑得不快——我入选径赛团队是因为有人见到我勤劳地铲雪。在我首次参加的大型跑步比赛中，我是第三条跑道的选手。有人告诫我不要妨碍到别的选手，但在距终点还剩 200 码的时候，我觉得自己还能跑得更快。于是，我开始超过所有选手，以 10 到 15 码的优势赢得冠军。

1954 年 5 月 6 日，风很大，我在温哥华参加了帝国运动会。当时的竞技状态并不理想，在比赛开赛之前半小时，我才决定参赛。教练对我说："如果有机会不抓住，可能余生都将后悔。"最后，我跑出了 3 分 59 秒的成绩。我听到《吉尼斯世界纪录大全》的创始人诺里斯·麦克沃特通过扩音广播宣布,一个时代过去了。当他说到"创造了一项新的世界纪录,时间是 3 分……"观众的欢呼声鼎沸,淹没了他的声音,没人听到后面的秒数。

我认为创造世界纪录这件事,对英国举足轻重。"二战"后,人们有一种感觉,认为英国不再是强国。英国政府从美国大量借款,不得不偿还巨额债务,大英帝国已一去不复返了。所以,英国采取了很多措施:1951 年举办英国节;1953 年攀登珠穆朗玛峰。但在 1952 年赫尔辛基奥运会上,我们一块金牌都没拿到。所以,全国人民对我和其他运动员都非常失望。我知道我不能在如此令人失望的情况下退役,所以必须继续坚持跑下去。

进入医生职业的前面 10 年,对我来说是一场坚守战。我战斗只是为了让人们知道我献身于医学事业,不会再回去跑步了。毫无疑问,医学——最理想的是神经学——将成为我的终生职业。我最大的梦想是为人类现有的、关于大脑的知识贡献微薄的力量。当了多年的体育顾问之后,我才开始考虑出任第一个独立体育委员会主席之类的职位。

我的妻子总是全力以赴地支持我的工作,无论我做什么她都给予帮助。我们有 4 个孩子——两个女儿,一个是画家,一个是英国国教[①]牧师;两个儿子,一个是美国的银行家,一个是凤凰保险集团的首席执行官。他们都成就非凡,但都把家庭放在首位。我有 14 个孙辈子女,长孙是英国滑翔机运动的冠军。

我宁愿人们记住我在神经学方面的成就,而不是跑步的成就。如果给我一个机会,让我在自主神经系统的研究上取得重大突破,我会以每英里 4 分钟的速度开展研究。我在医学界工作了 60 年;跑步大约是 8 年。我乐于享受现在的生活,但活动范围不会很大。不幸的是,我得了一种叫帕金森的疾病,这种病约束了我的活动范围。尽管疾病阻碍了我的生活,我仍然尽情享受生活。

[①] 译注:也称英格兰圣公会或安立甘宗,是基督新教的教派。由英国国王亨利八世创始,并作为英国的国教,由英国国王担任教会最高首脑。

第八章

勇 气

别担心失败,要去尝试,不管事情有多糟,
只要有良好的心态,都能克服。

——戴维·卡梅伦

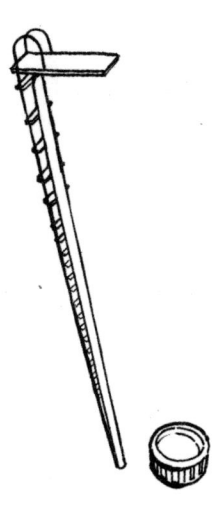

Andrea Bocelli

安德烈·波切利

歌唱家、作曲家

受访时间：2018 年 12 月 10 日

我曾是一个非常活泼的少年，甚至有些调皮，我总爱开玩笑，是个开心果。正如人们所描述的那样，我似乎总在"谋划着什么"。当我的眼睛失明的时候[1]，我哭得非常伤心，但没有持续太久。很快，我就抛开了所有自怜自哀的情绪，知道自己需要积极乐观地面对生活，探索新的生活方式。这丝毫没有影响我的音乐训练。也许人们会认为，失明将成为我前行中主要的障碍，但我想说，过去不是，将来也不是。

我并不觉得我曾有过年少轻狂的叛逆与烦恼，但是那段时间里，我也不大安分。会对身边的事物充满好奇，也有些固执。和所有家庭一样，我家里时不时会有莫名的争吵，我也会与父母和兄弟发生争执，但总的来说，我们是团结和睦的一家人。我们对彼此的爱，抚平了所有裂痕。

我想我曾是一个雄心勃勃的少年，同时也是一位梦想家。我一直想靠自己的音乐来谋生，这个梦想从中学一直持续到大学。我成功了，尽管经过了很多年，尽管那时我已经 35 岁，在经历了无数的挫折和多次听到"不"之后，我的梦想还是经受住了考验。

我对父母的亏欠太多了。父亲桑德罗和母亲艾迪在我性格塑造的过

---

[1] 12 岁时一次意外的运动导致的结果。

程中，起到了关键性的作用。对我来说，他们给予我的教育，是人生中的无价之宝。在我所接受的许多教诲中，我想特别提及的，是永不言弃的品格。这也是我父母具有的品格。母亲在怀孕期间，因为检测到即将出生的宝宝很有可能患有严重的先天性疾病，医生建议母亲流产。但母亲坚决拒绝了医生的建议，并在父亲的支持下，坚强地生下了我。如果没有他们的勇气和信念，我今天就不会在这里讲故事了。

我的性格与父亲很像，我们都天生要强，因此我们之间总有争执。即使当时家里并没有人反对我喜欢音乐，但父亲认为，我不可能单纯靠唱歌养活自己，或是成就一番事业。那时他总是说："你喜欢唱歌，那就去唱，但前提是，你一定得接受教育！"有时候，他会借父爱之名，或者从那种典型的父母视角，来压制我年轻气盛的那股冲劲（有时候是我的鲁莽）。后来，当我自己也成为父亲，我才真正理解了他当时的用意。

我第一次登台，是在 8 岁那年，在一次学年末的音乐会上。我记得学校礼堂里有个小的木制舞台，我在那所学校度过了 5 年小学时光。当时我既紧张又焦虑，情绪一时难以自控，我唱了《我的太阳》那首歌。也正是那时，我第一次得到了家人以外的人给予我的掌声。当我还是一个穿着短裤的 12 岁男孩时，叔叔就极力推荐我去参加在维亚雷焦[①]的"玛格丽特"咖啡厅里举办的夏季比赛。我赢了，那是我人生中的第一次成功，也是第一次感受到观众对我的喜爱。许多年以后，在桑雷默音乐节的舞台上，我再一次感受到了来自观众们的热情。那一刻，我明白，我的事业终于起飞了。

如果我现在遇到年轻时的安德烈，我想，总的说来我会喜欢他。也许，我和年轻时的自己之间的区别，只是在于这些年来我学会了克制自己的冲动。当年那些鲁莽行径让我付出了代价，尤其是在运动的时候。

---

① 在托斯卡纳的一个海滨度假胜地。

这让我学会了控制自己，培养自己的责任感。我会羡慕青春年少的安德烈，但年轻的安德烈又可能会羡慕人到中年带来的其他快乐。

少年时期的我是个不可知论者。年轻时的安德烈可能无法理解，为什么现在的我会拥有坚定的信仰和价值观，并且每天都心怀虔诚。这些年来，我渐渐相信，拥有信仰并非易事。就像其他任何学科一样，它需要我们信守承诺、坚持不懈，甚至做出牺牲。忠于信仰，意味着诚心遵从看上去枯燥的简单行为。若是想提升信仰，我们就必须由衷祈祷。年轻的安德烈当时不会明白这一点。

在我进行过的所有表演中，我可能想让年轻时的安德烈看看中央公园那场演出①，又或者是我在世界各地演绎的任何一部歌剧——这是我一直以来的梦想，即使希望渺茫，但我满怀热情。再或者，让他看看我和鲁契亚诺·帕瓦罗蒂、何塞·卡雷拉斯或普拉西多·多明戈的二重唱也是不错的选择。

有些道理对于年轻人来说很难参透，但随着年龄的增长，会越来越有感悟。声名狼藉本身只是价值观的认知，但虚名浮利亦可能是洞察人性的绊脚石。怀有梦想是美好的，也无可厚非，但是一个成年人绝对不能与现实脱节；如果不脚踏实地，我们很可能会迷失方向。

刚才我说，年轻时的安德烈常常说自己是不可知论者，但其实这只是一种对现实问题的逃避态度。成年后，一些亟待解决的、客观存在的难题就突然出现了。读了托尔斯泰短小精悍的《忏悔录》后，我又拜读了他的其他杰作，这些书给了我很大帮助，让我在信仰之路上走得更远。相信人生是由偶然决定的不仅没有道理，而且不合逻辑，还很不明智。在到达人生的第一个十字路口时，选择相信与否才是让我们走上正确道路的基本准则。信与不信，在我看来，是必须做出的选择，没有其他的办法。

---

① 译注：2011年9月15日，安德烈在纽约中央公园举办的免费演唱会。

如果我能选择和谁来一次最后的谈话，我会选择我的父亲——我想向他表达我的感激。只要在他身边，感受他的笑容，这就足够了。其他的言语都是多余的。

　　现在的每一天，我都试着尽可能地活在当下。我从不回顾过去，也不去想明天的计划。对于他人的批评，我只能说，我完全尊重任何人的观点，但谁都无法讨得所有人的欢心！艺术家们在他们的生涯中，本就会受到或正面或负面的评价——这就是生活。我已经表达过我对名望的看法，我不认为它是一种价值。至于生活之中孰轻孰重，孩子在我心里永远是第一位。从我成为父亲的那一刻起，我就明白了这一点。如果我能回到过去，重温生命中的某个时刻，那一定是我第一次将我的第一个孩子抱在怀里的瞬间。

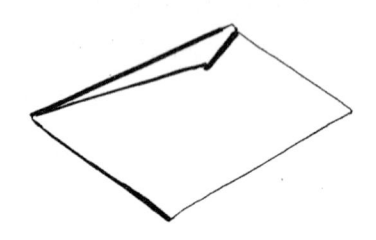

Billie Jean King

比利·简·金

网球运动员

受访时间：2018 年 2 月 5 日

　　我一直想改变世界。在 12 岁那年，我有了一个深刻领悟，因为注意到网球场上的每个人都穿着白衣白鞋，连打的球都是白色的——而且打球的也都是白人。我问自己："其他人在哪里？"所以，从那时起我就许下诺言，要用我的余生，为每个人的平等而奋斗。我知道，我会因为打网球而得到实现这个诺言的机会。虽然我还不清楚应该如何利用这个平台，但是我明白，如果我真的想改变一些事情，我必须成为第一名。

　　事实上，我一开始喜欢的是钢琴，可我很快就意识到自己并不擅长弹钢琴。但上帝赋予了我和我的弟弟很好的手眼协调能力，我们可以跑得很快。从我 11 岁重拾网球拍起，我就希望自己将来能成为世界上最优秀的网球运动员。所以，到 16 岁时，我已经接受了 5 年的训练，并开始在成人锦标赛中崭露头角。温布尔登似乎离南加州很远，但当我在一场三局两胜的比赛中输给安·琼斯后，哈罗德·吉弗看中了我的潜力，主动提出愿意帮助我去温布尔登。我谢绝了，因为我还没有做好准备。1 年后，我 17 岁，觉得自己已经可以开始新的征程。于是，我主动回到了哈罗德·吉弗的身边。那时打网球挣不了多少钱，我们这样的业余球手一天只有 14 美元的报酬，凭着一腔热血在支撑梦想。网球运动职业化始于 1968 年，但我们女性球员还面临争取同工同酬权利的问题——这就是我们要创建国际女子职业网球联合会（WTA）的原因。

因为我的父母都经历过经济大萧条，父亲还参加过第二次世界大战，所以他们一直教导我们要有危机意识。"没钱就别乱花。"我才10岁时，母亲就把我叫到身边，把家庭预算清单拿给我看。这是她做过的最伟大的事之一，因为直到那时我才知道，每一次开关灯都在消耗电费，每一次开车出行也都要支付油钱。我的父亲是一名消防员，家庭经济向来很拮据，但我从父母那里学会了如何管理自己的财务，我非常感激他们。

我很想参加马丁·路德·金组织的大游行，但我一直忙于网球训练和比赛。1963年，马丁·路德·金发表著名演讲"我有一个梦想"时，我刚满19岁，那是一个非常成功的演讲。但在我20岁生日那一天，肯尼迪总统被暗杀。自这之后，马丁·路德·金和肯尼迪总统的弟弟罗伯特·肯尼迪也相继被暗杀。所有这些人都是在20世纪60年代遇害的，我热爱他们中的每个人。如果我有机会，或者有勇气，我本可以做得更多。我开始接近政治，是因为我注意到一些社会问题。当我们尝试改变网球场上的不平等，我真的非常投入。我尽力帮助《教育法修正案》第九条获得通过，这是美国一项很重要的平等立法。到20世纪60年代末，我已经弄清楚了很多情况，并有了提供帮忙的机会。不过，我没有放弃打网球，我希望每次的击球都能让我的呼声再放大一点。可我还是感到愧疚，我想超越这一切，我想改变现状。

我现在不怎么对网球费心思了，但年轻的我应该还是会对赢得温布尔登网球公开赛的桂冠和多次成为世界冠军的那个自己感到骄傲的。事实上，我更喜欢双打而不是单打，因为我从小就参加团体运动。我的弟弟是旧金山巨人队的职业棒球手，我们都喜欢压力，并在压力中茁壮成长。我总是说压力是一种特殊待遇，冠军是一种调整。我指的不仅仅是运动比赛中，更是生活中。

成为领导者可能会很孤独。我们9个组织国际女子职业网球巡回赛的人团结一致，却遭到了其他选手的排挤。那是一段艰苦的岁月，毫无趣味可言。我每天都在想象，如果我输给了波比·里格斯①，后果将会怎么样。他跟在我后面说了两年，我一直拒绝他。但当玛格丽特·考特败给他后，我知道我必须做什么。我深知这不是一件小事，甚至会有些疯狂。不论处于怎样的情形，这场比赛都将是人们津津乐道的话题。我知道赢得比赛对我有多重要。

直到51岁，我才感觉活得轻松自在了一些，那是一个漫长的过程。因此我想告诉年轻时的自己："这一切都将会雨过天晴。"我的母亲常说："要坦诚面对自己。"但诚实面对自己是很困难的。

我的母亲非常恐同，所以，要让她搞明白是怎么一回事的那一段时间很有趣。我的父亲很快了解了，但母亲的问题很多，这需要一段时间。我想要弄清楚自己是谁，因而结识不同的人，但我不会滥交。当我有了一段稳定的感情，一切都好转起来。我和伊莱娜在一起已经30年了，与她相处的日子里，我终于觉得自己安定下来了。

我感到有些困惑，我更喜欢男性的身体。在派对上，我欣赏男性的健美体格和女性的姣好容貌，但是我更看重两人之间的感情和沟通。如今，我是一名女同性恋者，就是孩子们现在口中所说的"酷儿"。孩子们现在都喜欢用这个词，在过去，这可是最伤人的话。但是我总会问问年轻人，如果他们习惯说"酷儿"，我也会接受。我觉得紧跟潮流很重要，而年轻人正在引领时尚潮流。当年我还在打网球，所以没有足够的时间去帮助性少数群体（LGBTQ）。那时我还没有弄清楚自己内心深处的需求，所以比较晚才融入这个群体。

我的父母都已离世，但我每天都会和他们说话。我不知道他们是否能听到，但我依旧每天坚持。我有时会问："你觉得这个怎么样？"我常常会猜到他们会怎么回答。他们向来严厉，始终告诫我应该秉持着一颗真诚正直的心去做正确的事。"你必须先学会接受自己，保持平和的心

---

① 1973年著名的性别之战。

态。"这对我来说可是金玉良言!

　　我的生活其实比想象中还要好。若是以前有人来告诉我,说我会成为数年来最出色的女性,有两部关于我的电影即将问世,分别由霍利·亨特和艾玛·斯通主演,还有几首关于我的歌曲即将发行,你认为我会相信他们的话吗?不可能。

　　每一代人都必须为平等而奋斗,我们从未成功过。令人震惊的是,我们现任的总统是特朗普,而我们的国家在倒退。这是时代的趋势,而我们纵容它发生,这是我们的过错。但现在的千禧一代和孩子们是有史以来最具包容心的一代,他们将会改变这一切,这也是我的期望。只要付诸努力,他们将取得巨大的进步。我多想回到年轻时代,因为我还想再努力拼搏!年轻人有机会让这个世界变得更美好,比我们梦想的还要美好……

Archbishop Desmond Tutu

德斯蒙德·图图大主教

牧师，1984 年荣获诺贝尔和平奖

受访时间：2011 年 12 月 5 日

我十几岁的时候，长得很像我的母亲——身材矮胖，大鼻子。我母亲没有受过良好的教育，但她是一个很优秀的人，充满同情心和爱心。我一直希望自己在这方面能像她。我是家中唯一的男孩，有 1 个姐姐和 1 个妹妹。我很容易生病。事实上，我 16 岁时还患上了肺结核，为此在医院里住了 20 个月。从那以后，家人们都小心翼翼地照顾着我。

我们在家里过得很愉快。那时，我会做一些为大人们端茶倒水的家务事。我喜欢看书。我的父亲是小学的校长，他鼓励我们多阅读。他还允许我看漫画，比如《超人》和《蝙蝠侠与罗宾》这一类的书籍。按照惯例，大部分老师不会让我们看漫画，所以，像父亲那样的做法很少见。这激起了我的阅读兴趣，我变得越来越喜欢看书。但我不是一个书呆子，我也很喜欢玩耍。我们会和白人孩子争吵，因为我们住在种族隔离区。那时，种族之间还是敌对状态，而我们在争吵中常常处于劣势。

如果我现在遇到年轻时的自己，我想我会很喜欢他——他相当有趣。我可能在课堂上很聪明，并且有几个特别的朋友，其中一个还成了南非大型杂志《鼓手》的主编。那时，我们很喜欢把网球当足球踢。我有很多朋友，还交过一两个女朋友！

上帝总喜欢开玩笑。我从小就想成为一名医生，因为 16 岁时患上的那场肺结核,所以更加坚定,想要找到治疗这种疾病的方法。如果我有资格成为一名医生,我将会非常高兴,但那时,黑人并没有太多选择职业的自由。比如,黑人不能做工程师、飞行员,甚至是火车驾驶员——这些工作都是留给白人的。这就是为什么我要说,上帝总爱开玩笑。当我和国家元首们坐在他们气派的办公室或住所里时,我常常忍不住捏一下自己:"嘿,那个从种族隔离城镇来的小孩,你看看他现在在做什么!"我做梦也无法想象,有一天我能坐在这里。

尽管我当初的志向是成为一名医生,但我并没有上过医学院,因为我的家庭无力支付学费。于是我参加了教师岗位的培训。在政府推行种族隔离制度的班图教育法[1]之前,我非常喜欢教书,但班图制度是对黑人儿童进行永久农奴制思想控制的、极其低劣的制度。于是,我和妻子莉亚都辞职了。她去参加了护士培训,而我没有太多选择。可以说我是无意中成为一名牧师,但也许在一个基督教家庭里长大,意味着会受到潜移默化的影响。

许多杰出的人影响了我,包括我的母亲,她对我的影响最大。我遇到的第一位英国国教牧师撒迦利亚·塞卡帕潘神父,是一个了不起的人。我可能把他理想化了,但我确实从未见过他生气的模样。当他到农场为农民布道时,经常被视为最重要的客人,受到大家的尊敬。人们会向他提供住宿的小屋,布道结束后还会准备丰盛的大餐款待他。我记得,他每次坐下吃饭前,都要先看看我们这些普通人是否有东西吃。现在回想起来,我想,我应该学习他对普通民众无关紧要的事情所表现出的仁爱之心。

另外一个对我产生了较大影响的人,是特雷弗·哈德尔斯顿[2]。在我患上肺结核住院的那20个月里,他悉心照顾我,每周要么亲自来,要么派人来探望我。这对我的自尊产生了至关重要的影响——一位白人牧师

---

[1] 译注:1953年,南非白人当局颁布的法令,其目的是剥夺黑人儿童与青少年平等的教育权。
[2] 英国国教主教,因其反种族隔离制的行动主义和作为"非洲祈祷者"而出名。

能够定时来探望一个无足轻重的黑人，简直令人难以置信。我想，在正义感和为被压迫者挺身而出方面，我应该向他学习，因为他让我觉得备受重视和肯定。

年轻时的我如果听闻我在 1962 年首次访问英国的消息，一定会感到不可思议。最让我和莉亚惊讶的是，他们非常礼貌地把我们当作人来对待。当伦敦警察礼貌地称呼我们为"先生"和"女士"时，我们感觉十分讶异。即使我们没有迷路，我们也会向警察问路——一个白人警察——仅仅是为了享受被尊称为"先生"和"女士"，简直太神奇了。

如果你是对的，很容易变得自以为是，就像我们反对种族隔离一样。我依赖着很多的爱与祈祷，而当我的头脑膨胀时，莉亚和我的孩子们会立刻把我拉回来。以前，莉亚在我们的卧室里挂了一张告示牌，上面写着："你有权提出错误的观点！"但是，从更严肃的角度来看，我认为我的态度过于强硬，忘记了这世上许多人吃软不吃硬。如果我能更和颜悦色一些，也许我能争取到更多白人的支持。

英国国教和其他教派一样。它是上帝的教会，最终没有什么能胜过它真正的教义。我们将恢复我们作为王国仆人的真正使命，记住我们的存在最终是为了推进上帝的正义王国，以神的公正、爱心、怜悯和关怀，站在贫穷、饥饿和被轻视的人这一边。

年轻时的我也有梦想，如今我最大的梦想就是解放所有被压迫的人。从真正意义上来说，我们所有人——黑人或白人、贫穷或富贵、被压迫者或压迫者——情愿与否，他们现在都自由了。南非这条令人反感的毛虫，已经蜕变为一只美丽的蝴蝶，甚至可能会主办一届最成功的足球世界杯。我们美丽的国土，一个曾经背负骂名的国家，如今已焕然一新。

Wilbur Smith

威尔伯·史密斯

作家

受访时间：2018 年 5 月 28 日

我的少年时光是很痛苦的一段时期，阅读对我来说，成为当时一种隐秘的乐趣。那时，我们做饭取暖还是烧木头来生火。我的其中一个任务，就是开着拖拉机和拖车，跟在一群伐木工人后面，等他们伐木装车，再拉回去。以前，我总是偷偷地把一本书塞进我的衬衫里面，这样就可以戴着大帽子坐在拖拉机上，甚至在大白天的时候看我的书。父亲从没抓到过我偷闲看书，因为我总能提前听见他开车过来的声音。

小时候，我比较喜欢一个人待着，一有空就看书。自从我能认识足够多的字后，我便开始沉浸在书的世界里。《比格斯》和《淘气小威廉》是我的启蒙书籍，因为书里有霍雷肖·霍恩布洛尔的离奇传说和他的公海冒险故事。很快，我就沉浸在福里斯特的小说世界里。后来，我母亲和布拉瓦约的一位公共图书馆管理员成了朋友。布拉瓦约位于罗德西亚北部，也就是现在的津巴布韦，距离我家以南大约 800 英里远的地方。每个月，一系列的新冒险书籍就会搭乘着货运火车抵达我们这里。从那时起，我的口袋里总有一本翻旧了的小说。我可以一头扎进书里，探寻扣人心弦的、关于死亡和危险的故事，以及我们脚踏的这片土地上发生的英雄主义故事和野蛮行径。我喜欢非洲的传奇故事。

16 岁时，我被送进了一所糟糕的寄宿学校。但当我考上大学后，这段经历成为一个特别的存在。18岁时，南非东开普省的格雷厄姆斯敦罗德斯大学为我打开了神圣的大门。突然间，女孩们不再穿着运动服整齐地排成鳄鱼的队形去教堂了。直到那一刻，我才意识到她们是多么柔和、温暖、甜美。

我记得我买过一辆二手敞篷车，很受女同学的欢迎。我的宿舍在创始人宿舍区马修斯大楼那边，不过，我很快就找到了通往女生宿舍奥里尔大楼的路，那是以牛津大学奥里尔学院命名的。我当时喜欢上一个大二的女生，尽管她的男朋友是一个在伊丽莎白港工作的律师，但她还是喜欢上了我。一个大一的新生总是很莽撞，并且非常天真幼稚，总想着去取悦他人，却又十分渴望冒险和新体验。我在一周之内就高兴地发现，亲吻并不是两性关系里唯一让人愉快的事情。

在我的寄宿学校生活中，仅有的好处是，这里有一位对我影响深远的英语老师。他会花时间和我谈那些我读过的书，还引导我如何才能在写作中获得成功。他喜欢古典的写作架构：开头、中间、结尾，在叙述开始时点出主题，并展开叙述，然后在中间部分点题，并在末尾升华，营造紧张气氛；开头要娓娓道来，留下疑点吸引读者；人物发展要自然，角色刻画要饱满，故事情节要有悬念——这就是那位老师教给我的写作模式。当然，这些定式要和自己的写作直觉结合在一起，才能创作出有灵气和个人特色的作品。写作天才与普通人的不同往往就在于此。

我很幸运有一对优秀的父母。我父亲是一个实干家，母亲是一个艺术家，她温文儒雅，喜欢阅读和绘画，我至今仍收藏着许多她的画。父亲教会了我如何在外生存，而母亲则培养了我的音乐素养和阅读习惯——在我有能力自己阅读之前，她每天晚上都读书给我听。但父亲认为，看太多书并没有太大的益处。他只读非文学类作品，这些书大多是关于如何修理牧场物品的手册。

1962年，我29岁，坐在所住的单身公寓的卧室里，盯着收到的第20封退稿信，被退的稿是我一直引以为傲的作品《上帝先使人疯狂》。

我手里紧紧攥着那封信,准备告诉我的经纪人,让他不要再四处投稿了。我脑海里出现了一个糟糕的想法:"父亲大概是对的,书籍就是一种浪费时间的东西。"然而几年后,我重拾对写作的热爱,而且再没后悔过。

对第一次看到有人读我的第一部小说《当狮子进食时》的场景,我牢记于心。那是在 1964 年,我刚结束了一场令人沮丧的伦敦之旅,正在希思罗机场的候机室里等待。我当时悲观地意识到,即使我的第一本小说已经出版,但成功的红毯也可能不是为我而铺的。就在那时,我看到一位很有魅力的女士在看我的书。我非常激动,走过去对她说:"不好意思,打扰一下,你正在看的是我写的书。"她看了看我,放下书说:"对不起,刚才有人把它落在这儿了。"

我希望 16 岁的自己能看着现在的我,并从他自己身上发现那些能让我们的梦想成真的品质。我以自己的主张和方式创作小说,从不随波逐流,我想年轻时的我看到这些会很开心。我想他会看着我说:"你这幸运的家伙,给我留点运气吧!"

我会告诉年轻时的自己:"要想清楚你到底希望得到什么,如果你没有力量去斩断成功路上的荆棘,那就去为别人做事吧。"因为,批评和自我怀疑会一步步地将你吞噬。我也犯过很多错误,可这就是学习的唯一方法。你会一次次失败,但记住下次要输得漂亮。向前看,别停下脚步,从失败里学习经验。

如果时光可以倒流,我想再看看我的父母坐在家里阳台上的模样,他们一边喝茶,一边谈论那天在牧场发生的事。

如果问我现在最快乐的时刻是什么?答案很简单,就是在我妻子尼索身边醒来的早晨,而那一天正好是我开始写下一部小说的第一天。这就是纯粹的幸福。

David Cameron

戴维·卡梅伦

英国前首相

受访时间：2011 年 7 月 25 日

　　我想告诉 16 岁时的自己，尝试过失败总比完全不敢尝试要好，这会让你变得更坚强。对于很多年轻人来说，"不应该去尝试某件事，因为可能不会成功"的想法具有相当的迷惑性，我也不例外。在学校里，有些科目和运动我并未努力去做，只是敷衍了事，随波逐流，而非全力以赴。

　　我一直把自己的家庭环境视为理所当然，如果我能回到过去，我会告诉自己："你不知道自己有多幸运。"有关我的个人背景已有很多报道，但我成长过程中最大的幸运不是财富，而是温暖。全家人相处融洽，彼此陪伴，相亲相爱，互相帮助。我想，我们那时没有意识到这是一件多美好的事。我知道，我常常因为谈论家庭对社会的重要性而受到批评，但我讲的只是我的所见所闻和亲身经历。当你有一个强大的家庭做后盾，你将更容易应付生活中的困难。

　　我曾活在哥哥的阴影下。他比我大 3 岁，我们上过同一所学校，他是运动场上的巨星，几乎总是学校戏剧的主角。有这样的榜样很好，我为他感到无比自豪，但像许多弟弟一样，我总是发现自己落后了几步。如果我能给年轻时的自己一些建议，我会说："别担心，你的人生不是注定的，你会找到自己的路。"直到我离开学校，我才觉得摆脱了哥哥的阴影，开始做自己的事情。

我的父亲有种惊人的能力，总是能看到生活中阳光的一面。他是残疾人，腿有点跛，脚趾不全且无脚跟，但他仍旧和我们一起做每一件事，一起打网球、游泳和度假，而且总是最风趣的那一个。因为从小在他身边长大，我或许一直未曾意识到他是个多么了不起的人。如果我再回到16岁，我会告诉父亲，他的乐观精神深深感染了我。父亲总是告诉我："不管事情有多糟，只要有良好的心态，就都能克服。"对于未来的政治家来说，这是个最好的建议。一个政治家的一天，大概率是这样的情形：早晨，被广播中对自己的批评吵醒；吃早餐时，读到坏新闻；然后，在下议院被人冷嘲热讽。但在整个过程中，你必须专注大局，做正确的事情，保持乐观。

我的苏联之行对我的政治世界观产生了令人难以置信的影响。年轻时，我不太关心政治，更不用说有当首相的雄心壮志了——我并非那种很清楚自己该做什么、随便拿张纸就能规划自己职业生涯的人。当我毕业离校，去欧洲以东的亚洲国家旅行，对我的思想产生了巨大的影响。我开始有了一种判断是非的意识，尤其是自由的重要性，以及国家是为人民服务而非人民主人的政治意识。

Ozzy Osbourne

奥兹·奥斯朋

音乐家

受访时间：2014 年 10 月 27 日

我是一个叛逆的孩子，不喜欢承诺，没办法完成一份工作，还因为没能力赚钱而时常被母亲怒骂。的确，当时的我有点像个流浪汉。离家之后，我真的没有栖身之所，常常凑合着在别人家的沙发上过夜。我像一个在工人阶级的生活环境里活着的交际花。

我有严重的阅读障碍症，但当时人们不知道什么是阅读障碍症。我去了伯明翰的一所现代中学，那里一个班有 49 个孩子，全是男生，常常瞎胡闹，在厕所后面抽烟。如果你想学点东西的话，这显然不是一个好地方。我曾经像个疯子，取悦那些高大强壮的同学，让他们开怀大笑。

我想要找到自己的长处，我尝试过入室偷窃，但我并不擅长，既没干过什么重大的偷窃案，还在三周内就被抓了。用父亲的话说"这种行为简直愚蠢至极"，我也确实觉得这很愚蠢。后来，因为交不起罚款，我被关了几个星期。那是一个简单而深刻的教训，当然我的盗窃生涯也由此终止。

最近有人问我，在我曾收到的所有礼物中，最好的是什么。我突然醒悟，如果父亲在我 18 岁时没有给我买一支麦克风，那么我就不会有现在的成就。当时，父亲看到我对流行音乐兴趣浓厚，就买了支麦克风给我。那之后不久，我遇到了后来组成"黑色安息日"乐队的同伴。事实上，我能加入乐队是因为我有自己的麦克风和扩音器，如果没有这些设备，就没有加入其中的可能。

开始时，我们乐队只有我和吉泽[1]。我们在伯明翰的一家音乐商店刊登了一则广告，之后托尼和比尔就来了[2]。他们俩刚刚因为在卡莱尔吸毒而被开除，也因此从乐队神坛跌落，乐队从此分崩离析。在那时，缉毒是全国的重大新闻。托尼一看见我，就拉下脸，因为他不喜欢我。他说："哦，不！"但我们还是开始硬凑在一起。托尼在坎伯兰郡很有名气，事实也确实如此，所以，我们在坎伯兰郡和位于苏格兰边界的因弗内斯都举行过演唱会。

十几岁的时候，永远难以相信自己能拥有现在的生活。那个孩子是如何从伯明翰的阿斯顿移居到比弗利山庄的？我理解不了。但我永远不会忘记，有一个圣诞夜，父亲对我说，可以熬夜吃东西，并且可以见到世界上最美丽的女人。他打开电视，我看到伊丽莎白·泰勒在朗诵诗歌。几年后，我被邀请出席一个慈善活动，坐在我旁边的就是伊丽莎白·泰勒。我当时想："要是父亲能看到现在的我就好了。"这太神奇了。

最让年轻的我诧异的，可能是我竟然可以活这么长时间。我不是个崇尚暴力的人，但我这辈子做了很多愚蠢之事。甚至，在我拿到麦克风之前，我有几千次差点害死自己。在20世纪70年代和80年代，我有过一段与毒品和酒精为伴的疯狂时期。在大约20年的时间里，我酗酒、吸毒，过着那种糜烂的生活。直到这些对刺激我的神经已毫无效果，才不得不寻求帮助。现在，我不喝酒，不抽烟，也不吸毒，但我现在是靠着借来的时间过日子。

回头想想，觉得自己很幸运。我能够活到65岁，而且一生过得精彩无比。现在，我也还是会做些傻事，但不会再在喝醉之后开车。我过去

---

[1] 吉泽·巴特勒，黑色安息日乐队贝斯手。
[2] 吉他手托尼·伊奥米和鼓手比尔·沃德。

常对莎伦说："我不会那样做了。"然后喝了几杯酒，第二天早上醒来，她会说："你为什么又开始喝酒了？"最近我头脑清醒，但大约 10 年前，我从四轮摩托车上摔下来过。当时的车速大约只有每小时 4 英里，但我摔断了脖子。这是个典型的例子。可能有一天我会出去散步，一只奇异鸟在我肩膀上撒上一种罕见的病毒，然后我就此离开人世。

  我不会给任何人任何建议，尤其是年轻时的自己。如果让我帮你解决一些我确实知道的问题，我可能会给你一个建议，但说实话，建议不多。我想我会说："如果想尝试什么，就勇敢去做，但记住，每个行动都会有后果。"这就像赌博。对于赌博成瘾我难以理解，因为它对我毫无作用。我曾去过拉斯维加斯赌博，也曾玩过几次老虎机，但都没有很刺激的感觉。酒后以每小时 90 英里的速度行驶——做这样的事极度愚蠢，尽管我自己曾做过成千上万次。

  我会为自己所做的事感到羞愧吗？当然，每天都有。上次醉酒回来时，损失了一辆法拉利。我很幸运生活中有莎伦陪伴，因为她总是提醒我规范自己的行为，虽然有时我很讨厌她的说教。我想："她为什么这样鄙视我？我现在很好啊。"然而，有时我真的一点也不好，折磨着每个人——我简直就是个疯子。

  如果可以重回生命中的某一天，那应该是我和莎伦举行婚礼的那一天。那天，我一直无精打采，也没有去卧室套间。后来，我被他们发现脸朝下趴在旅馆的走廊里，不省人事。我想回到那一天，用与我的妻子同床共眠的方式来结束这一天。

Harriet Harman

哈里特·哈曼

政治家

受访时间：2017 年 2 月 6 日

    我在青少年时期，情绪激昂，也就是人们所说的"愤怒的青年"——我是个愤怒的女青年。我看着母亲每天为父亲准备早餐，接着是晚餐，尽管她取得了律师执业资格，却也没能成为一名执业律师，因为她必须先当好一个家庭主妇。我想："不，那不会是我的未来。"我不想接受这样的世界，不接受只以女人看起来好不好为价值衡量的观念。

    我的母亲从未对我们说过"我希望你们可以拥有我没有的机会"，因为那听起来像是在抱怨，抱怨她不接受她现在的角色，她只能继续这样的生活。但是，她和父亲都非常希望我们能接受良好的教育，这样我们便可以独立自主、自力更生，并且有自己的主见。于是，我和我的 3 个姐妹都长成了叛逆的青少年。

    年轻时的我动力十足，但并不是全情投入到政治事务中。我不仅热爱"杰克逊五人组"合唱团，还喜欢玛莉·奎恩特的迷你裙，喜欢贴在眼睑上的、巨大的黑色塑料睫毛。我竟然没弄瞎自己，还剩下了一根睫毛，这真是奇迹！但每当回首往事，我发现自己被这种强烈的态度所吞噬，而我的姐妹们也都如此。我们真不愧是亲生的姐妹！有整整一代的女性会突然告诉你："是的，我们知道之前一直就是这样，但以后不会这样了。"

    我觉得，16 岁的我可能很烦人。那时的我喜欢和别人对着干，也不怎么听话。"刁蛮"这个词大概很适合用来形容当时的我。回顾过去，我确实对母亲感到有些愧疚，因为她不得不应付这样调皮的一个我。尽管她优雅地容忍了我的行为，但我认为，对她来说确实是一场噩梦。我不想回到那个动荡的年代，因为要面对很多问题。我对16岁没有任何怀旧之情——我更希望等我66岁时，能对自己和自己做过的事有更清楚的认知。

如果能遇到年轻时的自己，我会告诉她，不要因为"母亲"和"试图让工党进入政府的工党政治家"这两个有冲突的身份而感到内疚。这种痛苦源自我担心自己在这两方面都做得不够好，我感到自己被夹在这两者之间难以抉择。我当时非常痛苦，但是现在，我认为，其实本来就没有完美的解决办法，却有很多出错的可能，所以，我只能继续好好干下去。在我完美的想象中，我希望在我最小的孩子5岁之前完全放弃工作，在他13岁之前只做兼职工作，然后，在没有任何影响的情况下重返政治舞台。但那是不可能的。

我非常注重要做一些事情，以维护我脆弱的、常常不存在的母性自尊。每逢星期五，我总是去学校把孩子接回来——我想到操场上去，和其他孩子的母亲聊聊，了解一下学校里发生的事情。我既不穿高跟鞋，不带公文包，也不穿正装——我通常会穿一身运动套装，拎着一个塑料袋去那里。然后，我和孩子一起回家，买一份外卖。每周星期五都让我感到，至少一周中有一天，我是一个称职的母亲。

16岁的我会对自己日后成为国会议员感到震惊，更不用说成为内阁成员了。那个时候的内阁里，尽是些自命不凡的人，还有撒切尔夫人！一想到自己将来有可能会在这样的政府工作，年轻时的我就会说："别做梦了，这不可能发生。"不过，我会提醒那时的自己，改变需要一段很长的时间。此前，男性以妻子不忠惹怒了自己为由将其杀害后，并不会被判谋杀罪，在20世纪80年代早期，我们曾对此作出抗议，直到2009年，那项法律才被废除。我会告诉年轻时的自己："你必须经过长时间的坚持不懈，才能做到你想达成的一切。尽管辛苦，却终将值得。"

当我进入下议院时，那里几乎没有女性，为数不多的几位都有着一种撒切尔夫人式的威严感。但，我可不会穿那种乡绅服装或者带蝴蝶结的丝绸衬衣！我当时32岁，想给人留下时尚女性的印象，但是穿着花连衣裙出现在下议院，会让我看起来更加不合群，甚至很可笑。国会议员给人的印象是54岁左右的男性，而我是一名怀孕的32岁女性。我想穿那种既不会招致批评，又能给选民信心的衣服，让他们相信我会为他们的案子辩护。我必须看起来像个专业人士——这就是我穿上时髦的正装、高跟鞋和垫肩的原因。

我清楚地记得自己的第一次演讲。我当时非常焦虑，并且即将临盆，穿着一条红丝绒的孕妇裙。尽管我很惶恐，但我很清楚自己想说什么，并且觉得我要说的话至关重要。如果被大家发现我紧张到膝盖发抖，这对我所代表的女性们并无好处。她们在街上遇到我，还会主动向我走来，跟我说"继续战斗"。我不能让她们失望，我要证明女性也可以像男性一样在下议院发言。那种想法让我感觉自己变得更坚强。

我对于工党中"从未有过女性担任首相或副首相"这件事，感到非常失望。保守党已经诞生过两位女首相，而我们自诩是一个追求平等的政党，但却连一位女首相都没有出过，这对我们党内的女性来说是一件痛苦的事。不过，能看到女性掌权固然重要，但相比之下，维护妇女的权益更加重要。保守党在女性被裁员这件事上的举措，严重损害了女性工作者和母亲们的权利。

我遇到过的许多女性，无论是普通议员还是国会议员，都会告诉我，说我激励了她们敢于做自己想做的事。但我并不希望她们步我的后尘——我希望她们可以做得比我更好。如今，旧的问题尚未解决，新的问题又接踵而至。对我来说，能够成为不断奋进、蓬勃发展的女权运动的一员，实属一大幸事；能够与信念坚定、充满魄力的大家一起并肩作战，我感到无比荣幸。我看到女性掀起的新浪潮，看到大家齐心协力为相同的目标奋斗，我也十分支持她们。

Eddie Izzard

艾迪·伊扎德

喜剧演员

受访时间：2017 年 7 月 31 日

16 岁时，我和自己达成了一个明确的约定：好好去演戏。7 岁时我就下定决心，但在 16 岁时才重新确认了这个决定，就如人们重申他们的婚姻誓言一样。那时候曾有过要去读大学的压力——因为我通过了普通教育证书 12 门的考试科目，所以，大人们不停地问我想做什么。我脑海中的唯一的答案是成为一名演员，我在学校戏剧表演中扮演过一个不错的角色，取得了一些进展。这部剧的主要角色是公爵，我扮演他的仆人，手上戴着手铐，头上戴着一个带有面罩的巨大头盔，这个面罩可以像变魔术一样上下移动。于是，我和扮演公爵的同学坐在酒吧里，试着在面罩不断上上下下时喝到啤酒。老师说："这不是莎士比亚剧本中有的剧情，对吗？"但这个动作反响巨大，引得观众爆笑，效果很好。那也是我第一次体验喜剧。

我的母亲在我 6 岁时去世了，7 岁时，我在克里斯托弗·弗莱的戏剧中第一次扮演角色。我想，回过头来看，我开始表演，是为了得到观众的喜爱，这似乎是在做某种交换。母亲的业余喜好是戏剧，父亲很有幽默感，所以，我可能正好继承了父母的优点。我不想去思考，如果我的母亲还活着，我是否会成为完全不同的我。因为对于我而言，将在脑海里花很长时间和她一起经历不同的场景，这是件痛苦的事。

我对我的童年有一些非常生动的记忆,我想那是出于母亲去世的缘故——在母亲去世之后的几年里,我沉浸在这些记忆当中。我从未与我的兄弟谈及此事,但我回忆着过去美好的时光——"然后我们从学校回到家,母亲在那里……然后那个圣诞节我们写了那些信,母亲把信放进烟囱里……然后我们去了瑞典度假……"我只是不停地刷新这些记忆,把它们锁定在脑海,让它们跟我在一起。很多人告诉我,他们对 6 岁前的事情没有任何记忆,但我有,我把它们描绘得非常明亮。

我开始在化学课上练习喜剧。化学老师说话慢条斯理,所以,我开始替他补充没说完的句子:

"我们有钠和氯化物,把两种物质放在……"

"一个袋子里?"

"不,不是一个袋子里,我们把它们放在……"

"你的帽子里?"

"不是帽子——闭嘴!"

全班都笑了。

直到最近,我才发现我的弟弟也曾对同一个老师做了与我相同的事。显而易见,我不是一个偶像剧主角,但在喜剧方面,我比很多人都强。

尽管我是变性人,但我偏女同。所以,当女孩们在 3 年后重返校园时,我兴奋不已,但很遗憾,我没能给她们留下深刻印象。"喂,我并非她们中的一员,除了偶尔演戏,也没太多表现——你想和我约会吗?"我曾经尝试什么作业都不做,让自己看起来像个很酷的叛逆者。不过,这也没有打动她们,因为她们都在努力学习。我的外表平平无奇,不会穿着打扮,脸上长有青春痘,开始用电吹风和眉笔,这些东西可以让毛发不往同一个方向倒。

我 16 岁时,是一个没有什么情绪可言的人。我能正常生活,能到处玩耍,也能通过一些考试。但是,在有人被欺负的时候,我从来没有足够的勇气挺身而出。我会站在一旁,希望别人能来阻止这种行为。然后,我会倍感羞愧。假如有人欺负我，我也不会哭——只是觉得无所谓。

我很想告诉十几岁的自己，他以后不仅会表演，还会用多种语言表演。他那会儿想参军，所以我不得不告诉他："你不会去参军，但会参加比别人更多的马拉松赛事，数都数不过来。你很清楚自己与众不同，但你不仅能将这公之于众，你还能竞选议员。大多数人都能接受你的身份，在进行竞选巡回演说时，大部分人并不会问你为什么涂口红或穿裙子，他们只会问有关学校和医院的问题。不是每个人都这样——只是有些人心中充满仇恨——但其他人会让他们闭嘴。"我将参加在2020年后的第一次大选。

我认为在职业生涯的转折点，总会有些标志性事件。我的哥哥对我总是知无不言，他曾来看过我在大学的表演，但他不太满意。后来有一天，他到海布里的城镇乡村俱乐部来看我，他惊叹："哇，你现在真的很成功。"另一件事大约发生在1988年，那时我刚开始单飞，在街头表演。我会去爱丁堡，在土墩附近工作。有一天，当我正在搭建演出小舞台时，一个男人走过来说了声"哎呀"，然后就跑掉了。之后他带着全家返回，全都坐下来看我表演。这个男人显然是在说："这个表演不错。"我突然意识到我是有表演天赋的，需要的只是把这些在舞台上演绎出来。1991年，我获得了佩里尔奖的提名。

在脱口秀中，我不认为我在扮演什么角色——这其实就是明亮面的我。这种举动很冒险，因为在过去，人们将这样的人称为异装癖者，而我却为自己感到非常自豪。我在20世纪80年代说我是"TV"时，不得不向观众解释，这个意思不是说我是"电视"①。我收回了"异装癖"这个词，因为这个词是非常负面的东西。我会谈及"男性时尚"和"女性时尚"，但我不会刻意不上电视。我现在依然不参加小品秀、情景喜剧或电视讨论节目，我只做专访，我不想被放在一个小盒子里。

---

① 译注：在英文中，电视"Television"和异装癖"Transvestite"都可缩写为TV。

如果我能回到生命中的任何时刻，那一定是我们住在北爱尔兰的班戈的时光，或者用我以前的说法，这个地方是仙境。在"麻烦"出现之前，母亲还活着，我还在百利郝蜜小学和我的小团体在一起玩。我会吃一顿含糖的早餐，然后母亲把书包给我，跟我们一起步行去学校。我会画一幅画，然后在操场上玩耍，喝一罐纸盒装的免费牛奶，后来这种牛奶被撒切尔夫人取缔了——真是一个可怕的人。那时的日子越来越好，我们认为美好生活将不会改变。

第九章

命 运

要么因痛苦而沉沦,要么化悲痛为力量。

—— 保罗·麦卡特尼爵士

Jon Ronson

乔恩·容森

作家

受访时间：2011年6月6日

　　我16岁时住在加的夫郊区，过着痛苦的生活，经历人生的艰难时期。我并不引人注目，也不受大家欢迎，因为我身材过度肥胖，又不喜欢上学——尽管我表现不错，但算不上优秀。这对我来说，可能是人生中最糟糕的时期。事实上，我只是一个在加的夫街道上到处闲逛的家伙。我记得我有一个奇怪的朋友，他是我以前在学校里一个同学，他后来的生活并不如意，他认为这都要归咎于他在学校里太受欢迎。他花了数年时间，才从"加的夫高中一哥"的身份阴影中走出来。假如时光可以倒流，我会告诉年轻时的自己："所有的不幸，其实不一定都不好。"

　　加的夫有一家名叫"篇章"的电影院，专门放映独立电影。我记得我在那里连续看完了《变色龙》和《喜剧之王》两部电影。上个星期我遇到了《金发女郎》电影里的主演黛比·哈利和克里斯·斯坦恩，我告诉他们，在我十几岁时纽约的电影明星曾带给我很多希望——比如布兰迪、卢·里德、伍迪·艾伦和马丁·斯科塞斯。大约在同一时期，我认识了库尔特·冯内古特，阅读了杂志《私家侦探》《休闲时光》和《卫报》。

　　我的母亲强迫我去当地电台做志愿者。一开始，在我看来这都是些很无聊的社区工作，就是去帮助那些与当地委员会闹矛盾的人。但在那里，有几个与众不同的流行音乐主播邀请我参加广播节目。于是，我开始有了用武之地。我猜想，他们一定是发现了我的某种潜质。

16 岁时，我独自参加了爱丁堡艺术节。我经常跟在喜剧演员马克·托马斯和乔·布兰德身后，就像一个卑微的追星族。我记得马克狠狠地训斥了我一顿，对我说："看看你，你只是在旁观。你打算什么时候自己动手啊？"那时，我只觉得他是在羞辱我。但实际上，他给我提出了非常好的建议——虽然 5 年后我才接受他的建议。那段经历对我来说真的非常重要，因为我从加的夫悲苦的环境中挣脱了出来，真正投入新的生活。

16 岁的我不会选择写作作为我的职业，过去的我一直认为写作既孤独又无聊。在接下来的 5 年里，我做了想做的事情，然而完全没有达到预期目标。18 岁时，我去了伦敦，住在一个简陋的地方。我及时行乐，逐渐摆脱加的夫带给我的阴影。从我的母亲送我下车的那一刻起，我的生活就变得精彩起来：我瘦身成功，和女孩约会。我变得自信了，还很受人们欢迎。我实现了自己的梦想。

如果我现在遇到年轻时的自己，我想我不会喜欢他。因为那时的我不太讨人喜欢，难看且笨拙。我最近遇到了来自詹姆斯乐队的蒂姆·布斯——实际上我们在我十几岁的时候就已认识。他说："你那时候活得很别扭。"的确，如果那个时候有人愿意接纳我，那他真是一个好心人——因为我那时实在太不讨喜。

但年轻的乔恩会对我取得的成就感到惊讶。他是个有点肤浅的傻子，所以当他听说乔治·克鲁尼把我的一本书拍摄成了电影时，会更加震惊。假如他知道有一天自己会见到黛比·哈利，他一定会欣喜若狂。上周，我参加《每日秀》节目时，我还在想，如果做白日梦的 16 岁的乔恩能看到现在的我……如果时光倒流，我很想告诉他：不合群、被人欺负、被人排挤或者用另一种方式看待世界，这些对他开始自己的职业生涯大有裨益。

我刚当父亲时,他们把孩子抱给我,我惊慌地问:"我现在该怎么办?"然而,到我的孩子乔尔三四岁时,我就已经能做得更好了。但是在照顾孩子这件事上,我的妻子才是权威。我的儿子是个有趣又奇特的孩子,我记得我曾经很自豪地告诉别人,他很小的时候就会讽刺人,他们都用一副"那可不一定很好"的样子看着我。

16 岁时,我在这个世界上最喜爱的人就是克莱尔·格罗根。我想要告诉年轻的乔恩,总有一天他会遇到她,而她会喜欢他,甚至会亲吻他的脸颊。因为很显然,20 年来他最爱的人就是她。

Lynda La Plante

琳达·拉·普兰特

作家、演员

受访时间：2009 年 2 月 9 日

16 岁时，我刚离开利物浦，进入英国皇家戏剧艺术学院学习。当时，我并不清楚自己的兴趣。我只去过一次剧院，从未读过萧伯纳或易卜生的剧作。是学校的戏剧老师向我推荐了皇家戏剧艺术学院，但我真的没有强烈的表演欲望。而且，进入皇家戏剧艺术学院后，我对这所世界一流的戏剧学校的幻想消失了，因为我发现那里压力很大。我当时太年轻——只有 16 岁。为了能入学，我谎称自己 18 岁。学院有很多 30 岁或 40 来岁的成熟学生，我感觉压力太大，难以适应。

我不知道自己对皇家戏剧艺术学院的期望是什么。我 6 岁就开始学芭蕾舞，所以当这里的老师试着教我动作——"一二三，屈膝"时——我想："唉，这太无聊了。"我从小就接受过不少演讲和口才的训练课程，这对我来说也不新鲜。我发现老师们从不给我鼓励，我曾无意间听见一位老师对另一位老师说："我们得找个其貌不扬的姑娘来演女仆。"而另一位老师应道："可以找琳达。"因此，我在那里经历了相当长的迷茫期，那是一段难过的时期。

我会安慰年轻时的自己，尽管皇家戏剧艺术学院可能不适合我，但那时的经历也许会成为我写作成功的部分原因。作为一名训练有素的演员，你一定要有信心与任何人交谈，并能适当展开研究，例如去监狱，与罪犯攀谈。成为作家后，无论多么出名，你仍然需要为了版税而去卖力宣传，这时表演就有了用武之地！

我想，16岁的我还不够成熟——当时的我十分天真，不谙世故，毫无生活经验。我花了很长时间才找到当演员的感觉，我没有引路人或是导师，不认识经纪人，不知道如何着装和化妆。我投入了很多时间找到自己，发挥最佳状态。我一度出演滑稽剧，直到有人提醒我，尽管我时机很好，但假如我想扮演海达·加布勒[①]，最好放弃滑稽剧。所以，我选择了放弃，成了保留剧目中的女主角，扮演过奥菲莉亚和苔丝狄蒙娜，也如愿扮演了海达·加布勒。

我很早就离开了皇家戏剧艺术学院，但直到快30岁才开始写作。此前我一直是演员，也演过不错的角色。但在这一行总有那么一天，如果你还未出名，也不再是20岁出头，你就会知道这将是一段很艰难的生活。我与吉尔·加斯科因合作拍摄《温柔的触摸》时，剧本实在太糟糕，所以我问能不能试着改下剧本。我的想法被拒绝了，但有人在我的手稿上写下"这太棒了"的评价，这份手稿成为1983年问世的《寡妇特工》。

我并没有强烈的写作愿望，但开始写作后，我发现这很容易。我有阅读障碍，但打字机帮我解决了这个问题。一旦开始，我就从未停止。我仍然在想，如果我早点开始写作，并且没有陷入某一种类型，那会怎样。假如我现在要写一部古装剧，估计无人会接受。我非常想写更多不同体裁的作品，但我必须谋生。人们只想看我写的犯罪故事，除此之外别无其他。

我在创作《寡妇特工》期间，遇到一位很棒的老师——罗西·兰伯特，她是泰晤士电视台的制片人，也是一位优秀的编辑，教会我编辑的方法。甚至到现在，当我鼓励我的制片公司里那些年轻作家时，发现自

---

① 译注：易卜生剧作《海达·加布勒》的女主人公。

己用的竟然是她曾教授给我的知识,都是一些简单的技巧。例如,指出男主角到第 48 页才出现。罗西的另一个过人之处,是她鼓励我让笔下的女性们逃脱惩罚,她一直希望女性成为赢家。

我从未错过表演机会,只是生错了时代。的确,我是一个莉莉·兰特里[①]式的人,喜欢音乐剧。我完全有可能在 19 世纪 80 年代成为一位大明星,但我并不苗条,也不漂亮,只有一头细长的头发。在我离开皇家戏剧艺术学院时,有位老师告诉我,我要到 45 岁左右才能成为一名真正的演员。对一个年轻姑娘讲这样的话,听起来真是令人沮丧。

我一直认为,我本可以写出更好的作品。也许写作是孤独的,但一旦你完成了一个剧本,就会有很多人争相来要。我享受写作的过程,也十分有幸并未遭受过多的拒绝,这激励着我继续写作。记得当我们凭借《头号嫌疑犯》获得艾美奖时,我不相信这是真的。格拉纳达电视台取消了我的奖项,说它并非真正属于我。就在那时,我意识到我必须制作属于自己的节目。我确实这样做了。如今,我荣获了大英帝国司令勋章,这使我非常自豪。

---

① 译注:英国维多利亚时代的社交名媛。

Sir Mo Farah

莫·法拉赫爵士

长跑运动员

受访时间：2016 年 12 月 5 日

　　16 岁的我心思涣散，生活悠闲自在，去上学，和朋友见面。我没有把跑步当一回事，对年轻人来说，专心练习跑步可不简单——因为有很多让人分心的事。我不是在抱怨什么，只是在想，如果那时我多听教练的话，也许我会更成功，我本可以赢得更多的奖牌。

　　我的双胞胎兄弟哈桑比我先出生，他以前经常揍我。他很健谈，比我更受欢迎，也比我更聪明。我没有通过的所有考试，他都能一次性通过。可惜的是，由于他身患重病，我们搬到伦敦时不得不把他留下。那时我才 8 岁，这一次的分离长达 12 年。我还记得刚到伦敦时，我总是想着明天他就会来，然后日复一日地盼望着他的到来。一想到我们一家人重聚，我就很兴奋，但我的脑海里总有一个声音在说："这也许永远不会发生了。"我试图阻止脑海里的这种疑虑，但是年复一年，他始终都没有出现。当我们终于在索马里再次见面时，一切似乎都没有什么变化。看着他就好像看着我自己……他比我还消瘦——这不可能！我跟他说："我常常跑步，而你却没有，为什么你比我还瘦？"

　　搬到伦敦是一件令人激动的事，我觉得伦敦是一座美丽的城市。我记得，当我走进机场时，大门打开后映入眼帘的是自动扶梯——这让我十分着迷。那是一个全新的世界，就像去迪士尼乐园一样。我的家人生活在伦敦,所以这里就是我的家。在索马里的日子则不同,我们从未有过父亲的陪伴。这也是我们来到伦敦的主要原因——为了能一家团聚。

　　初到伦敦时,日子颇有些难以适应,但8岁的孩子总会找到办法,结交新朋友就是其中一种。他们总是愿意接纳我,我想也许是因为我从未将自己看作与众不同的人吧。我既有白人朋友,也有黑人朋友——我是个很好相处的人。只是有时候,我会选择对某些评论充耳不闻。我擅长跑步,小伙伴们也因此而喜欢我。假如我不喜欢跑步,我就不会像现在这么快交到朋友,认识这么多人,那么快学会英语。

　　我的体育老师带我去参加当地的跑步俱乐部,从那时起我每周去两次。刚开始时,我是米德尔塞克斯队的成员,后来进入了英格兰队。那时的我甚至不知道奥运会是什么。当我加入英格兰队后,我问:"下一个目标是什么?"他们回答道:"英国。"我说:"行,我也想为英国而战。"再后来,我说:"好了,我干得不错,我为英国赢得了冠军,再下一步是什么?""欧洲。"于是,我开始做研究,深入了解我的竞赛对手塞布·科、史蒂夫·奥维特以及克拉米等等。大概是18岁那年,我观看了悉尼奥运会上黑·格布雷希拉西耶与保罗·特盖特的那场对决。就在那时,我对自己说:"我想成为奥运冠军。"

　　我一直都是个快乐的孩子,喜欢笑,喜欢恶作剧,总是带着调皮捣蛋的笑容。如果我惹出了什么麻烦,我常常可以因为这种笑容而不受惩罚,我经常用这招来对付我的母亲。相对于我的父亲,我和母亲的关系更加亲密,我就是个不折不扣的妈宝。但当我踏入社会,真正与人交往时,我是个很不错的小伙子,面对陌生人或是在镜头前,我都会很害羞。其实我没见过多少世面,你知道吗?但现在我环游了世界,认识了很多人,学会了如何与他人相处。我再也不会害羞了。

　　离开12年后,我回到索马里,当我跑过村庄的街道时,人们会说:"天啊,有个疯子在跑步!"因为,没人会在那里跑步。如果你看到有人在跑步,就意味着有人偷了东西,或是有人惹了麻烦在被人追赶。而我现在回去时，人们会将我团团围住，所有的老太太都出来对我说："你很小的时候我就认识你了。"我遇到的每个人几乎都像是我的远房兄弟姊妹。大家都在喊："嘿，表弟，嘿，堂兄。"我很困惑，这是真的吗？我到底有多少远房兄弟姊妹啊？

我不知道我的决心从何而来——也许是天生的。我看着我的双胞胎女儿，她们迥然不同——一个意志坚定，另一个则悠闲自在。性格不是你能强求的，而是与生俱来的。在体育项目中表现出色的每个人，都有独特之处。对我来说，我真的很讨厌失败，所以我会尽我所能地去避免失败。每当我输掉一场比赛，我都会回家认真分析：在哪里犯了错误？是否方方面面都考虑到了，调整好节奏了吗？够努力了吗？

坚定的信念使我走上了正确的道路。如果没有坚定信念，结果则会完全不同。我可能会变得随波逐流，许多事情会无法控制。我从小就有这个想法，我还想将它传递给我的孩子们，让他们去做应该做的事，并且鼓励他们成为优秀的人。

我和肯尼亚的选手们一起参加训练，所以一路上我有机会向他们学习。那时我就意识到，我可以成为世界上最顶尖的选手。我想："我可以打败他们。"他们可能不知道自己的竞争对手是谁，不是吗？否则他们不会让我加入他们的训练中。

2008年北京奥运会的失利，对我来说其实是一件好事。在我们的观念里，我们相信所有发生的坏事都有可能是好事。那次经历就像一桶冷水泼洒在我脸上一样，印象深刻。有一个声音在提醒我："你得去做点什么吧。"我陷入了自我怀疑，并伤心了好几周。我有两个选择：一是"我完了，没办法继续跑下去了"；另一个则是"我不会再让这种事发生，我必须想办法纠正我的错误"。我选择了后者。

我希望我能回到2012年伦敦奥运会，再跑一次5000米。如果那样，我会好好重温那场比赛，并且享受奔跑的每一步。当我绕到跑道边上时，我会暂停一会儿，倾听观众的呐喊声，那简直令人太不可思议了。我可以肯定地说，要不是观众的鼓励，我没法坚持跑到最后。他们使我振作起来，赐予我力量，直到冲过终点线。你是否看过足球赛？尤其是主场最后10分钟的赛况？你会看到观众支持球队的疯狂情景，这就是我参加伦敦奥运会时的亲身感受。

Shania Twain

仙妮亚·唐恩

音乐家

受访时间：2017 年 8 月 21 日

    我十几岁的时候，生活处境很艰难。父母离婚了，我和母亲住在一个受虐妇女收容所。我们在那里待了一年，那是我一生中最困难的时期。在一个动荡的家庭环境里长大，让我产生了很强的自我防卫意识。我总是在等待下一次的争吵或打架，也非常懂得保护母亲——我经常直接参与到那些争吵中。这导致了每当我在学校里，如果感到自己陷入困境被逼得走投无路，我就可能会变得咄咄逼人。

    我非常害羞，不擅长社交，而且严重缺乏安全感——我和其他孩子没有太多共同点，因为我只是一个音乐呆子。我羞于提及自己的成长环境和经历，也为我们总是在艰难度日，挣扎着支付账单而羞愧，因此我很少带朋友回家。从小，音乐就成为我疗伤的避风港。我想这就是我能挺过去的原因。正是因为有了音乐，我才没有沦为一个瘾君子或疯子。

    我从小就是家里的小歌手。从 8 岁开始，我就经常在周末去俱乐部演唱民谣和乡村歌曲，有时甚至持续到上学日的凌晨两三点。我一点也不喜欢待在那些地方，并因此而怯场。有时，排在我前面的是脱衣舞娘的表演，轮到我上台时，每个人都已喝得醉醺醺的。那种环境不适合孩子。我确实喜欢音乐——而且对它充满了热情，但我只想在自己的房间里，独自一人表演，写歌唱给自己听。我喜欢独处和安静，不喜欢在公众场合表演。但母亲一直试着帮助我获得曝光的机会，因为只有这样，我最终才能得以成为一名专业的歌手。

16 岁时，我的身体已经完全发育成熟——非常成熟了。来看我演出的观众也变了，但我能够从容应对，因为那时我已经习惯了表演。我从不下台和观众混在一起，所以在这方面我是很安全的。但对于身体上的变化，我却很难适应。我真是个野丫头、假小子，绝不是家里最漂亮的女儿。我喜爱运动，但突然间，我就不愿再在学校里和男生们跳上跳下打篮球了。与在舞台上相比，男孩们盯着我看的眼神，更让我局促不安，感觉不舒服到难为情。直到进入音乐行业，我才真正感受到曝光带来的性别歧视。

我生命中一个重要的转折点，是在 22 岁那年，父母双双撒手人寰。尽管这听起来很奇怪，但实际上我从中收获了许多。那一年，我获得很多启示。一是意识到，一直以来，我参加的许多演出都是为了我的母亲，而自己其实并不想要表演。但那时，我的朋友们都已在读大学，我意识到自己错过了一些有意义、实实在在的机会，比如接受教育。突然之间，我不仅失去了父母，而且除了音乐事业以外一无所有，取得成功的概率也非常渺茫。因此，我不得不让自己经受考验。当我终于在没有父母压力的情况下，全身心投入音乐事业中时，我意识到这是一个非常积极的改变，它使我度过了人生中最富有成效的 20 年。

一旦我的事业开始腾飞，这个世界就变得更加平易近人。我没有迷失在仅仅作为艺术家这个身份中，而是在不断自我完善。我善于自我激励，并且非常自律。我坚持跑步，经常写作，并阅读了哲学和心理学方面的书。我总是有极强的好奇心，喜欢志同道合的人。与第一任丈夫的相遇，是我人生中的另一个转折点，对我之后 15 年的人生至关重要。我们之间沟通顺畅，感情很好。他非常善于激励，而我则需要激励。我从那段关系中学到了很多。而现在我又结婚了，还是嫁给了一个如此有思想的人。我需要这样的思想激励。

在与穆特·朗首次合作,制作专辑《我身体里的女人》之前,我不相信自己能够成功。起初,我不确定这是否可行,因为这是一次很不寻常的合作。而合作开始后,我就觉得我们的创作还不错。当我们取得真正的成功时,我对未来有了更大的信心。在《天哪!我感觉自己是个女人!》发行之后,这种信心变得更为强烈。当时我唯一的想法是:"哇,这比我想象中的还要棒。"一切进入高速运转,而且我的工作量也超负荷了,所以感觉一切都像疯了一样。

如果我能回到过去,当我的婚姻出现裂痕时,我会让自己放松一些。而事实上,我有一段时间陷入了"黑洞",失去了知觉,有点像父母去世时的感觉。我对自己不能马上从情绪中挣脱出来感到恼怒。我本应该安慰自己:低落一阵子没关系,不必为此道歉。而我当时只想尽快克服这样的情绪。现在看来,那种想法是错误的。不过,我确实克服了。我有一个儿子,他是我坚持下来的动力。喘过气来之后,我又可以创作音乐了。我就是这样摆脱困境的。有些女人去水疗会所是为了享受"个人"时间,为了独处——而对于我来说,把自己锁在房间里写歌就是享受。我在创作时,没有任何限制——可以诅咒,可以发泄,可以完全敞开心扉。因此,在最黑暗的时期,做这件事情非常有益。

40多岁时的我不会担心变老,也不在意容貌变化。而当我到了50岁,自然法则就明显开始发挥作用了。我想,等到你足够成熟,便会接受这是生活中无法控制的事情。我无法控制父母死亡,无法控制婚姻破裂,无法控制患莱姆病和失声,也无法抑制衰老。一旦你到了50多岁,就不得不接受,有些事情是你无法控制的。所以,嘿,是时候扔掉那些旧文胸了,你无论如何不能再穿了。

Lord Jeffrey Archer

杰弗里·阿切尔爵士

作家

受访时间：2013 年 8 月 19 日

16 岁时，我住在英格兰西南部的滨海小镇韦斯顿，在邻近小镇的寄宿学校读书。

总的来说，我对生活很满足。当然，我也要为取得普通教育证书的考试做准备，但我对代表英格兰参加 100 米短跑比赛更感兴趣。这是一个受到男孩青睐的项目——毕竟比起学习，那个年龄段的男孩对体育更有兴趣。我在学校学习不用功，我自己要为此负一半的责任。后来，我才明白什么是真正的努力。

我的父亲在我 11 岁时就去世了，虽然我和母亲因此过着拮据的生活，但我很快乐。我还记得，学校的牧师把我父亲去世的消息告知我，毫无疑问对我来说这犹如晴天霹雳。但我母亲是一个意志坚强的人，她挑起了生活的重担，继续过我们的日子。她不是那种轻言放弃的人，我很钦佩她，她也让我生活得很幸福。我们可能很穷，但未经世事的孩童知道的总是有限，我并不知道她当时挣扎着生活的辛酸。父亲去世后，我和母亲的关系变得很亲密，我的成功和后来选择不同的生活方式，对我们的关系完全没有影响。我一直很佩服她的职业道德和志向，我也一直在想，如果她和我们是一代人，她就会去上大学，拥有完全不一样的人生，很可能还会成为一名记者。多年之后，我终于有能力以自己的方式向她表达我的感激之情,我给她买了一套房子,确保她安享晚年。

曾经的我是一个精力充沛的少年,所以我母亲会叫我"跳豆"。我小时候被人欺负过,在那之后我开始练习体操和跑步——我很认真地对待训练,也许是因为我再也不想被欺负了。我那时还没有聪明到会自我怀疑的地步。我觉得,少年杰弗里的母亲会和我的妻子玛丽一样,对我成为一名作家感到非常惊讶。那时候,我性格外向,想成为一名政治家——我喜欢生活中充满活力的一面,也喜欢实现理想的那种感觉。作家却是一个与之极度相反的职业,他们长时间独自坐在房间里,创作着自己的作品。

我就读于牛津大学时,就萌生了成为政治家的想法。因为我喜欢公共演讲,也喜欢将想法付诸实现,所以,成为政治家是顺理成章的事。至于政党方面,我认为没有人会像我这样,以这种自由进取的态度来成为社会党人。有人称我为左翼保守党人,确实如此,但也许我更像一个天生的独立者。我一生都在为不同的事业奋斗,尽管我所在的政党并不认同我的想法,但我最敬佩的政客是那些保持中立的人。我在下议院里,相对于泰德·希斯而言,我更喜欢哈罗德·威尔逊。

年轻时的我对别人遇到的问题感到不解,多年以后我才意识到,大多数人都要面对棘手的问题。在监狱的生活让我意识到其实我很幸运,也让我看清我有几个真正的朋友。我还意识到,拥有讲故事的天赋是我的幸运,我在监狱里撰写了3本书。年轻时,我认为自己可以永远活着并且改变世界。我可能在政策方面犯了一些错误,但有些事情我做对了。我一生都在为女权而战——为此,我曾祈祷剑桥公爵[①]和公爵夫人能生一个女儿,这样,我们的国家就能有一个自动成为王位第一顺位继承人的女性。我为女权奋斗了这么多年,对我来说,那将是一个具有里程碑意义的时刻。

这可能会使人们感到惊讶,但我并不想回到过去,去改变我生活中的任何事。当你犯了错误时,你尽可以大哭一场来发泄,但不要用你的

---

① 译注:授予英国王室成员的头衔,该头衔可按照长子继承制由后代继承。

余生去回顾过去。你应该站起来,重新振作,坚持下去。没有人不愿意回到过去改变自己的生活,但世上没有后悔药,所以让我们面对现实,活在当下!

我负债的那些日子举步维艰①。我们曾经是一个富裕的中产阶级家庭,我的妻子是牛津大学的教授,我们刚刚有了第二个孩子。然而,我失去了一切,包括我的工作。人生中最糟糕的两件事,就是患病和欠债。但我镇定下来,脚踏实地地工作,努力去还清债务——这花了我7年的时间。若能回到过去,我会告诉年轻时的自己,要向长辈寻求建议。现在,我身边有很多聪明且见多识广的人。如果我遇到问题,我会打电话给这方面的专家,他们会告诉我应该怎么做。不过,我一直相信奋斗的力量。即使在情况最糟糕的时候,我也有信心在3年内走出困境。我人生的重大转机出现在1979年我创作《该隐与亚伯》时,从此,我的生活彻底发生了改变。

当我写完《该隐与亚伯》,出版商们便开始纷纷争着出价,想方设法争取获得这本书的版权。最终,美国人以320万美元的出价买下了它。当时,我仍然负债累累,毫不夸张地说,是《该隐与亚伯》在一夜之间改变了我的生活。哈珀·柯林斯出版社的一位十分聪慧的女士告诉我:"一年后的今天,它会成为全世界最畅销的书。"我对我的妻子说了这件事,随后我们一起坐下来思考,这到底意味着什么?后来,《该隐与亚伯》在英国出版了,短短一周就卖出了100万本。我们面面相觑,我说:"看啊,我们经历过了人生的跌宕起伏。我们要脚踏实地,继续坚持下去。"

对于一个73岁的人来说,我的身体还是相当硬朗的。我会坚持每周去3次健身房,依然能在9分钟内跑完1英里。我想劝告所有的年轻人,不要抽烟,尤其是女性——因为20年后,当皱纹渐渐爬上你的脸庞,你会为此后悔不已。而我,则必须要活到78岁,因为按照合同规定,我还足足有3本书要写完。我不想像狄更斯那样,在书写到一半时不幸离世!

---

① 1974年,作者投资了一个欺诈性质的项目之后破产负债。

Sir Paul McCartney

保罗·麦卡特尼爵士

音乐家、披头士乐队成员、羽翼乐队成员

受访时间：2012 年 2 月 13 日

16 岁时，我正在为勉强完成学业而努力，学习吉他以及找一个女孩约会。不过，和女孩约会这件事，在当时是不可能的，我真的很不自信。这也是男人们会加入某个团体的原因：为了女孩和钱。所有的女孩好像都不在我的圈子里，我也完全不知道该怎么走到一个女孩面前，跟她说："你愿意和我一起去看电影吗？"这太恐怖了。如果是你会怎么做呢？你是先搂着她呢，还是坐在旁边，等她先开口，又或是你先开口？你要不要给她买麦提莎巧克力？我记得，我确实曾和一个女孩一起去看过几次电影。但即便如此，要做到像詹姆斯·邦德那样温文尔雅实属不易。

后来，我意识到可以将 16 岁时的我对女孩的感觉创作成歌曲。所以我这么做了。事实上，我用那段时间的感受写了很多东西，不仅仅是爱情方面。比如，我曾在利物浦居住过，住地附近有几个老太太，我和其中一位老太太成了好朋友。我经常帮她采购物品，然后和她聊聊她的生活。和一个完全不同时代的人交谈，是一件很奇妙的事。不要认为"这只是个老人"，你要能意识到她们也曾经年轻过，要能联想到她们也有过多姿多彩的人生经历。为那位女士采购物品，对我来说是一次愉快而有教育意义的经历。我想，这就是《埃莉诺·里戈比》诞生的源头，这是一首关于孤独的人的歌。

我对日期毫无概念——研究披头士乐队的专家在这方面比我更出色。但我想，其实早在 16 岁时，我就已经遇到约翰和乔治了，乔治过去常与我坐同一趟巴士。我那时已经在创作歌曲了，14 岁时，我就创作了第一首歌。所以，当我遇见约翰时，我告诉他："我创作了几首歌，还有一些零零碎碎的想法。"他说："我也是。"这对我俩合作创作歌曲是好事。我们的想法是："对啊，如果各自都能创作歌曲，也许我俩也可以共同创作。"于是，我们开始合作创作歌曲。合作的第一首歌曲超级简单，但在接下来的几年中，我们逐渐成长。并且，当时我们对所做的事情也没有过多的想法，我们成为一个歌曲创作二人组，也变得很有名气。

父亲对我创作歌曲影响很大，他会在家里弹钢琴，所以我听过很多他弹的曲子。父亲还教我和我哥哥唱和声，这让我喜爱上和声。当我们组成披头士乐队后，也喜欢唱和声。这是一种很好的交流方式，也是人们喜欢合唱团的原因。曾记得，那时只要收音机里播放一点欢快的音乐，父亲就会将头贴着门，用拳头随着音乐的节拍"砰砰"地敲门。这只是他的一个小习惯，但于我而言，看到的恰好是他享受音乐带来的快乐，给我留下非常美好的回忆。父亲曾让我听扬声器里发出的很低的噪音，然后告诉我："这就叫低音。"有趣的是，我成了一名贝斯手。

我 16 岁时，母亲刚离世不久。我认为，像所有的悲剧一样，如果足够幸运，大脑就会找到应对痛苦的方式，从而让你渡过难关。对于一个只有 14 岁的利物浦男孩来说，要么因痛苦而沉沦，要么化悲痛为力量。音乐对治疗悲痛很有效果，通过音乐带来的欢乐替代现实的悲伤。当然，约翰的母亲也是在他年少时就离世了。我们两人因为这一共同之处紧密地联系在了一起。

我想，我是一个十分发愤图强的孩子。我想在学校取得好的成绩，觉得自己已经很努力了，但并非所有老师都认同这点，到最后，我没有做得很好。我绝对是个梦想家,我并不认为这是件坏事。记得当时,我们的音乐课已经名存实亡。虽然上课时有音乐老师,但他仅仅是为我们放一张贝多芬的唱片,然后就离开了教室。我们还只是一群生活在利物浦的十几岁少年,缺乏自律,常常是取下唱片,掏出扑克牌开始玩牌;当老师快要回到教室时,我们又把唱片放回去,吹干净烟灰,坐回到自己座位上。幸运的是,我以另一种不同的方式,发现了自己的音乐才能,然后它成为我的热爱。

如果能回到过去告诉 16 岁的自己,他的生活将会发生什么,他应该不会相信。我以前想过这个问题,每当我在现场演奏《回到苏联》时,经常对观众说:"如果在我还是个孩子时,你告诉我,有一天俄罗斯总统会接见我,并来听我的一场演唱会——嗯,这是不可能的事,对吗?"披头士乐队、羽翼乐队和我现在的乐队都成就非凡,如果重返年轻岁月,会像电影《回到过去》一样。我不得不对年轻时的自己说:"我来自未来,我说的一切都是真实发生的。坚持住,不要绝望——未来所发生的事情你将难以置信。"

我还会告诉十几岁的自己:"面对这个世界别紧张,别慌乱,因为这个世界并不像你想象的那么混乱不堪。"我有一个很好的家庭,所以,毫无疑问,我不能代表所有人。但就 16 岁时的自己来说,我总是在想,"我永远找不到女朋友,也永远找不到工作"。关于这一切,我都很紧张,因为我知道,对"你打算如何度过你的一生"这个问题,自己没有好的答案。

我的孩子们的出生,是我欣喜快乐的时刻。我很幸运,因为我出生在利物浦的一个大家庭,所以经常被要求照看表弟妹或姑妈家的小孩。约翰是独生子,家里就只有他一个孩子。所以,当他有了第一个孩子时,他必须考虑与这个孩子相处的办法——他以前从未有过这样的经验。他就是那种认为"婴儿是玻璃做的",担心"掉下来就摔碎"的父亲。但对我来说,为人父是一件很自然而然的事,这也是上天给予我的莫大恩赐。

我的新专辑①中的一些歌曲,是受到我们曾经的家庭聚会中,一起唱大型歌曲的启发,这是音乐将所有亲情聚在一起的神奇时刻。

年轻的保罗·麦卡特尼会喜欢功成名就——那是他的梦想。但有趣的是,生活传达给你的预感如此微弱,以至于你无法相信这些预感。直到你梦想成真,你才会想:"好奇怪,这是不是之前有预兆?"记得当我和约翰第一次外出游玩,我做了一个梦,梦见自己在花园里用手挖洞,发现了一枚金币;继续挖,又发现了一枚又一枚。第二天,我告诉约翰我做的梦,他说:"这么巧,我也做了个同样的梦。"我想,这就是所谓的梦想成真吧。多年后,我问约翰:"还记得我们曾做过的那个梦吗?"这个梦传达的信息是:"哥们儿,继续挖吧。"

---

① 《爱的标签》(2012年 Hear Music 公司出品)。

Philip Glass

菲利普·格拉斯

作曲家

受访时间：2018年12月9日

  16岁时，我就读于芝加哥大学，开始音乐创作[1]。那是一所非常好的大学，学术氛围浓厚，但当时学校的音乐系并不好。为了进一步提升音乐素养，我会去音乐图书馆，摘抄乐谱，学习想学的知识。那时的芝加哥是一座音乐之都——爵士乐表演非常活跃。我在那里倾听过很多人的音乐，比如比莉·荷莉戴。那里还有一支非常优秀的交响乐团，我可以去听巴托克的新作品。那是个好地方。

  我从小就热爱音乐，家中也总是有音乐。我的父亲在巴尔的摩开了一家小型音像店，在那个年代，没有大型商场之类的地方，父亲的商店非常小，就像一间糖果铺。他会把唱片带回家，让我们听上一阵，然后再带回商店。78转唱片是那时听新音乐的唯一方法——在收音机里听不到这些。我们因此听到了各种各样的音乐——父亲什么都听，从爵士乐到交响乐，再到当代音乐。回家度假期间，我会到店里工作，然后成为唱片的采购员。我不从流派的角度思考音乐，只从好与坏的角度来判断音乐。直到今天，我对音乐仍有超凡的鉴赏力。

  在大学里，我比其他同学小3岁；我才15岁，而他们至少18岁。

---

[1]　由于大学扩招，格拉斯15岁就进入了大学学习。

比我大的同学多少会关照我,他们知道我的家人远在巴尔的摩。我有很多朋友,我总能在图书馆和自助餐厅找到他们——到处都是他们的身影,我在那里度过了一段愉快的时光。我19岁时就完成了所有学业[①],得以去纽约的茱莉亚音乐学院学习音乐。

20多岁时,我去了巴黎[②],学习了巴赫和莫扎特的音乐。他们的作品让音乐飞跃发展,衍生出一种具有力量美感的形式。没有任何流行音乐能超越古典音乐的和声,一首也没有。从巴黎回到纽约时——我大约30岁——我没有教音乐,那时已经开始作曲。如果我必须创作商业音乐,也不会花很多时间。事实上,我给自己设定了两个小时的时间限制,这样我就可以一边为电影、戏剧或歌剧创作音乐,一边创作商业音乐以维持生计[③]。由于受过专业训练,我在音乐语言的运用上得心应手。

年轻时的我应该会料到我现在不常出门,尽管那时的我比现在的我更加外向。但年轻时的我没有参加过很多聚会——我知道,如果在外面待得太晚,第二天早上就无法工作。记得20世纪90年代我刚到伦敦时,货仓音乐比较流行。货仓音乐的场地有个问题,他们凌晨1点才开始工作,而我宁愿那时已进入梦乡。但是我会熬夜去听,因为这是听到那种音乐的唯一方法。那段时间,我收获了很多乐趣,与各种各样的人合作,为 S-Express 乐队等作曲。现在,工作时间对我来说非常重要,我有好几个孩子,我愿意花时间陪伴他们。我需要早睡——午夜左右,然后早上6点起床,工作一整天。很少有人能在白天的房门外碰到我。

对于自己竟能以音乐谋生,每年能在世界各地举办30到40场音乐会,十几岁的菲利普会非常惊讶。我曾有一份全职工作,一直做到了42

---

① 数学和哲学。
② 格拉斯获奖学金,与受人尊敬的作曲家/作曲老师娜迪亚·布朗热一起学习。
③ 包括电视广告和《芝麻街》节目的提示音乐。

岁①。一周的时间里我有 3 天帮人搬家，剩下 4 天待在家中作曲。那时候这样的安排没什么奇怪的，而当我不用再这样做的那一天到来时，我反倒很惊讶。

年轻的菲利普会惊讶于自己认识了拉维·香卡，并与他共事。我曾做过他的助手，他是我崇拜的偶像——他作曲、外出演奏，所有这些都是我想做的事。我和他保持了 40 年的联系，直到他去世前的两三天。如果我必须去洛杉矶，我会早点去他家里吃午饭。他身边总是有年轻人，他是一位天生的老师，从不会停止教学。午饭后，他会说："我们去音乐室吧。"于是，我们纷纷去音乐室坐下来，他便开始讲课——他控制不住自己！那些拜访经历对我来说是无价之宝，他是一位了不起的人。

我认识很多伟大的人，其中一些如今已经离世。我与多丽丝·莱辛相识 30 年，与艾伦·金斯伯格是多年的好友。到现在，我的年龄比他们去世时的年龄都大了。我和莱昂纳德·科恩相识多年，我有一段时间没见过他了。最后一次与他谈话时，问他下次什么时候来纽约。他说："这辆旧车再也不会离开车库了。"我当时并不理解，现在想来他其实是在说再见。后来，我再也没有见过他，大约一周后他去世了。

我本想有更多的时间去了解我的父亲，但他 67 岁那年死于一场车祸，并不算太老。他没来得及躲闪车辆，有人把他撞倒了。但总的来说，我不会回顾过去的生活。我考虑的是下周要做什么，而不会总去看后视镜。也许我错过了很多金钱，失去了很多故人——但这没什么可说的。我还有很多事情要做，我起得很早，整天工作。我的时间不多了，我现在 80 岁，如果要再写 12 首交响乐，那最好现在就开始。

---

① 格拉斯和他的表弟合开了一家搬家公司——《时代周刊》艺术评论家罗伯特·休斯曾惊讶地发现他在安装洗碗机。

Olivia Newton-John

奥莉维亚·纽顿－约翰

演员、歌手

受访时间：2015 年 5 月 9 日

16 岁那年，我刚从学校毕业，就已经和另外 3 个女孩组成了一个爵士四重奏，在墨尔本附近的俱乐部表演。我们的着装像垮掉的一代，那是当时的流行风格。唱歌、男朋友和骑马，是我生活中重要的事情。

我自认为是一个相当乐观的人——现在仍然是——但我当时还是有点焦虑。我的父亲是校长，所以我们一开始住在大学校园里。9 岁时，父母离婚了，我只能和母亲独自生活。父母离婚给我造成严重的创伤，那个年代离婚并不常见，告诉朋友会很尴尬。我的一些朋友的母亲给过我一些不友善的压力，这种压力到现在我才意识到，是因为我的母亲太漂亮。可那时我从未与母亲讨论过这件事，现在看来，我的一些想法和行为使她不得不和那个圈子疏远。

我的父亲曾在布莱切利园参与英格码项目[①]，因为工作性质不允许他谈论这个项目，所以他从不谈论工作上的事。但在去世前，他留给我们一些磁带，里面提到了英格码项目的一些事，依然很谨慎。我曾去看过由本尼迪克特·康伯巴奇主演的、关于英格码项目的电影《模仿游戏》。

[①] 译注：布莱切利是"二战"期间英国政府的密码中心，集中了一批优秀的数学家和语言学家，破译德国的英格码密码。

我真的很希望在父亲活着的时候，多了解一些关于英格码项目的信息，那样，我就可以多向他请教了。

15 岁之前，我一直想成为一名兽医，为动物医治疾病。但我的数学不及格，这个梦想就很难实现了。不过感谢上帝，我擅长唱歌。15 岁那年，我参加了一个电视才艺竞赛节目，没想到拿到了冠军。尽管我母亲希望我完成学业，但突然之间，我获得了很多上电视的机会，于是，我想继续我的歌唱事业。当我得到一份在一档儿童节目中工作的邀请时，报纸上甚至出现了我应接受这份工作还是继续完成学业的争议。最后，我自己决定接受那份工作。

16 岁时，我去了伦敦，那是对选秀节目获胜者的奖励。当时，我感觉完全无法承受压力，只想回家看看我的男朋友。我不喜欢伦敦，还说了一些可笑的话，比如"伦敦太冷了！"之类的。我一直在预订回家的机票，但总是被我的母亲取消——既然我们已经到了欧洲，母亲想让我去英国皇家戏剧学院学习。但我对表演不感兴趣，只想唱歌。我可怜的母亲，这是另一件她从未实现的期望。现在回首往事，我想告诉她，我很抱歉。

我曾很怀疑自己能否胜任《油脂》里桑迪这个角色——我是你能想象到的、最沉默寡言的桑迪。因为我刚拍摄完了一部片名叫《明天》的电影。《明天》本应该成为下一部热门影片，而结果却惨不忍睹。所以，我想把精力集中在我顺风顺水的歌唱事业上，不想再拍电影。我也担心自己年纪太大，不适合饰演桑迪这个角色，因为桑迪 17 岁，而我已经 29 岁。于是，我问约翰·特拉沃尔塔，是否能先一起试镜，以确保我看起来与饰演的角色年龄相符。但约翰想让我出演这个角色，他竭尽全力满足我的要求。在试镜时，我俩配合默契。约翰是一个可爱的人，我们拍摄影片时度过了一段美好的时光——我们俩成了永远的好朋友。

我记得我去参加了电影《油脂》在洛杉矶的首映式，观众为这部电影而疯狂。当时，我们乘坐一辆敞篷汽车，观众将我们围得水泄不通。

我记得《周末夜狂热》刚刚上映，我们去伦敦，车都差点被掀翻。但我从未被冲昏头脑，因为我一直记得有人曾告诉我"风水轮流转，明天被簇拥的明星将会是别人"。我有很强的现实感，我在澳大利亚长大，那里的人喜欢脚踏实地。我认为这很重要——如果你总活在想象的世界里，现实可能会令人非常失望。

在父亲去世的同一天，我被诊断出患有乳腺癌。因为要做手术并治疗，我没法回家参加父亲的葬礼。那是一个苦不堪言的时期，但我必须注意自己的身体健康。那时，我已经有了一个女儿，名叫克洛艾，她还只是个小女孩——所以我有理由变得坚强并活下去。在等待最终确诊的过程中，我经历了几个噩梦之夜，心中满是恐惧，但后来，我下定决心要让一切都好起来。从那以后，我有了一个坚定的信念，相信一切都会顺其自然地变好。

我当时没办法面对失去父亲的悲痛——我无法同时承受失去亲人和面对自身疾病的痛苦，所以我选择暂时闭上眼睛，不去想那件事。等到我准备好后，才睁开眼去面对父亲离去的事实。治疗结束后，我带着退休的想法直接去了澳大利亚，是音乐帮助我度过了痛苦期。最终，我创作了一张专辑，起初并没打算发行。但当完成后，我还是决定把它公之于众。这张专辑重新启动了我的职业生涯。

我想了很多次"就这样吧"，当我在悉尼奥运会上唱歌时，那是我一生中难以忘怀的经历。我想："这就是巅峰——在这之后就再没有这个高度了。"但我的事业并没有就此止步，到现在，我已经在这行干了50年，还要继续干下去。

如果我可以回到过去，那一定是我女儿出生之时。她生命的最初几年，是我生命中最难忘的时光。我是高龄产妇，生下女儿时已经36岁，所以，她是一份美好的礼物。我想重温那段时光，记住更多的细节。虽然我就在她身边，但我是家里的经济支柱，所以总是很忙。我很爱我女儿，但我应该花更多的时间陪伴她一起玩耍。

第十章

成 熟

别再把过于夸大的事放在心上,一切都会好的。

——玛格丽特·阿特伍德

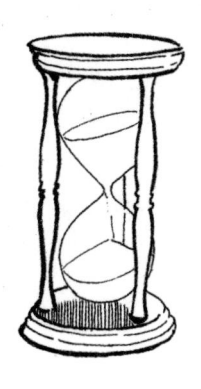

Billie Piper

比莉·派佩

演员、电影制片人

受访时间：2021 年 3 月 2 日

    我十几岁时，就已经在伦敦的一所名叫西尔维娅·杨的戏剧学校上学——我想成为一名演员。20 世纪 90 年代中期，我成为重新发行的著名音乐杂志《流行精选》的形象代言人，并先后拍摄了一系列广告。休·戈德史密斯[①]要求我做一张试样唱片，因为我喜欢唱歌，所以我在试样唱片中表现出色。我不认为我是一个杰出的歌手，但毫无疑问我可以很好地把握一首曲子。然后，我不知道过了多久——感觉就像一夜之间，我对我生命中那些年的时间线基本没有了概念——他签下了我。我开始做现场歌唱表演。

    16 岁时，我离开了斯文顿，独自住在伦敦。起初我住在梅达韦尔的一家旅馆，后来我找到了一个在基尔伯恩有公寓的伙伴，因为我很孤独，所以我想搬去和他一起住。我每天工作长达 18 个小时，吃的都是快餐和外卖。我痴迷于音乐，所以音乐电视网或 The Box 成为我生活中重要的存在，这些音乐每天在我的电视上循环播放。那时，我并未完全与世隔绝，我仍然精力充沛，渴望成为这个世界不可缺少的一部分。我努力工作了

[①] 天真唱片公司的总经理，1998 年比莉以艺名"比莉"发表的首支热门单曲《因为我们想要》由天真唱片公司制作。

整整两年，但我仍然比两年前表现得更积极。我想，在我的小脑袋里，16岁的时候，我就觉得自己已经准备好过那种生活了。也许实际上我确实做了准备，但却不是情绪上的。

青少年时期是我生命中的重要时期。成年后，我第一次回想起这段时光，坦白说，我觉得我的青少年时期有很多缺失，这是不言自明的。最初的几年紧张刺激，我只是觉得好像生活在自己的梦想中，但我常常身处非常奇怪的成人世界里，我不会让我的孩子们在16岁时也遭受同样的经历。实际上，我16岁时真正收获的是身心疲惫，因为我还只是一个少年，经历了所有青少年经历的一切，但是可以开诚布公地说，我每天的日程安排堪比一个非常成功的商人。从表面上看，你们一定会觉得很奇怪，但我当时工作得很愉快，所以我感觉不到这到底意味着什么，很快就适应了这种生活。

然而，不久后，流行歌手的生活就不再那么美好。我已经筋疲力尽了，对唱歌的热爱也不复存在。我想过正常人的生活，我开始想念表演。随后，发生了一些事情。我早已习惯了发行的单曲夺得唱片排行榜冠军和演唱达到超高水平，但是，我的一首新单曲竟然没有取得精彩的表现。我记得当时，我认为那是自己有史以来最大的失败。与此同时，我也觉得自己快要崩溃了。这种种情况让我觉得我需要休整一段时间，重新评估我想做的事情。我厌倦了做其他人要我做的事情。我的所有这些想法都是潜意识的，我不确定我是否意识到这种情绪，但我最终还是做到了。感谢上帝！

在那段艰难的时期，我开始有了一段有意义的感情关系，有人鼓励我可以在一段时间内优先考虑自己的内心想法。这对我很有帮助。的确，我和克里斯·埃文斯在一起的时候，尽管有一部分时间我们是在派对和酒吧里度过的，但从很多方面来看，这也是另一种教育。在某种意义上，这感觉就像我的大学时代，我遇见了所有这些不同的人。我过着没有工作日程表的生活，但我从中受益匪浅。另外，我和一个非常乐观、任性且很有抱负的人生活在一起。他知道自己想要做的事情。说实话，这对我来说很新鲜。我总是看到人们为别人而工作，但他似乎是在为自己工作，走自己的路，而且拥有远大的目标。这非常鼓舞人心。

在我的整个歌唱生涯中，我的脑海里一直有一个愿望，那就是成为一名演员。事实上，这就是我决定从事歌唱事业的原因，我觉得这会为我的未来打开另一扇门。而且，我非常热爱表演。所以，我一直都有演戏的理想，问题是什么时候我才能重建这种信心。我必须再次参加大量的课程学习和培训，接着去找经纪人、去试镜，然后一次又一次遭到可怕的拒绝。因为人们觉得他们已经了解了我的一切，所以要证明自己的实力需要付出双倍的努力。我想是受到当时我的一些负面新闻影响，所以我做了很多该死的跑腿的事！

当我获得在《神秘博士》中扮演罗斯这个角色的机会时，我真的异常激动。我带奶奶去伦敦喝下午茶，告诉了她这个消息，然后才有了很真实的感觉。我和奶奶关系很亲密，她知道我对表演很有激情。所以，对我来说，这确实是令人兴奋不已而且很感动的事，因为我不确定未来生活的发展方向。我也不知道在我的歌唱生涯结束后，我能否回归正常的生活，一种我梦寐以求但不是当时追求的那种生活。

我每次参加活动，他们在把我介绍到舞台上之前，通常会先播放"末日"的片段①，我觉得这个剧情令人沮丧。我记得当时这个表演对我意味着什么，这一切对我来说意义重大。从个人层面上看，我和大卫②变得非常亲密，我们一起经历了重要时刻。后来，我们的友谊出现了一些问题，对此我非常难过。同时，我认为拉塞尔③的创作方式会让你不由自主地被他的作品所感染。在他的作品中贯穿着一种"生命终将逝去"的精神，这使人非常感动。而且，这段经历标志着我选择离开生命中一

---

① 《神秘博士》中的一集，罗斯和博士最后分别的场景。
② 指大卫·田纳特。
③ 指拉塞尔·T. 戴维斯。

些真正重要且不可分割的东西，我对此非常紧张。除了远离这部电视剧外，我搬回伦敦住在自己的公寓里，当时，我和克里斯·埃文斯已经分居——我接下来要做什么呢？

我很想回到从前，对自己说："这些都不重要。你很优秀，你会做得更好。"心理治疗对我的情况好转至关重要，所以我会建议年轻时的自己找一位心理医生，接受治疗。我只是不清楚现在的孩子会如何应付这种情况，我真的十分困惑。我认为每个人都会有非常焦虑的时候，至少这是我的感受。如果你可以让你的孩子接受任何形式的心理健康支持或家庭治疗服务，那就去做吧。这一点都不丢脸。我想到像苏西和曼迪①这样的角色，假如他们接受了心理治疗，他们可能会有完全不同的生活。

倘若我能回到年少的时候，我想重回成名前的那段时光，再和父母交谈一次。因为我认为在那个年纪，每个人的情感关系都遭受过打击。如果时光可以倒流，我想以一种更专注的方式来反思自己，那将是非常美好的事情。我和父母联系很少，保持着有一定距离的奇怪关系，这种距离现在看来刚刚合适。但是，假如可以重回过去，我想为此做好更多的准备。

倘若我能回到生命中的任何时刻，我想回到我青少年的初期，那时我刚小学毕业，进入初中，我寂寂无名。不要妄想所有人都认识你。我只是想和伙伴们尽情享受美好的时光，飙车、收听广播里绿洲或神童摇滚乐队弹奏的音乐、抽烟、彼此亲吻。生活中充满了无关紧要的琐事，体验着自由而富足的感觉，这就是我理想中的天堂。

---

① 来自电视剧《我讨厌苏西》和派珀导演的电影《异兽》。

Grayson Perry

格雷森·佩里

艺术家

受访时间：2016 年 10 月 17 日

    16 岁时，我已是一个异装癖者。我在切姆斯福德博物馆后面的厕所里，换上我继母的衣服，化上妆，穿着迷你裙，戴着假发，在大街上逛来逛去。我是在本能的欲望驱使下，扮演这种角色。这种方式很性感，也很刺激。我是从《每日邮报》背面的一则小广告上购买的假发，这顶假发是一个深褐色的、不成型的、有点奇怪的东西，价格大约 1.5 英镑。我相信《每日邮报》知道他们激发了我的异装癖，会很高兴。

    16 岁时的我，生活一团糟。这可能是我青春期痛苦的源泉，那是可怕的一年。我母亲脾气暴躁，当她 8 年来第一次发现我和我的生父还有联系时，勃然大怒。不到半小时，她就收拾好了我所有的行李，开车送我去父亲家。她把我扔在马路上，我的父亲当时不在家——他在外地工作。父亲的现任妻子收留了我，我和他们家的房客合住一个房间，直到她发现我穿了她的衣服后，把我赶出了家门。

    我与父亲取得联系纯属偶然。我在学校的一个朋友和一个女孩约会，这个女孩说起，她的继父就是我的父亲。我侧耳细听，并尝试通过她去了解我的父亲，然后去拜访了他。这听起来很有趣，但结果令人失望。我的父亲没有男子气概，是一个情感懦夫。而我的继父又是一个暴力无知的人。

16岁时,我只是个单纯的少年,喜欢看战争片,立志成为一名喷气式飞机驾驶员,我的计划是通过参军去实现这个理想。我的内心有一个非常丰富的幻想世界,我画了很多画,但并没有把它与职业联系起来。我曾是军校受训生,认为参军是一个轻松的过渡。很多异装癖者反应过度,试图通过做一些有男子气概的事情来治愈自己,我那时可能也这么想。16岁半的时候,我交了第一个女朋友,不再去军校受训。而我的美术老师告诉我,应该去申请美术学院。几乎一夜间,我改变了主意。我想:"实际上,这听起来不错——做我喜欢做的事。很棒啊!"

我很希望年轻时的我能有我现在的情商,那样的话,也许我就可以对我的父母说些什么,让他们生活过得轻松些。假如母亲在我16岁时离开我的继父,她的生活会过得更好。可当时我自己的生活都一团糟,我和父母的关系则更糟。我大概每年见父亲一面。母亲今年去世了,她的孩子中只有一半来参加了葬礼,而那只是出于一种责任感。她是一个……一生坎坷的女人,又患有精神病,我们对此也无能为力。

我想,我不会试图宽慰16岁的自己一切都会变好。如果我能搂着他,告诉他不要担心,这或许是一件很美妙的事。但那样,他可能会松懈下来,也不会被曾经驱使自己的那些动力所驱使。自信是世界上宝贵的东西,因为它能让人们充分发挥他们的潜能。但如果没有那些年的自我怀疑和愤怒,我就不会成为现在的艺术家。恐惧和焦虑使我度过了那些时光,愤怒是一种激励的力量,我现在还在用它,但更加克制地使用。

如果我现在遇到16岁的格雷森,我可能会告诉他对人要友善一点。我的一些朋友告诉我,他们过去觉得我很有趣,但也很可怕。尤其是喝了几杯酒之后,可能会对人很凶。我的脾气糟透了,牙尖嘴利的我足以用语言把人撕成碎片。后来,我与艺术品经销商之间的关系变得非常紧张,我们经常争论,也常有争吵。我现在的座右铭之一是"与人为善",因为你善待别人,别人才会回馈友善。我想,因为我对自己苛刻,所以对别人也很苛刻。我每时每刻都在煎熬地活着,而且我消极厌世。尽管如今的我很多时候还是会这样，但现在我认为友善是一种乐趣，它能让世界变得更美好。

如果我告诉这个一心想要从军的年轻人，他的未来将从事陶瓷业，他肯定没办法理解——这也太莫名其妙了。我上大学时并未选择陶艺专业，而是在夜校业余学的陶艺，因为陶艺听起来很有趣。我并没有对艺术家这个身份有过多的意识，很多事我都是凭直觉做的。我认为，这对年轻的我很有帮助。我会告诉年轻的自己要跟随他的直觉，告诉他这一点就好。因为，当你年轻的时候，你对任何事情都难以确定，但你的思维具有可塑性。心随直觉，这是一种财富。

有了女儿之后，我感到很欣慰，因为我不愿意看到困扰我的男子气概的问题发生在她身上。我非常清楚伴随我成长的缺陷，这一直是我为人父后的一种担忧。在她小时候，我是一个教科书式的父亲。我的妻子会朗读育儿手册中的段落，我会说："对，我们必须这样做。"我把那些纸上谈兵全部运用到生活里了，我擅长的一件事是玩耍，所以我教弗洛玩游戏。我认为，擅长玩耍是生活中未被重视的部分。随着年龄的增长，她没以前那么亲近人了，我为此很难过。

我认为，最让人痛苦的时刻，是当你知道你是最后一次做某件事了。通常，你并不知道你在最后一次做这件事情，这件事可能是你以后无法再次做到的，也可能是你的孩子最后一次坐在你的腿上。大多数我喜欢做的事情，我现在还能做，但我确实怀念默默无闻的日子。成名，意味着作为一个异装癖者再也不能成为一个穿着女装走在大街上的无名小卒了。我现在是"格雷森·佩里，一个公众人物"，我的中产阶级粉丝们很友好地和我搭讪。我并没有意识到成名后给我带来了损失，但我怀念那种穿着裙子、危险而滑稽的怪人形象。

Davina McCall

戴维娜·迈克考

电视主持人
受访时间：2013 年 6 月 10 日

16 岁时的我，还处在"青少年叛逆期"。我在学校里并没有努力学习，而是经常出去泡吧和聚会，也不告诉父母我去了哪里。因为我的父母已离婚，我的生活被分成两段：假期在法国与祖父母生活；学习期间在英国与父亲和继母生活。我的父亲和继母对我很好——他们要我写日记并遵守纪律，他们并不严厉，但仍有我不能触犯的原则底线。而在法国时，则没有任何纪律要求。我非常喜欢这样的生活，因为 16 岁的我只想疯玩，自我发泄。我的祖父母每天晚上 10 点就早早上床睡觉了，于是我起床偷偷溜出去，凌晨 5 点左右才回家。我没有饮食失调，但却很消瘦，原因在于我吃饭总是狼吞虎咽。所以，在法国待了一段时间后再回到英国，我觉得我需要一个月来休息。我在英国的时间，基本上是用来戒掉这些恶习的。

16 岁那年，我第一次真正爱上一个人，他的名字叫蒂——我的第一个真爱。但当我回首往事时，去看自己是如何经受这种情感折磨的，成为一件有趣的事。由于我的成长经历，以及我必须不断地根据母亲的心理状态调整自己的行为，我曾经是一个非常善于取悦他人的人。所以我想，我一直尝试着取悦每一个人。事实上，与蒂在一起时，我觉得我有点迷失了自我，我只是试着成为他想让我成为的人。一想到那个自认为长大成熟的小女孩时，我就很难过。我认为我们应该做好我们自己，并为此感到自豪。

我爱我的母亲，我知道她也爱我。小时候，我们的关系比现在好。她是一个活跃的酒鬼，所以我花了很多时间去揣度她的情绪，以确保我不会让她生气或心烦。她有时真的很有趣，有时却又不是这样，我只有在假期时能见到她。后来，我还有了一个很好的继母。奇怪的是，当我长大了，有了自己的孩子，想和别人聊天，或者当我有关于女孩的问题时，我并没有像年少时那么想念母亲。但那时，我们的关系有点奇怪——她把我们母女间的一些故事卖给了报纸，因此我不再相信她了。我的继母对我很好，我确实花了很长时间做我的生母和继母的沟通工作。但我母亲做不到，我现在觉得，我是在要求她完成一项不可能完成的任务。

当我考虑接受这次采访的时候，我觉得非常难过，因为16岁时的我是如此焦虑无助而迷茫。我没有工作，也没有抵押贷款，但我却经常感到压力，害怕被抛弃。我总是抱着"只要你爱我，我就会爱你"的感觉，一想到这点，我就想回到过去，给年轻时的自己一个大大的拥抱，告诉她一切都会好起来。当我想到这里时，我意识到这正是一个母亲应该做的事情。我想为年轻的自己做我母亲未能为我做的事情——照顾年轻的自己。

我会告诉年轻时的自己，应该去上大学。在学校的最后两年我过得很艰难，所以，我觉得我没办法继续坚持念完大学。现在的我会很享受学习的机会，但那时的我对学习一点都不感兴趣——我认为大学出现在了我人生中错误的阶段。但现在，我很乐意去上大学。我看看我的朋友，他们在大学里交了很多好朋友。但话又说回来，我的很多朋友当时都嫉妒我19岁就能出去工作，自力更生。

我会告诉年轻时的自己，不要太担心那些转瞬即逝的事。我尽力不去读任何关于我的文章，无论好坏。但当我参加英国广播公司访谈节目时，在超市或学校里，都会不断遭遇各种同情的目光——我就想："天啊，他们现在都写了些什么？"最重要的是，我那时需要应对孕期的激素引起的情绪波动。与此同时，我还得焦虑我的职业生涯即将结束，今后要何去何从。但是从另一个角度讲，怀孕使我意识到，从长远来看没有什么是比孩子更重要的事了。

现在的我不会像以前那么烦心了，我知道，有时人们就是会经历无法被别人理解接受的时期——媒体说我只是个会大吼大叫的人，可是过了那段时间，生活又恢复如初。而且，我现在更清楚自己擅长什么。我认为我不擅长录制名人访谈节目——说实话，我很紧张——我做普通人的节目时会表现得更好。现在的生活中，我最珍惜的是聊天时有人听我说话，我也听他们说话。更重要的是，我珍惜和孩子们在一起的时间。

在我成长的历程中，我的奶奶皮郜丽教导我正确的礼仪和道德。尽管我有段时间完全偏离了正轨①，所幸我的基础很牢固，这都要归功于她。当事情变得非常糟糕的时候，我真的很讨厌自己。因为奶奶让我相信我是一个好人，而我却看着自己正在变成一个相反的人。正是这种彻底的自我厌恶让我戒除了毒品，我知道我的道德指南针依然矗立在某处，在它的指引下，我最终找到了心灵的归宿。

当我第一次想上电视的时候，我确实是在寻求认同感——很多人都说我很优秀。但当我上了电视之后，却意识到成名依旧难以获得认同。其实，认同感必须是发自内心的自我认同。我很庆幸，我是在戒毒之后才上电视，幸好没有爆出我在夜总会酩酊大醉的新闻。我之前读过理查德·培根的书，理查德·培根的朋友把他吸食毒品的消息以2万英镑的价格卖给了媒体。那是他最好的朋友啊！当时他才21岁②——年轻有为。我又想了想我21岁时的所作所为，感谢上帝，我25岁才出道，那时候我已经只喝苏打水了。后来我结了婚，有了孩子，对媒体而言，这样的

---

① 迈克考在她20岁出头的时候是一个重度可卡因/海洛因吸食者。
② 1998年，理查德·培根被《世界新闻报》曝光吸食可卡因，他与儿童节目《蓝彼得》的合同也因此终止。

我非常乏味无聊。

我不会改变在《老大哥》[①]真人秀节目中的神奇之旅,这个节目让我获益良多,我真心喜欢且珍惜这段经历。现在回想起来,我很高兴能在节目的高潮期结束。我想,如果这个节目在第四频道播放再久一些,可能会昙花一现,令人沮丧。这是一个完美的结局。

[①] 译注:1999年诞生于荷兰且红遍全球的社会实验类真人秀节目,中国版名为"室友一起宅"。

Bear Grylls

贝尔·格里尔斯

探险家、主持人

受访时间：2015年6月22日

16岁时，我在伊顿公学上学，试着寻求身份的认同感。我发现求学是一件很艰难的事，尤其是离家在外。大约在这个年纪，我开始寻找自己的兴趣爱好——攀岩和武术。记得有一群朋友和我一起练空手道，他们都比我健壮——但渐渐地，他们都放弃了，只有我坚持了下来。我喜欢这种自律的训练。攀岩也是一样，就像我们去苏格兰进行的小型攀岩探险之旅，在风雨中奋力攀登。我确实热爱这项运动。

16岁时，我开始信仰基督教。我没有被领到教堂接受过培养，但我从小就有天生的信仰，我一直对某些事物深信不疑。当我上学时，我会想："如果真有上帝的话，他肯定不会说拉丁语，也不会站在讲坛上吧？"但16岁那年，我的教父去世了，对我而言，他是第二个父亲。我非常难过，对着树做了一个非常简单的祈祷——"若你犹存，请伴我左右。"这种信仰不断伴随着我成长，并成为我的生命支柱。无论这听起来有多疯狂，我比以往任何时候都更加确信，上帝是存在的——那就是爱。这是一种非常私人的关系。现在我依然很少去教堂，但我每天起床的第一件事，就是跪在床前祈祷，这是我一天的基础。

总的来说，相信上帝会让我对生活不再那么恐惧。人们说我天不怕地不怕，但事实上，我害怕很多东西。我在部队发生跳伞意外事故[①]之后，仍然需要经常跳伞，我发现很难坚持。信仰则大大减少了我的恐惧，因为我并非孤军作战——我与造物主并肩战斗，这是一件多么棒的事情。信仰让我更加热爱户外运动，因为无论在高山还是丛林，我都曾目睹过造物主创造的奇迹。我想我对死亡也不再恐惧，因为我把它看作在天堂安息。

我会告诉少年时的自己，要珍惜有父亲陪伴的时光。我父亲在我20岁出头的时候就去世了，我真希望他能多陪伴我一段时间。他是个和蔼有趣的好父亲，在我很小的时候，他就教我登山，积极鼓励我去尝试各种事情。他告诉我，要照顾好我的朋友，遵从自己的内心。如果他能活得久一点，我想当面感谢他，这是我年轻时未曾做过的事。现在我有3个儿子，我比任何时候都更感激父亲在我孩提时为我所做的一切，以及教给我的价值观。

我也会告诉年轻时的自己，不要害怕失败。我在伊顿公学就读，和大多数学校一样，在这里读书如同某种生存训练般艰难——尤其是如果既没有运动天赋，也不是超级聪明，而我恰恰两者都不好。经过很长一段时间之后，我才找到一点自信。我周围的很多孩子——我也一样——无论在课堂还是运动场，都只能随大溜，从不冒险。但这与生活恰好相反，你必须开辟自己的道路，拥抱风险，做好犯错的准备。

当我进入军队时，我已经有自信按照自己的方式做事了。从伊顿公学毕业后，我以二等兵而非军官的身份参军。我的所有校友都以军官身份参军了，但我想另起炉灶。这看起来很有趣——我一直不太擅长喝酒、聚会之类的事情，我喜欢与山中的泥泞为伴。

如果我现在遇到十几岁的贝尔，我想我会看到一个害羞的年轻人，他正在努力了解自我。我曾尝试穿时髦的衣服，把头发扎起来。如果我

---

① 医生担心跳伞坠落会导致终生瘫痪。

能回到过去与那个男孩交谈，我会说："那些都只是装门面，而且你也不太擅长这种事。不用担心事情坏的一面——只要热爱你所做的事，并保持微笑。如果你不想上大学，也不用担心。读书只是生活中很小的一部分。"我的父亲曾经说过："别在学校里当尖子生，否则你的余生都会一团糟。"

我想我的生活中真正让年轻的自己感到惊讶的，是为年轻的海军陆战队员鼓劲、打气这项工作。当他们从军校毕业时，我把绿色的贝雷帽颁发给他们。还记得16岁时，我参加皇家海军陆战队选拔，带着个小提包，非常紧张地出现在火车站，周围都是些高大魁梧的家伙。我最终通过了选拔，但是我离开学校时，并没有去皇家海军，而是参加了陆军。但如果当时有人告诉我，有一天我会以上校的身份回到阅兵场，站在我16岁时在泥泞里做俯卧撑的地方，鼓励年轻的海军陆战队员——这是我绝不会想到的。上周，我再次参加海军选拔的毕业典礼，为那些通过选拔的年轻海军颁发贝雷帽时，我真的觉得我的生活画上了一个完整的圈。我确信感觉到父亲在对我微笑。

年轻时的我不懂何为电视名人，成名并非我人生的目标，我甚至不看电视。如果有人告诉我，我将从事与电视有关的工作，我会说："真的吗？听起来不太有趣，也与我的价值观不符。"虽然，在电视上抛头露面是做这个节目不好的方面，但我们确实在对最荒无人烟的地方的探索中，获得了很多乐趣。当我还是个童子军时，如果有人告诉我，有一天我会成为童子军首长，我肯定会说："你这是在开玩笑。"因为，我是一个没有得过任何勋章的、糟糕的童子军。

如果我想给少年贝尔留下一个深刻的印象，我会跟他讲我攀登珠峰的经历。我年少时就向往能攀登珠峰——那是我的理想。我也会提醒他，做好经受英国海军特种部队选拔的荆棘之苦的心理准备。那个选拔是一条漫长的路，历时两年之久，我第一次参加选拔也没有通过。如果我事先得知这条路如此艰苦，我说不定会打退堂鼓。但是，一旦你选择了加入，就再也没有退路。

我很了解雷纳夫·法因斯，他总喜欢和我聊要在冒险前做好充分准备。而我有不同的观点；对我来说，突发事件才是真正的冒险，我并不喜欢事先准备和计划周详。很多伟大的冒险家都会考虑、安排得很周详，但我喜欢自己想办法解决那些突发的、难以预测的事情。

如果我能回到过去的某个时刻，我会选择登上珠峰的那一刻，或者是与我最好的搭档同一天通过英国海军特种部队选拔的时刻，又或者是小时候和父亲一起爬山的某些时刻。但最终，我想回到我和家人们在北威尔士小岛上隐居的那段时间。那是一个占地20英亩[①]的地方，没电，也没通讯。只有我、妻子和3个儿子——哈克贝利、杰西（《圣经》中大卫王的父亲的名字）和马默杜克（一名"一战"战斗机飞行员的名字）。那是非常宝贵的时刻。我们一起去野餐，在田野中开怀大笑，在岩石上嬉戏和在海边游泳，没有鳄鱼和蛇，只有我们自得其乐。

---

① 译注：1英亩≈4047平方米。

Geoffrey Rush

杰弗里·拉什

演员

受访时间：2016年5月9日

　　我对童年记忆犹新。大约15岁时，我的人生发生了翻天覆地的变化。我的母亲是一个有工作的单身母亲，她很有远见，希望我和妹妹都学习钢琴。我从8岁开始学钢琴，但15岁时，我与钢琴老师闹翻了，加入了学校的戏剧社。对我而言，戏剧是一片充满创造力和自由的绿洲。我讨厌体育运动，也不喜欢老师们那种严厉的教学方法。这些老师大多是"二战"时期的老兵，留着向后的中分短发。我的头发已齐肩，我刚加入戏剧团，就立刻知道我与剧团成员志趣相投。

　　刚开始，剧团里有老师指导，我们跟老师们之间亦师亦友。但后来，他们都被调走了，所以我们决定自行管理戏剧团。我们排演了一些古装戏，像《可敬佩的克莱顿》《毒药和老妇》。但是，尽管我对在剧院演戏和加入摇滚乐队如痴如醉，但从未想过以此谋生。我感觉四处都是充满创意的活动，但却无法实现。我以为自己可能会成为一名电台播音员或教师。

　　我有时会把那个时期用老布朗尼相机照的照片翻出来看，照片上是一个满脸粉刺、瘦骨嶙峋的孩子，看起来十分笨拙。我不知道能否给他提些建议——反倒是他仍然影响着我。他教会我如何应对跌宕起伏的人生，如何应对众多折中主义的影响。他转了几所学校，他有一个母亲、两个慈爱的祖母和一个缺席的父亲……然后，15岁时，他有了一个继父。这位继父是一个熟悉电影《边缘之外》和塞缪尔·贝克特的剪刀工，也是一位晚上听收音机，真正保守的乡村左翼分子。我依然感到与那个少年联系紧密——他提醒着我要接受新鲜事物，时刻保持警惕。所以我会说："谢谢你，笨拙的少年，你教给我的一些知识仍然指引着我60多岁的生活。"

我清楚地记得我在12年级时的成绩单。在10年级之前，我的学习成绩一直名列前茅，是班上的尖子生。我愚蠢地认为我能成为一名天文学家——我对此充满热情——所以在老师的错误引导下，我学了高等数学和物理。但即使我非常勤奋努力，我12年级的各科分数却都很低。我告诉校长，我对这个分数有异议，而且他根本不知道我在剧团做了些什么。他把我赶出了办公室，而我则扭头对他大喊着"我在学校玩得很开心，是你毁了这一切"。我就是觉得，他们根本不了解怎样让孩子全面发展，茁壮成长。

在我即将大学毕业之际，我的生命中发生了一件最令人震惊的事。1969年至1971年是昆士兰大学校园充满活力的时期，当时的昆士兰州州长有很严重的右翼思想，所以我们举行了许多的游行示威——大学里到处是演员和托洛茨基分子。在我大学即将毕业的时候，昆士兰戏剧公司的主管发现了我，并与我签了3年的演出合约。我对当时被选中的情景依然印象深刻，因为这改变了我的人生。我周五参加了期末考试，周一进行了第一场戏剧彩排。1972年，在我的第一张税单上写下了"演员"这个职业，当时我在想："感觉很棒，继续坚持。"

我会告诉年轻时的自己，不一定非要在21岁或30岁的时候才能成为演员。我在昆士兰戏剧公司工作，后来去了欧洲表演——当然，包括戏剧圣地伦敦。我在剧院愉快地度过了24年。我的女儿出生后，我感觉在剧院拿的薪资已不够养家，要开始多挣钱。我为《西贡小姐》试镜了5次——我喜欢音乐剧——最后只选了两个人。然后，我收到来信，信里提到电影《闪亮的风采》将要拍摄。那就是我的第二部故事片，当时我已43岁。

当读到《闪亮的风采》剧本时，我感叹道："真精彩啊！"我已习惯了莎士比亚和戏剧的剧情，但《闪亮的风采》的主角不是国王，而是社会边缘的一个异端分子。我觉得，他就像是一个典型的神圣的愚者。我在这个角色中寻到了自己的影子，这似乎有点自传的风格。我一直很好奇：这个局外人是如何在故事中获得如此尊贵地位的。这部电影改变了我的命运——凭借在这部电影中的出色演技，我赢得了奥斯卡奖，我突然间成了新闻人物。好莱坞对我的影响是什么呢？给了我一部关于李伯拉斯的电影，因为他也弹钢琴。我不得不说，我不想成为"键盘类型"的新面孔。

《国王的演讲》是我首次读到的、包含较多澳大利亚特质的国际故事，我喜欢澳洲特质与皇室家族的帝王特质之间的碰撞。对我而言，这是一次精彩的体验——与像德里克·雅各比和迈克尔·刚本这样的演员坐在一起对戏，我心里想的是："哈，这体验太棒了！"我们都知道这是个精彩的故事，但不知道拍成电影观众能否接受。这部电影可能会被认为是一部小众的英国古装剧，但后来，我们开始得到观众的反馈，观众说："这个故事与说话结巴无关，而是关于寻找最好的自我的故事。"然后，这部电影就顺势而上了。观众给我写了很多信，他们说这部电影对他们确实有帮助。电影的结局很美满。

我要对年轻时的自己说："不要觉得年满50岁就已过时。"我在43岁时，做了个重大决定，离开了长久从事的戏剧，进入了一个全新的领域，我和国际影院的精英们一起工作。现在我已经60多岁了，仍然享受着真正始于中年人的时光。这是个意外收获，每个人都有，且与众不同。

Margaret Atwood

玛格丽特·阿特伍德

作家

受访时间：2016 年 10 月 31 日

    1955 年，我 16 岁，住在加拿大。那是盛行猫王埃尔维斯·普雷斯利、摇滚乐、圆裙、便士乐福鞋和在学校舞会上穿无肩带礼服的时代——不过我从没穿过那种玩意儿。说起来你可能会感到惊讶，12 年级时，我和我的搭档莎丽一起代表学校参加了"煤气消费者杯"家庭主妇大赛，我们必须使用煤气炉烤土豆和熨烫衬衫。我们没能赢得比赛，但也获得了一些漂亮的手镯作为鼓励。

    有一件事是我会建议年轻时的自己去做的，那就是接受秘书培训，学习盲打。我现在依旧不会打字。职业顾问曾列出过一份可供女孩选择的职业清单——小学教师、护士、空姐和家政师（类似营养师或裁缝），而我并不想从事这些职业，但我看了看薪水，家政师赚得最多。作为一个金钱至上的孩子，我选择了家政师的有关课程，学习如何固定拉链，但从没学过打字。

    我会告诉 16 岁的玛格丽特，别再担忧自己的头发——头发天生如此，你也无能为力，所以，算了吧。事实上，直到 30 岁左右，在经历了许多不愉快的试验之后，我才学会了接受。

    我十几岁时阅读了大量书籍，但是也做了许多其他事情。我自己缝制衣服，在学校组织自己的木偶剧演出。我们制作了木偶，搭建了木偶剧舞台，为所有木偶角色做了配音。我很有创业精神，也因为这样赚了一些钱。我们后来还找了一个经纪人，专门去儿童的圣诞派对上演出木偶剧。我还创作了一部以家政学为主题的歌剧，并担任主唱。此外，我还是一名篮球队员，那时加入篮球队不需要你有多高，我也非常乐于参加。

当重要的考试临近时，年少的我会变得焦虑，但不至于极度焦虑。在与男孩们的交往方面我没有什么好担心的——因为似乎一直都有很多男孩在等着女孩们挑。那是一夫一妻制的阶段，婚姻关系稳定，口服避孕药也没有被广泛使用。你根本不用担心性行为会给你带来什么后果，因为你压根不会有性生活，这是大家的共识。

我是从16岁时开始写作的，我的朋友记得我当时是在学校食堂宣布了这个消息。后来她对我说："你真勇敢，竟然有胆量大声说出要成为一名作家。"但那是因为我没有意识到我不该如此高调。我不知道灵感是从何而来的，当时没有榜样，对作家这个职业一无所知，除了读过海明威、奥威尔和许多科幻小说之外，还在学校学习了19世纪的经典著作。我买过一本名叫《作家的市场》的书，书里讲了可以去哪里出售你的作品。这本书上还说，真实的浪漫爱情故事最能赚钱，所以，我计划创作那些能赚钱的作品，然后在晚上开始创作自己的杰作。最初时，我写得并不顺利，但我认为我可以做到，所以坚持了下来。

如果现在我能遇到16岁的自己，我会想："你是从哪个星球来的？"我与同龄人不太一样，因为是在森林里长大，我很少关注别人的想法。我很爱讽刺别人，言辞犀利，还喜欢嘲笑。现在看来，我和我的朋友们可能会被认为很苛刻，但那只是从电影里模仿来的做派。

我觉得自己独立思考的能力来源于父母。母亲没有遵循那些固有的教育模式，她从来不会因为我是女孩，就告诫我有些事不能做。父母对我以写作为生的想法不太满意，因为不知道我将来靠什么赚钱。我曾考虑过做一名记者，但父母带回来一个男性记者朋友，这个记者告诉我，如果我成为记者,最终只会写写讣告或是女性专栏文章。就这样,他们成功地把我从当记者的道路上拉回来,但却没能将我引向理科的方向,那才是他们对我寄予的希望。

如果要给年轻的玛格丽特一些建议,我会告诉她不要将自己的日程排得过满。实际上,我已经这样说了 50 年了。我会告诉她要调整自己助人上瘾的心态——需要找到一种解决办法,因为过分热心会耗费太多时间,而你不可能帮助到世界上的每一个人。向年轻的玛格丽特炫耀我后来的事业,是一件很困难的事——要让她留下深刻的好印象不容易。如果我能告诉年轻的自己我获得的成功,她会说:"是的,你成功了。"在我所有的小说作品中,她可能最喜欢《使女的故事》——她读过《华氏 451》和《1984》这样的暗黑科幻小说。

我会告诉年轻的自己:"别再把过于夸大的事放在心上,一切都会好的。到你 30 岁以前都会好起来,到 40 岁后就更好了。"20 岁时,我不知道我的人生要如何布局,所以充满了焦虑——会遇到自己的白马王子吗?事业会成功吗?生活会幸福吗?当年满 40 岁时,我至少知道了我人生大约一半的布局。作为一个 40 岁的女性,如果你在事业上有所成就,你会比 20 多岁时更容易被人倾听。

当你活到 76 岁,有很多人已在你之前去世,而你未曾对他们说出你曾经想说的话。我的父母直到去世,都没有进行过这种谈话,但我很早以前就有过这样的谈话,因为我知道世事无常。

如果能回到过去,我可能会重温一次我们的北极旅行——那确实是一个神奇的地方。1991 年,我们也曾在法国短暂居住,也许我该回去重新体验那里美好的秋天。又或者,是加拿大北部的夏天——也非常美丽。但是,真正在清晨唤醒我的,是对即将发生的事情的期待。如果浪费大量时间去回忆过去,很快你就发现你已经在摇椅上老去。

Sir Roger Moore

罗杰·摩尔爵士

演员

受访时间：2014 年 9 月 29 日

　　16 岁时，我已经工作了 6 个月，受雇于一家为陆军和空军部队制作教学动画电影的公司。我的任务是在航行识别灯控箱上绘制插图，我喜欢这份工作。遗憾的是，由于在实验室收拾胶卷时，引发了一个误会，我被解雇了。失业以后，我经常去游泳。

　　我十几岁的时候，战争还在继续，这真是太可怕了。记得有一天我回到家，母亲刚刚得知她的哥哥战死于意大利。这个哥哥是她一生中最敬爱的人之一，他是一个普通士兵，当时他所在的排踩到了地雷，他被炸死了。除了战争带来的阴影外，我是一个开心快乐、无忧无虑的青少年——不用承担任何责任。

　　我与父母关系融洽，我是家中唯一的孩子，非常受宠爱。我不用与别的孩子分享父母的爱——过去，我常开玩笑说，他们只生一个孩子，是因为他们的第一次尝试就已经很圆满，所以无须再次尝试。但事实上，我在母亲肚子里时肯定很不听话，因为自我出生后，医生就建议母亲不能再要孩子了。

　　我从未想过演戏，但我一直喜欢扮小丑逗人发笑。我经常被选中在课堂上大声朗读诗歌和故事。我的父亲是一名警察，他的工作是绘制事故现场图，为上法庭提供证据。他的主要工作可以在家完成，如果阳光明媚的话，他就会放下工作，带我去游泳。如果那时有人问起我的职业规划，我会说我想成为一名像父亲一样的警察。

如果我能与16岁的自己谈一谈，我会告诉他："准备好接受批评；准备好进入一个绝大多数人都会失业的行业；存住你的钱；保持微笑，举止得当。喜欢就好。"

十几岁的我会对我的功成名就惊讶不已。当然，他也这样梦想过，但如果没有成功，他也不会担忧。我记得当时我有能买5支香烟，或是能搭乘一次公交车的钱。我必须一路走到伦敦去，否则，我会坐在公交车上后悔自己怎么没买烟。所以，当我终于同时负担得起这两项支出时，就会坐在公交车的顶层，一边抽烟，一边大声念我的台词。这样，每个人都能看出我是个演员。

回首往事，我是很幸运的。我记得在纽约的时候——我没有获得签证就去了那里——不到一个星期，我就得到了一份电视直播的工作。之后，好莱坞向我邀约，我必须决定与美国的哪家电影制片厂签约。这有点荒唐可笑——那时我只有26岁。

我并非阿尔伯特·芬尼或汤姆·康特奈——我没有他们那样的表演天赋，所以我必须在演技上下功夫。我的生活一直很好，人们喜欢我扮演的精彩角色。我一生都在扮演英雄人物，因为我的相貌看起来就很像个英雄——实际上，我得到的所有角色看起来都很像我自己。我真的很想演一回反派。

衰老从未困扰过我，我的妻子和孩子们都很爱我，这就够了。我曾数着自己剩下的头发说："哦，还有一点头发。"我变得越来越像迈克尔·凯恩小说中描绘的人物，这个人物只有三根头发，还去理发店理发，当理发师问他如何将头发分边时，他说都朝左边。但后来，有一根头发掉了下来，理发师又问："现在怎么分？"男人说："中分吧。"结果，又掉了一根头发，当理发师问他现在怎么办时，他说："那就弄乱它。"

我不喜欢看自己以前演的电影，我很自负，不喜欢被人提醒我没有自己想象中那么优秀。当我看到自己在电影里做的那些现在的我再也做不到的动作时,比如跑上楼,我就会觉得"该死"。我从没坐下来看完过一部詹姆斯·邦德的电影。

我可爱的妻子是瑞典人,我们相识之前,她没有看过太多我演的电影。她曾看过一部詹姆斯·邦德的电影,那是在哥本哈根应美国大使夫人的邀请,她参加的一个私人放映活动上,但那部电影是《007之诺博士》。所以,她知道的是肖恩·康纳利饰演的詹姆斯·邦德,而不是我饰演的詹姆斯·邦德。她最喜欢我出演的哪部詹姆斯·邦德?她从没有跟我说过。她在房间那头,我问问她……她说是我打空手道的那部。我想,她指的应该是《007之金枪人》。是的,我非常享受这部电影带给我的乐趣,影片中的两位女士——莫德·亚当斯和布里特·艾克拉诺——我觉得她们很甜美。

我认为有些时候,要未雨绸缪,才能抓住好运——你必须意识到会有那样的时刻到来,然后好好利用它。我有时也会反唇相讥,但我讨厌争论——当你发脾气的时候,就意味着你已经输了。我总是劝别人"要善于倾听他人的意见,权衡利弊,采纳好的建议,拒绝那些你认为对自己没有任何益处的建议"。我很擅长这样做吗?不见得,但我还是会一直坚持。有首歌是怎么唱的?"一直走到路的尽头。"

Alastair Campbell

阿拉斯泰尔·坎贝尔

记者、前唐宁街新闻秘书

受访时间：2012 年 1 月 30 日

青少年时期的我，总的来说是快乐的。但我也有某种程度的焦虑，因为 12 年后，我因严重的精神崩溃住进了医院。不过，住院后我的精神状况一天天好了起来。我读书时十分用功，还做了不少兼职。在苏格兰，我有一个大家庭。假期我总在叔叔的农场工作，我十分热爱这份工作。在我看来，叔叔当时支付给我的工资是一笔不小的收入，所以我喜欢和他住在一起。我还和叔叔农场的一个雇员出去寻求刺激，度过了一段逍遥自在的时光。我会吹风笛，喜欢足球和板球，自然也喜欢伯恩利足球队。16 岁时，我在观看伯恩利队的比赛上已经花费了大量的时间和金钱。即使上课，我也绝不取下我的伯恩利围巾。我的老师们都尝试过让我取下围巾，但我无论如何也不愿意。

虽然我年少时有过几个女朋友，但直到长大成熟我才认真对待感情。我十分自信，从不担心自己是否有魅力或是否能和女孩约会——我总觉得女孩们都围着我转。所以，当时我觉得建立一段稳定的关系并不是首要的事情。

16 岁的我如果知道自己最后成功戒了酒，一定会如释重负——我当时已经开始饮酒过度，也为此担忧。我在酒吧一直都畅通无阻，我从第一次接触酒就爱上了它。在我的伴侣菲奥娜的回忆中，我似乎从来没喝醉过。我的酒量确实不错，有时我还有酒后暴力行为。幸运的是，没人因此受过重伤。我现在很少喝酒，我发现酒喝太多的话，很快就会感到无聊。

我没有被政治化，也就是说我没有加入任何党派。但是我十分有主见，并且反对权威政治。我原来最想成为的是一名足球运动员，但我并不擅长踢球，所以足球运动员从来没有成为我的职业备选。但我目前做过的最棒的事情之一，就是被邀请和迭戈·马拉多纳一起进行慈善比赛，这类事情正是我年轻时的梦想。另外，如果你告诉我，我将从事与文字和语言相关的工作，我不会感到意外。我一直在写作——诗歌、歌曲和短篇故事。我的家族成员中从未有过记者，但我父亲习惯每周订阅《周日邮报》。我还记得我曾一字不漏地阅读过报纸内容，这也许是我会对新闻工作感兴趣的先兆。

我不想让人觉得我很傲慢，但我总认为我过的生活和大部分人的生活不一样。可是如果你告诉少年的我：你将成为一名记者，冷战结束时，会前往马耳他参加有布什和戈尔巴乔夫出席的峰会；将和未来的首相成为朋友，还会飞遍全球去见总统、国王和女王，然后和克莱夫·伍德沃德、亚历克斯·弗格森这样的体育明星成为朋友——我觉得他可能会说："天哪！你这牛吹得过分了点吧。"

我想，年轻的我可能担心成年的我太受制于政府体制。但是他应该会对我拒绝成为上议院的一员，并且没有接受爵位感到高兴。我现在很少去约克郡，但我想他应该感觉得到我从未忘记自己的根和家人。我不喜欢英国固化的阶级结构，我为工党工作时，不得不面对英国媒体带有极端偏见做报道的事实——我们以极具战略性的方式制定议程来处理这样的情况。令我十分自豪的是，我们不仅做到了，还在3次大选中获胜，随之改变了整个国家。

精神崩溃之前，我并没有意识到自己有抑郁症。我觉得大部分人会认为我是个乐天派，但谁能知道人们内心的真实想法呢？现在我仍然热爱运动，但没有年轻时那么痴迷了——偶尔踢足球、打板球，但没有把运动当成日常生活的一部分。如果能够重活一遍,我一定会让体育运动占据我生命中更大的比例。我以前抽烟,这是另一件我后悔做过的事。我现在已经戒烟 20 年了,但我的哮喘依然没有痊愈。我现在认为抽烟是一个非常可怕的习惯,但在那时,抽烟是我生活中重要的事。

我记得我曾对一名高级官员说,我不太明白为什么部分官员不能很好地与我们合作。她回答道:"你得明白,他们中的一部分人非常害怕你。"我说:"但我是你们合作的人中最随和的人,我是个崇尚团队精神的人。"她说:"你的工作人员给我打电话,说你想和我谈谈时,一阵惊慌从我的脚底升起。"我说:"那是他们的问题,不是我的问题。"她又说:"话是这么说,但这也关乎你的声誉。"

我不确定,我回到过去是否会在一些重大决定上做出不同的选择。爱尔兰事件[①]本来是一块烫手山芋,但最后却得以顺利解决。大多数人认为在伊拉克的事情上我们做错了,但我固执地认为是我们采取了有效措施。有人问我,难道不希望牺牲的人可以少一点吗?当然希望!但是,难道我可以改写历史吗?完全不可能——之后就会有些人说,我们就是想借机挑起战争,死亡人数的多少根本与我们无关。我和托尼[②]十分关注这件事。

对于高调做事,我没有一个清晰的看法。我有时候不喜欢站在聚光灯下,如果我去银行、建筑协会或建筑公司发表演讲,我可以挣很多钱,因为大家都知道我为托尼·布莱尔工作。我的生活很有趣,也很多样化,我有时喜欢这样,有时又不太喜欢。

我觉得《幕后危机》这部电影非常有趣,这是一部喜剧,但如果你真正去分析马尔科姆·塔克这个角色,你就会发现他是权力和媒体间的媒介,同时想要控制政治信息和媒体,就像我一样。推特上每天都会有人说类似这样的话:"我刚刚被告知,我是组织中的'阿拉斯泰尔·坎

---

① 指其跟随托尼·布莱尔签署《耶稣受难日协定》。
② 译注:指英国首相托尼·布莱尔。

贝尔'。"这说明他们可能是媒体人，也可能是公关顾问，还可能是终极团队的成员。但如果10年后人们仍然会谈论你，那么你一定是做过一些被社会认可的事。我还是一名记者时，我对撒切尔夫人政府的所作所为厌恶不已，认为工党所代表的才是英国普通民众，我们改变了政治辩论的方式。一路走来，我和彼得·曼德尔森逐渐因为我们在媒体方面的改革而出名，但我为我们所做的事感到骄傲，因为，我们是反建制派中的一员[1]。

我思考过很多关于"幸福"的问题，其中一种幸福是找到归属感。我觉得自己首先是一个英国人，其次是一个苏格兰人，最后才是约克郡人，我花了相当长的一段时间才在英格兰找到归属感。政治上，我感兴趣的那部分是追求幸福——我认为这是一个非常不错的评判政府政策的方法。比如，当我们想看看教育方面的政策怎么样，那我们会问，我们让孩子们更快乐了吗？这不仅仅意味着玩得开心——它还和是否获得成就感有关。布莱尔政府上台后做过最有影响力的事之一，就是让孩子们获得免费参观博物馆的权利。我喜欢这样一个理念：政策制定人不应该只考虑经济、社会和平等——虽然这些问题也很重要，但我们还应该思考一个问题：我们应该怎么做才能使我们的国民更幸福？两百万人每天要用他们辛劳工作赚来的钱买《每日邮报》，这样的国家有何幸福可言？现在，我已经学会不去听《今日》节目——为什么要让新的一天开始于头疼呢？

如果我可以回到过去，重新度过某一天，我想回到我的孩子们出生的那一天。3次大选的成功本应该是我人生中最美好的日子，但我在这些日子里都很抑郁，完全感受不到成功的喜悦。皇家节日音乐厅[2]以及那里发生的一切都让我有一种压力巨大的窒息感，我对托尼说："我现在只想回家。"然后他说："我的心情和你的一样。"每个人都兴高采烈，而你却只觉得，我的天哪！接下来会发生什么？

---

[1] 坎贝尔在2019年7月退出工党，他表示工党的政治理念"不再能代表我个人的价值观"。
[2] 1997年大选的夜晚，工党举行庆功会的地方。

Benny Andersson

班尼·安德森

音乐家

受访时间：2017年12月4日

16岁时的我是一个普普通通的少年，对于未来会过什么样的生活毫无头绪。我不知道我应该当个音乐家，还是做一个作曲家。我是自学的，但我已经学会弹钢琴了。后来，我收到摇滚乐队"赫普之星"的邀请，他们的风琴手已经离队了，于是，我加入了他们。我想告诉年轻时的自己："坚持你所热爱的，不要担心太多，顺其自然，一切困难都会迎刃而解。"

20世纪60年代早期，对16岁的青年来说是一个伟大的时代。我所听的音乐都来自英国：披头士、滚石、奇想和谁人，他们才是时代明星！布莱恩·威尔逊是我的偶像之一。的确，激励我作曲的人是列侬和麦卡特尼。19岁时，我写出了人生中第一首销量冠军单曲——《阳光女孩》，至今我仍然觉得这是一首好歌——歌词粗糙但是旋律优美。我想，也许这是我终其一生都不能放弃的事情，我目前也没有任何理由为之感到后悔。

在20世纪60年代，人们并不认为摇滚乐队成员是一份职业。从1965年到1969年，我们是瑞典最成功的乐队。但是我的父母仍然会质疑："离开赫普之星乐队之后，你打算怎么办呢？"在组建阿巴乐队之前的几年里，我们4名乐队成员都不得不为了维持生计、支付租金而努力工作。而我的家境也并不富裕，音乐一直对我很重要，但是只有自己知道奋斗的滋味。

我年纪轻轻便身为人父，尽管我自以为相比起同龄人，我已足够成熟、足够优秀，但是，事实上这并不是理想状态。外出参加巡回演出的日子很辛苦，但是现在回想起来有种苦尽甘来的滋味。而且，这么多年来，我们也完成了不少演出。如今，我的大儿子 53 岁，女儿 51 岁。他们跟我说："我们由衷地为你坚持所爱而感到开心，这意味着你能够过上令自己满意的生活。"他们从未抱怨过我的不尽责，而我一直都不知道。我的小儿子卢德维格今年 35 岁了，在他成长的整个过程中，我一直陪伴在他身边——我喜欢手把手地去引导他。我们做任何事情都在一起，我们现在也正一起合作，为下一部《妈妈咪呀！》电影筹备歌曲。我的妻子有些嫉妒，因为儿子和我相处的时间多于和她。

机缘巧合之下，阿巴乐队的成员们聚集在了一起。比约恩和阿格妮莎相遇并定了婚，几乎与此同时，我遇到了弗里达。此前，她和阿格妮莎都是独唱演员，而我和比约恩也有各自的乐队。后来，比约恩和我创作了一张唱片，名为 *Lycka*，意思是"幸福"。在这首歌里，我们请了各自的妻子来伴唱，然后突然发现，哇！她们的声音太好听了！比约恩说，我们应该尝试写一写流行音乐，并且用英文演唱。于是，1972 年，我们写了一首《人们需要爱》，一经发布就风靡一时。此后，为了让人们认识我们这些来自北极的乐队，我们决定参加欧洲电视网歌唱大赛。突然之间，我们走出了瑞典，走向了世界。

我和比约恩认识了 51 年，他就像我的亲兄弟一样。这份友谊无比珍贵，我们现在每周都会聊天。我们性格迥异，这也是我们成为挚友的原因之一。阿巴乐队成员之间的相处非常和谐，大家都是彼此的好朋友，多年来无话不谈。

假若你喝酒太多，经常喝酒或喝太久，都是自找麻烦。16 年前，我下定决心戒酒，这或许是我人生中做过的最正确的决定。忽然之间，每时每刻都在努力保持健康。这是我做过的最好的事情。

十几岁的时候，我还没有一点政治意识，但现在我有了——这是岁月带给我的。我现在意识到，每一件事情其实都很重要。我全身心投入，有了个人见解，同时也支持那些拥有相同观点的人。例如，我认为《大志》杂志就是一个不错的倡议。我最关注的是性别平等[1]，但是如今，我也会关注那些错综复杂的社会局势，比如英国脱欧、加泰罗尼亚独立、唐纳德·特朗普当选美国总统。英国脱离欧盟，就如你的朋友转身和你说："我不再喜欢你了。"我们感到十分难过，但是这不一定真的会发生，让我们静观其变吧。

我人生中很多事情是年轻的我可以期待的。我不明白为什么阿巴乐队的音乐能够经久不衰，希望这是因为歌曲的质量很高。我们谁也没有想到，在1982年解散后，乐队的音乐热度还能延续35年之久，唱片的生命力延绵至今。我们无疑是幸运的，通过《穆丽尔的婚礼》这部非常精彩的电影，让这些音乐保留下来。后来，灭迹乐团也受此影响创作了一些音乐作品，并取得了很大的成功。接着，我们的专辑《ABBA Gold》发行了。一定有成千上万的孩子们不了解阿巴乐队，但是他们肯定听过《妈妈咪呀！》里的配乐。我为阿巴乐队在乐坛取得的成就感到很骄傲，无论是《棋王》里的配乐，还是瑞典的音乐剧《克里斯蒂娜》——它讲述的是19世纪瑞典人民迁移到北美的故事，它取得了巨大的成功——说真的，它更像一部歌剧。

数字版本的阿巴乐队即将来袭，虽然我不知道我们能否化身为全息影像，但这将会是一个巨大的工程，同时也会是一个巨大的荣誉。我们花费了一年半的时间制作全息影像，这多么令人振奋，因为我们在利用前沿科技。我们必须让观众满意，要让他们知道，即便影像并非真人，我们的心却始终紧紧相系。

---

[1] 安德森曾经捐助过瑞典女权主义倡议党。

结束阿巴乐队后的生活和往常一样,没有什么变化,我依旧在做着自己热爱的事情。我想尝试给戏剧作品写点音乐,然后蒂姆·莱斯找到了我,并提出了他的想法:创作一部关于国际象棋的音乐剧。我觉得这简直太无聊了,不值得浪费时间!为了追根溯源重新创作瑞典民间音乐,我组建了一支小乐队。如今,我们的乐队由16个人组成,叫班尼·安德森的管弦乐队。每两年我们都会进行一次巡演,搭建一个舞台,并演唱4个小时。我仍然能从中感受到乐趣。

第十一章

责 任

我认为我们绝对需要派遣人类去永久占领火星。

——巴兹·奥尔德林

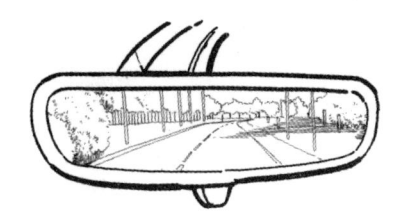

Dame Stella Rimington

斯特拉·雷明顿爵士

英国军情五处前总干事

受访时间：2018 年 11 月 26 日

我在第二次世界大战爆发前 4 年出生，是一个在战争中成长的孩子。我们全家离开诺丁汉，去利物浦河对面的沃勒西和祖母住在一起。利物浦码头遭到轰炸时，我们就住在那里。到 1951 年，我 16 岁，人们又开始展望未来了。那年，在伦敦南岸举行了英国节，是为了庆祝新的开始。我记得当时有一个露天游乐场和一个满是新的科学发明的探索穹顶，我发现这个穹顶非常有趣。英国政府当时说："现在黑暗结束了，有一些东西值得我们期待。"我想，我们几年后能举办一个脱欧节吗？我非常怀疑。

我的父亲参加过第一次世界大战，患过一段时间的抑郁症。他很喜欢我和哥哥，但他不善交谈。我和母亲的关系更为亲密，她把我们抚养长大。母亲曾在伦敦东区当过助产士，就像电影《呼叫助产士》里的护士一样。但她所处的时代要求女性婚后不再工作，所以，战后她放弃了工作。我想知道她是否期待过，如果她出生在另一个时代，她的生活会怎样。在战争期间，肩负着照顾两个年幼的孩子和一个焦虑不安的丈夫的重担，压力一定很大。我认为她是一个无名英雄。

大学毕业后，我找了一份县级档案管理员的工作。但我确信我最终会结婚，然后我的事业就会排在我丈夫的事业之后。有一段时间确实如此，当我的丈夫在新德里履职后，我立刻辞掉了工作，专职做一名外交官的妻子。印度是个很棒的地方，但我在那里的生活非常无聊——主持茶话会、参加业余戏剧表演。当我们回到英国后，我希望我们会开始正常的家庭生活，但却未能如愿。我那时沮丧地觉得自己是个失败的母亲，所以，当我在军情五处找到一份打字员的工作时，我的丈夫鼓励我去上班。

我以为军情五处的工作很有趣，但我有点失望，因为女人在这里明显被当作二等公民。我和男同事一样有学位，但却只能帮男同事打杂。幸而随着 20 世纪 70 年代的结束，我们有了妇女解放运动和《性别歧视法案》，那些对抗性别不公的模糊意识开始出现。像我这样的女性成为谨慎的革命者，我们客气地问："为什么我们不适合做真正的工作？"后来，情况开始有所改变。

我与丈夫离婚时，大女儿大约 10 岁，这对我来说有点艰难。从那以后，我们成了一个单亲家庭，有两个正在长大的女儿，而我则有一份全天候的全职工作。到家里来帮我照顾孩子的，可能是互惠生、保姆或楼下住着的女邻居。我承认，有时确实有点勉强糊口。女儿们有时会以宽容的口吻谈起这件事，她们说，有一个认真工作的母亲是一件好事，但这并不是她们可能想拥有的舒适童年。

冷战结束是一个激动人心、充满希望的时刻，突然间，世界发生了翻天覆地的变化，又回到了 1951 年那种世界开放的感觉，但现在我对未来并不乐观——我觉得世界正处于一个非常令人担忧的状态。民族主义抬头、退到边境线的难民以及英国脱欧的不确定性，一切都感觉动荡不安，20 世纪 80 年代末的黄金希望并没有实现。

有人告诉我，冷战结束后，我将被任命为军情五处的局长。得到这个职位的感觉，就像经历正在发生的一系列令人惊奇的事情一样，我异常兴奋、激动和惊讶。英国政府有史以来第一次做出决定，他们将宣布这个任命，并告诉人们我的身份。多年来，我一直谨慎地不告诉任何人我的工作内容，结果现在我成了每家报纸的头版人物。实际上，这是一个既兴奋又慌张的奇怪时期。我的母亲惊呆了，我从未告诉过女儿们我的工作，尽管我认为她们实际上是有所怀疑的。她们的朋友都说："哦，我读到过你妈妈的故事。"我有一个朋友也因此深受伤害，她是传统意义上的左翼分子，认为政府就是人民的敌人。所以，当她发现我这么多年来一直在做这样的工作时，她非常生气，好长时间都不理我。

媒体最初把我塑造成像詹姆斯·邦德中的家庭主妇式的超级间谍，我们试图改变这一印象，我认为我们已经取得了一些进展。当然，后面新的邦德电影让朱迪·丹奇扮演军情处女首脑，据说是以我为原型塑造的角色。所以，虽然没有摆脱詹姆斯·邦德，不过也相当有趣。

如果能选择一天再过一次，我想回到去见苏联情报机构人员的那一天，他们长期以来与我们为敌。我的想法是，帮助他们为特勤局立法，这样，他们就可以在一个民主的环境下运作。但实际上，那简直就是对牛弹琴，他们把我看作来自另一个世界的怪物。当然，我是会议桌上唯一的女性。在结束演讲时，其中一个人说，你们国家有一位女首相、一位女王，现在又是一位女性领导情报机构，他的弦外之音就是"你们一定疯了"。不管怎样，这仍是让我最难忘的经历之一。我从没想过能去俄罗斯，我以为冷战会伴随我一生。但我还是去了，夜晚，坐在一辆英国大使挥舞着英国国旗的劳斯莱斯车上，穿过满地是雪的莫斯科，去与苏联情报机构的人员共进晚餐，这简直就是小说中的场景。

16岁的斯特拉会完全惊讶于我现在的生活方式，我看到的一些事情，她甚至不知道是否真实存在。当然，她的世界要小得多。她会担心我的生活是否安全，因为她从一个充满恐惧的世界走出来，看到它变成了一种新的和平。而我所做的一切都并非为了和平，而是为了保护人民不受威胁。但这并没有让我变得更可怕，事实上恰恰相反。

Richard Hammond

理查德·哈蒙德

电视主持人

受访时间：2013 年 1 月 14 日

16 岁时，我想要脱颖而出，成为一个叛逆且与众不同的人。我不喜欢上学，我从来没有想过自己会遭受校园霸凌，但最近我一直在想，我可能是被霸凌过的，因为我个子矮。要向自己承认这件事是可怕的，我对待这件事的方式先是否认，然后说这一切只是为了好玩，我不介意。我是家里的哥哥，在我看来，哥哥是不该被任何人欺负的。所以，我觉得，我总会想事事当第一，这使我成为情绪暴躁的人。我很好斗，易怒。16 岁时，你觉得你向这个世界迈出了一大步，但这是一段非常艰难的时期。

16 岁那年，我转到了一所男女混合的文法学校，这让我很难集中精力上课。我对女孩非常热情，但实际上完全不懂男女感情。在那之前，我就读的男校的老师都很纵容我们，在那里，我们谈论了很多关于女孩的事情。但当我和女孩在一起时，我非常害怕，脑子里充斥着少儿不宜的想法。我确实有过几个女朋友，而且我对待每一段感情都非常认真。我非常热烈地投入一段感情，在一段关系结束时我会流泪，然后下个星期，我会爱上另一个人。

我对音乐、艺术和摩托车感兴趣，我非常想要一辆自行车，但我的父母很慷慨地给了我一辆旧的 50cc 本田摩托车。有一段时间，一切都很美好——我拥有了自己的车和自由。我从一个朋友的父亲那里买了一件旧皮夹克，你可能会认为这样会让我很酷，但事实并非如此。我是村里迪斯科舞厅里的小家伙，穿着一件从朋友父亲那里买来的、难闻的旧皮夹克，嘲笑那些寻欢作乐的人。我希望那个有艺术气质的、高傲、黑眼睛的女孩能看着我，觉得我那阴郁的魅力不可抗拒，但这从未发生过。如果时光倒流，我会告诉年轻时的自己，女孩们更喜欢对她们微笑并能和她们一起开怀大笑的男人。但实际上，一个43岁的男人能对一个内心狂野、桀骜不驯、躁动不安的少年说些什么呢？

如果我现在见到十几岁的理查德，我会想："多么自大、傲慢、自恋的小浑蛋。"我知道内心深处我并不是那样的人，但我想这就是我给人的印象——这就是我应对不安全感和面对别人对我身高的挑剔的方式。直到今年，我才向自己承认了我觉得我被霸凌过，而承认也是一件很可怕的事情。为了我自己的幸福，我很想回去，用胳膊搂住那个瘦弱、愤怒、留着长发的小叛逆，告诉他，一切都会好起来。但我觉得，所有这些不安全感和担忧都是我前进的动力。如果你把它们拿走，我就不会有现在的成绩了。

在那之后，我所拥有的事业和生活，都是年轻时的我想要的。作为一个电视节目主持人，自驾和在世界各地制作自然历史节目——这两件事都是我非常感兴趣的——我从未想过能有这样的生活。我很想回去告诉年轻时的自己："你将会去博茨瓦纳看大象，开车穿越沙漠。"如果我早知道会有这样的事情发生，我一定会满怀信心和快乐地大步走进村里的大厅。

生活就是一连串无穷无尽的选择，你的身体在不断地变化和运动——这不是一个线性的过程。如果我在5岁的时候买了不同的鞋子，它可能会影响我的余生。也许我可能成为一个艺术家，或者一个抢劫犯。我差点要在大学学习建筑学，但最后，我没有接受这份录取通知书，因为我身无分文。我记得我坐在那里思考："我不能在负债累累的同时，全身心投入 7 年的学业。"我没有选择众多道路中的这一条道路，一条本可以带我走向不同人生的道路。

我会很想成为名人，但我不理解其现实意义。有时，我会觉得很尴尬。上周，在火车上，我知道有很多人正看着我，我不责怪他们，尽管我也感到受宠若惊，因为这意味着他们在看我主持的节目，但有时确实觉得很好笑。我会告诉年轻时的自己："不要害怕媒体——你和其他人一样有权参与其中。仅仅因为你不住在伦敦，没有很多魅力四射的朋友，并不意味着你没有这个选择权。参与进来，与人交谈。没有魔法，他们都是普通人——甚至包括流行歌星和首相。"

我同情所有遭受脑损伤的人，你会经历一段非常艰难的时期，你会质疑自己、你的理智、个人情感、个性——这是一个特别艰难的过程。我过去常否认这段经历对我的改变，但它的确改变了我。在医院躺上几周，思考自己的个性确实会有效果。但如果你非常幸运，它可以成为一段励志、深有启发的经历。那次车祸[①]是我经历过的最严重的事情之一，它改变了我。但这就和有孩子、满 40 岁、得到第一辆摩托车一样，所有这一切造就了今天的我，我现在觉得自己很幸运。

---

① 2006 年，理查德在拍摄《英国疯狂汽车秀》节目时，撞上一辆时速 288 英里的喷气式汽车。

Malcolm McDowell

马尔科姆·麦克道威尔

演员

受访时间：2014年6月2日

16岁时，我在导演林赛·安德森①所说的"小型的公立学校"上学——他一直无法接受这件事。我在准备夏天的考试、演莎士比亚戏剧、打板球和橄榄球，学校对我来说是一个安全的避风港。多年来，我是在我父亲开设于利物浦的酒吧里长大的，环境混乱，每天伴随着玻璃碰撞声、沙哑的笑声和楼下滚滚而来的香烟气味入睡。我喜欢这种生活吗？这么说吧，我很少回去。

我会向十几岁的自己解释，酗酒是一种病。不幸的是，我的父亲是个酒鬼。他是一个伟大、具有传奇色彩的人物，但作为一个孩子，我并不在乎这些——我只想让他出现在我身边。从这个角度来看，他总是令人失望。虽然我知道他有酗酒的毛病，这对我无关紧要，但能帮助我了解他。我以前是一名优秀的板球运动员，我想他在这方面挺为我骄傲的，但是他对我演出的戏剧完全不屑一顾。

年轻时的我应该感谢上帝，因为我是一个北方人，北方人的身份曾救我一命，使我在南方的学校里脱颖而出。在北方的生活经历为我的生活奠定了基础，并赋予了我强烈的幽默感。而幽默使人坚强，且具有讽

---

① 传奇电影导演，执导的《如果》和《幸运儿！》两部电影，均由麦克道威尔主演。

刺意味——有时你需要它才能生存下去。此外，还有北方的音乐。我17岁时，曾去利物浦洞穴俱乐部观看了名叫"银披头士"乐队的表演，简直精彩绝伦。

如果我现在见到16岁的马尔科姆，我俩不会有太多相同之处。他对自己将要做的事情以及生活方式缺乏安全感，而且有点担忧。但我们都有好奇心和幽默感，他是个非常乐观的少年，对自己想要弄清楚的一切充满了好奇。时至今日，我仍然沉浸其中，开怀大笑对我来说依然非常重要。

我11岁开始在学校表演，我演出的第一个戏剧是《阿拉丁》，我扮演主角阿拉丁。我还扮演过莎士比亚戏剧中的彼特鲁乔、博顿和费斯特。我一直扮演剧中的主要角色，但从未在戏剧中饰演过严肃的角色和反派角色。幸运的是，学校校长非常喜欢看戏，常带孩子们去埃文河畔的斯特拉特福德，那里有座旧维克剧院。晚上，我们在一棵大柏树下的大草坪上表演莎士比亚的戏剧，开心极了。

回首往事，我在想，如果我没有遇见林赛·安德森，我会从事什么职业呢？我将不会出演《如果》这部电影，也不会主演影史经典《发条橙》。能在这些精彩绝伦、经典杰出的电影中扮演一个角色真是太棒了，这些电影简直就是"语言"教材。当《如果》这部电影首映时，你很难想象它对英国建制派造成了多大的影响，几乎是动摇了一切。这是对英国等级制度的惊人披露，林赛·安德森，一个出身公立名校的男孩，竟然做出了如此大胆的背叛。这几乎就像"剑桥五杰"①中的伯吉斯和麦克莱恩等人一样，把英国的秘密泄露给了俄国人。

16岁的马尔科姆一定会喜欢《如果》和《发条橙》这两部电影。我记得在利物浦莱姆街的奥德翁剧院观看阿尔伯特·芬尼演出的电影《星

---

① 译注：克格勃历史上非常重要的5位人物，出身贵族，毕业于剑桥，被克格勃认为是最实干的优秀外国间谍。

期六晚上和星期天早晨》时,就曾想过:"我想拍电影。"对我来说,那只是灵光闪现的时刻。

参演电影《如果》的经历极大地鼓舞了我,之后我自信满满,感觉自己走上了演艺之路。从那时起一直到和库布里克[①]一起工作——这部电影在现在和 40 多年前它问世时一样针砭时弊——这对我来说是不可思议的。那部电影能流传下来使我十分惊讶,我总是被邀请参加这部电影的影展——已经到了停不下来的地步。

我想我不能给年轻时的自己提一些关于事业的建议,因为我没有学到任何有价值的东西。如果有人跟我说他想当演员,我会说:"看在上帝的分上,不要去。当演员将使你遍体鳞伤,将你的才能消耗殆尽,然后将你抛弃。"要知道 95% 的演员无戏可演;还有 90% 的演员年收入不到 1 万英镑——这是我想象的数据,但不会错得太离谱。当然,如果有人告诉年轻的我这些信息,对我毫无作用。我依然会成为一名演员,因为我必须这么做。我不可能从事其他职业,这就是区别所在。

我真不知道为什么我会变成一个酒鬼。或许人们会认为,看看你的父亲不就清楚了。20 世纪 80 年代初我开始酗酒,那时都不知道酗酒还会遗传给下一代。但是,我那时状态非常差——我的生活发生了很大变化,那段时间我是靠着酒瓶子扛过来的。虽然酗酒就像癌症或糖尿病一样,是一种可以治疗的疾病——但我却花了很长时间才弄明白。我曾酗酒多年,但后来我的儿子查理出生了,我知道必须戒酒了。我已有 30 年没喝酒了。

有一段时间,我开着车带着孩子们去他们想去的地方——我是一名优秀的司机。这也是我不在剧院演出的原因,我不想错过儿子们的童年。我不能在伦敦或纽约的剧院长时间演出,这很遗憾,因为我其实还挺想去的,但这已不是我能决定的。我对孩子们还是比较严格,但是现在我

[①] 合作《发条橙》。

带第二个孩子，心态比以前更放松了。为人父母是一件很美好的事。

如果可以回到生命中的任何时候，我想应该是我被告知当选《如果》这部电影的主角的那个晚上。我正在皇家剧院演出《第十二夜》，当帷幕落下时，舞台监督要我去接一个电话。那是选角导演米丽娅姆·布里克曼打来的，她告诉了我这个消息。我简直欣喜若狂，跑去酒吧庆祝。我买了香槟，四处看了看，除了一个依稀面熟的人以外，没有看到一个剧院的人。我告诉他，我参演了一部电影，并给他倒了一些香槟——他一定非常好奇究竟发生了什么事。而我清楚地知道，刚刚发生了一件改变我一生的事。

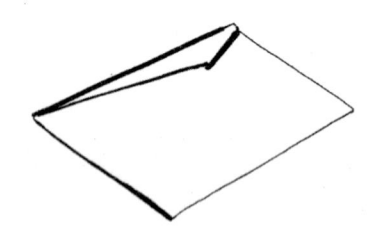

Buzz Aldrin

巴兹·奥尔德林

宇航员

受访时间：2013 年 9 月 2 日

    我确信在十几岁时，自己的学习成绩很好。因为我的父亲从 1919 年开始，到第二次世界大战期间，一直是航天工程的先行者，所以我也很想驾驶飞机。但在 1945 年，要实现这个想法的最佳方式，似乎只能进入军事学院。朝鲜战争期间，我以全班第三名的成绩从西点军校毕业，在完成飞行员训练后，我被直接派往朝鲜参加空战。我在战斗中执行了 66 次作战任务，击落过两架飞机。

    16 岁时，我在社交技巧方面略显生涩。我并不害羞，但在高中时却没有女人缘。我父亲因为曾经的事迹而成为社会楷模，但他并不善于处理与儿子的关系。战争期间，当他不在家时，我的母亲和两个姐姐成了家庭的支柱。我想，我和母亲的关系更为亲近，她来观看过我的足球比赛。

    一开始，我并没有立刻对太空旅行产生特别的兴趣。1957 年，我在德国驾驶 F-100 超音速战斗机。这一年，苏联发射了人造卫星。我们当时处于核警戒状态，以防苏联入侵欧洲，而对在我们头顶上环绕的苏联人造卫星，则毫无兴趣。1959 年，《生活》杂志展示了水星太空飞船的照片，并讨论了如何挑选第一批宇航员。我没有接受过试飞员的培训，所以并不认为自己有资格。但是，美国宇航局在 1963 年放宽了要求，更加关注学业成绩，这将我推升至名单前列。

我和尼尔·阿姆斯特朗能在月球上行走，是因为一些难以预见的变化和悲剧的发生。我本没有被安排进"双子星座"的飞行计划中，但一场导致两名宇航员死亡的事故，把我推进到计划里。我曾参与了一次非常成功的太空行走训练任务，所以，我知道我是一个很好的预备人选。1967年，"阿波罗"号起火，3名宇航员丧生，其中包括我的好友艾德·怀特。后来，我和尼尔·阿姆斯特朗被派去执行"阿波罗11号"飞行任务。

"阿波罗"号的训练计划，可能是我参加过的飞行任务中要求最严格的。我们的强化训练时间表以一个小时为单位，因此我对完成任务信心十足。我在1953年上过战场，经常处理紧急情况。在战斗中，我学会了接受可能发生的任何情况，否则将会陷入困境。我们知道，我们可能无法成功登陆月球，但我们认为，我们仍然有能力中止飞行任务并返回地球。我们原本测算成功着陆月球的概率大约是60%，但即使我们未能安全着陆，仍有超过90%的机会能安全返回地球。

每一次的太空飞行，都会设计象征的图标。我对找到一些象征人类首次登月的标记很感兴趣，但我想不出有什么具有个人色彩的图案。最终，我们想到了象征国家的标志——老鹰，我们在月球上着陆时，背面是地球的图像。有人想让这只鹰的嘴中叼一根橄榄枝，象征和平，但这一提议被否决，因为鹰张开的爪子看起来很有攻击性。所以，我们把橄榄枝放在它的爪子里，这就是徽章最终呈现的样子。当然，尼尔和我同意把飞船命名为"鹰"。

我觉得，如果我们在月球成功着陆，我会想做一些个人的，且有象征意义的事情来表达谢意。我被允许在月球表面用葡萄酒和一片薄脆饼为自己做圣餐，但那时，有人建议我不要透露任何有关仪式的事。因为有人曾经强烈反对过"阿波罗8号"的全体宇航员朗读《圣经》，我们不想再次陷入与宗教批评家们争论的麻烦之中。

如果我们能再做一次，我想当宇宙飞船降落到月球上时，我应该负责月球表面的实验。因为尼尔是第一个踏上月球的，他承担着控制我们行动的责任。出于某种原因,我在梯子底部的月球位置做的第一件事,是往我的宇航服里撒尿。然后我往外看,听到尼尔用了"美丽"这个词,这让我产生一种不美的感觉。我将之称为"壮丽的荒凉",我想我所看到的这些几千年来一直不曾改变。

有件事确实是我第一个做的:第一个回到宇宙飞船的船舱里,所以,我成了第一个在返回地球过程中进入宇宙飞船的人。值得注意的是,如果我能回到过去,离开月球时,我会提醒自己打开相机。因为我忘记了,所以我们没有任何从月球起飞离开的照片。

我可能会建议年轻时的自己,在退休后计划一些事情让自己忙起来。登月之后,我觉得再也做不出比这更伟大的事情了。所以,我决定成为第一个返回军队服役的宇航员。我想成为军官学院的指挥官,但我没能得到这个职位,而是被任命为试飞员指挥官。这很奇怪,因为我从来没有接受过试飞员的训练。这不是我想要做的工作,所以一年后就申请退休了。就在这段时间,我变得情绪抑郁,并成了一个酒鬼。两年前,也是面对同样的问题,当时我和第三任妻子离婚了。但现在,我已有 34 年没有喝酒了,我知道如何更好地应对抑郁症。

我不是特别想成为另一个星球上孤独的拓荒者。我认为我们绝对需要派遣人类去永久占领火星,但我不认为我的遗传特性会使我成为一个好的志愿者。

我真的不后悔,但也许我的第一次婚姻不应该断送在抑郁和酗酒上。我非常爱我的第一任妻子和 3 个孩子,但是我结过 3 次婚,现在也是离异状态。也许我应该在择偶方面更加谨慎,但这些事情已经发生,无法改变了。我为我最小的儿子感到骄傲,他有博士学位,会说俄语,是一家火箭公司的副总裁。我正与大儿子一起解决一些问题,并试图帮助他改善他的生活。我的女儿是唯一一个有孩子的人,多亏了这个孩子,我才能成为一个外祖父。这也算是一个遗产吧。

Ian Rankin

伊恩·兰金

作家

受访时间：2012 年 11 月 5 日

16 岁时，我的生活中只有摇滚乐和书籍——我很少出门。我在卡登登长大，那是一个矿村，以工人为主，没有私人房屋。我的亲戚都生活在周围——叔叔住在后院的栅栏旁，姑姑住在隔着两扇门的地方——所以我的一举一动都在家族人员的监督之下，无法逃避。即使你觉得自己不合群，也得看起来像合群，因为你不想被揍。我最开心的是待在自己卧室里，一边播放着高保真音响和唱片，一边为一个不会多看我一眼的、可爱的年轻女人费劲心思地创作着打油诗。

在女孩面前，我极其害羞。我还记得在学校圣诞节前两个月发生的尴尬事。那时不上体育课，而是开始上舞蹈课。所有的男孩和女孩在房间里各排一队，然后必须选一个异性作舞伴，在接下来的 40 分钟里一起跳快乐戈登舞。你不得不让那些粗野淘气的孩子先选舞伴，因为如果你选了他们喜欢的舞伴，你就会在课间被他们找麻烦。这对所有参与者来说都是一场噩梦。

我会告诉年轻时的自己，要注意自己衣着搭配的品味。我那时穿一件牛仔背心，后背缝着伍尔沃斯牌的补丁，上面绣着和平的标志和南部联盟的旗帜——还穿着一条又大又宽的裤子。最糟糕的是我的鞋子，尽管我说服了母亲，让她相信我需要马丁靴才能融入校园生活，但她从产品目录上订购的并非真正的马丁靴,而是带有小流苏的深红色的鹿皮鞋。我常常被硬拽着去拜见叔叔和姑姑们,或者去布莱克浦的廉价公寓度假,而我无论去哪里都是沉浸在书海之中。

如果你遇到 16 岁的伊恩,你会发现他有些害羞,还有点吊儿郎当。我觉得作为苏格兰人,我们可以不用看着别人的眼睛就和他们进行完整的交谈。我会待在自己卧室看漫画,或者创作故事,并想象自己身处这个另类世界。很显然,我从未把这些东西给别人看过——我把它们都藏在自己的旧抽屉里了。

我的父母读书不多,我不知道我的阅读和写作天赋从何而来。但自从我能识字开始,就从未停止过阅读。在卡登登有一个小小的图书馆,是由矿工们筹钱建成的。还记得 12 岁那年,当我能把大人才能看的书籍借阅回去看的时候,非常激动。虽然我还不能看《教父》和《驱魔人》这类 X 级别①的电影,但没人能禁止我看这类书籍。所以,书成为限制级影片的替代性刺激。书籍中包含的禁忌知识,并非那个年龄应知晓的内容。我喜欢书籍带来的惊险和刺激的感觉。

我曾经翻看我在十八九岁时的日记,在日记里,我似乎对事情的发展感到恐惧。在进入大学的前两年很难熬,我每天都在努力学习那些过时的晦涩难懂的知识。刚踏入大学校园,母亲病了,并住进了医院。这之后的七八个月里,她的病情不断恶化。所以,每周末我都要回卡登登,看着母亲的病越来越严重,父亲的身体也越来越虚弱,然后我返回了爱丁堡。当时的世界似乎黯淡无光——我想回去告诉年轻时的自己,一切都会有个美满结局。

我觉得我父亲是喜欢我成为作家的,他将我写的著作送给他的朋友们,但他在我 29 岁时就离世了,我当时只出版了两三本著作——很遗憾,他没能等到我功成名就的时候。我希望他依然活在我身边,有时,

---

① 译注:即成人级。

我觉得我已把他融入了我的作品之中。我的新角色——马尔科姆·福克斯，他有一个由他承担费用的住在养老院的父亲，可他并不常常去看望自己的父亲。如果我的父亲还健在的话，已有 90 多岁了，我与他可能也是维持这样一种关系。

我想，十几岁时的自己会惊讶于自己的事业走向。如果他梦想成为职业作家，他会希望做一名文学小说家，而不是一个作品只出现在机场书店的家伙。年轻时的我想让自己的作品出现在大学课堂上，或者作为学校的必选教材。我不知道年轻的我是否想当一个有名的作家，我到现在都不知道我是否习惯了这种身份。也许大家看到电视上的我轻松自在，但我花了 20 年时间才做到这一点。当我第一次参加电视评论节目时，我紧张得不得了。

我觉得我属于不会变老的那种人，我现在还在听 16 岁时的音乐，穿的衣服也类似，不过裤子不再那么宽松肥大，也不穿牛仔马甲了。我依然将钱花在购买书、音乐专辑和啤酒上，但我的生活节奏确实放慢了——我注意到我儿子走得比我快多了，而我以前去哪儿都是全速行进。正如莱昂纳德·科恩所说："我在曾经嬉戏过的地方黯然神伤。"这些想法也许写进了我的著作里，雷布斯的情况比我更糟，他现在已经 60 多岁了——比我大十来岁——而且是杆老烟枪。

我清楚地明白，我的基因中就没有长寿因子，母亲在 50 多岁时过世，父亲在 72 岁时逝世。有时候，我觉得应该尝试让生活变得更加精彩刺激。但接着又会想："我不喜欢刺激的事，不喜欢蹦极，也不喜欢长途旅行。我更喜欢待在自己房间里看书。"

Boy George

乔治男孩

音乐家

受访时间：2014 年 2 月 3 日

　　记忆中，16 岁的我有着超乎年龄的成熟感。我渴望成为一个成年人，而不是一个小屁孩儿。我热爱朋克摇滚乐，穿着朋克式的制服、摆着朋克式的姿势，留着一个刺头，涂黑色的唇膏和画黑色的眼线，穿着束身长裤。然后，转眼之间，我又喜欢上了新浪漫主义风格：我换了个高挺的发型——又是一个非常夸张的妆容。起初，母亲非常反对我打扮成这个样子出门，并且尝试阻止我这么做。而父亲只是一边看着报纸，一边抬起头瞄我一眼说："如果他想出门挨打，那就随他。"渐渐地，母亲意识到我并不会因此而改变自己，她放弃了对我的继续劝说，甚至变成了我的一个支持者。那时候，我还没有足够的经济能力，而母亲非常擅长缝纫，因此，她给我做了许多的衣服。

　　年轻时，我崇尚自由、热爱音乐和追求刺激。那时的我是一名印刷厂的送信人，所以，我可以决定自己的穿着。伦敦地铁成为我展示自己的一个地方——每个路过的人都会盯着我看——感觉好极了。在地铁上，我会遇到形形色色的人，也会有一些艳遇。印象比较深刻的是，派送信件经过银行的时候，有一个英俊的意大利男人一直盯着我看，还问我是不是一个女生。这个问题深得我心，随后他又问我有没有男女朋友。那天晚上，他带我参加了一场派对。

十几岁时的我，想方设法与父亲作对，但现在看起来，我也挺像父亲的。父亲不是一个平庸的人，他来自爱尔兰，曾经是一名拳击手——虽然有时候他可能很不可理喻，但是他并不愚蠢。他写得一手好字，人也长得帅气。我告诉他我的秘密的时候，父亲的表现很棒。他揽着我的肩膀，说："你还是我的儿子，我会一直爱你。"完全不是他以往的作风。我继承了父亲很多优点，他非常慷慨和善良，总是会无私地帮助陌生人或者是路边的妇女。但是，涉及真正爱他的人时，就变得很困难。

我的母亲是一个非常优雅而时尚的女人，她在经历了43年的婚姻后，被父亲抛弃。但是，她却选择了原谅他。父亲离世时，母亲也非常尊重他，这让我非常爱她。在我快30岁的时候，我和父亲有过很多次的促膝长谈，我对他说："你这样对待母亲，为什么不干脆离婚呢？这样你们还能成为好朋友。"父亲说："儿子，你不会理解的。"他说这一切都是基于"对家庭的忠诚"。然而，43年后，父亲还是为了一个年轻的女人抛弃了母亲。他确实做了很多糟糕的事情，但是现在我们都是笑着在回忆他。我们会说："哦，上帝，还记得爸爸在街上追教练车的事吗？仅仅因为妈妈穿了她最好的外套去上课，他就认定妈妈有外遇。"整个巷子的人都跑出来看，在那个时候，我们觉得十分尴尬。而现在，这些已经成为我们的谈资和笑料。

我想给年轻时的自己一个忠告：嫉妒并不能增加你的魅力。如果你去砸坏一个人的窗户，那么他对你的好感就止步于此。最近，我在对我最后的一段感情做思考。我搭乘出租车到前男友的家，并设法进入了他的防盗门。我的行为看起来很糟糕！我凭什么认为他会说："是的，既然你闯入我的家并试图杀了我，那么我真的很想和你在一起。"

当我回想起以前是如何处理心碎的事情时，尽管现在已经不会那样做了，但还是感觉非常不堪。现在的我成为一名佛教徒，那些我曾经伤害过的人也就成为我的祷告对象。当最后这一段关系破碎后，我所做的就是放手，然后告诉曾经的自己："孩子，不要再丢人现眼了，现在的你已经不年轻了。"

我要给年轻时的自己的第二个忠告就是：不要触碰毒品[①]，嗑药并不会让你的生活变好。它只会给自己造成痛苦、让生活如此狗血、给母亲带来伤痛以及浪费金钱和时间。此外，我还会告诫自己：少说多听。我曾经遇到一些了不起的灵性人士，他们告诉我：你应该学会聆听。回想起我有一次在一个心理辅导疗程课上哗众取宠，成为大家关注的焦点。老师呵斥我说："你他妈的能不能闭嘴？"

16岁时，我对自己的名声并不在意。我的整个职业生涯都是一场意外——我组建乐队的原因仅仅是身边的其他人都在做这么一件事情，我没有野心——只是想以放荡不羁的方式生活。后来，我遇到了乔恩·莫斯，他加入了我的乐队。我们全身心投入工作中，但是，只有在最后的6年，我才真正地把乐队当成了自己的职业，带着敬畏之心，全力以赴。不过这对我来说，并不是孤注一掷，就像年轻时的我一样。我无法想象自己的生活还会有这样的感觉，因为我没有一个"关闭"的开关。

人们常常要在经历之后，才明白人生的意义。我被判入狱[②]的时候，也没觉得学到了什么——我每天都过着不可预知的生活，和精神失常的人打交道。后来，我才意识到我多么需要独处，需要独立思考的时间。我读了很多书——那些过去我谎称读过的所有的书：奥斯卡·王尔德、狄更斯的著作，还有《呼啸山庄》以及《第二十二条军规》。朋友们也送了我一些经典作品。我从书中发现了很多我喜欢的东西，所以，我现在每一天都会阅读。

现在的我年纪大了，开始明白，为什么这么多人花了很长的时间才能做出决定。我现在正在读莫里西的自传——我非常仰慕他。我猜想，他应该是不想给自己下一个明确的定义。不幸的是，当你发表了自己的

[①] 20世纪80年代末，乔治是一名可卡因和海洛因吸食者。
[②] 2009年，因为非法囚禁，乔治男孩被判入狱。

想法，别人会根据你在某方面的所作所为来定义你。随着文化俱乐部规模不断壮大，我遇到了莫里西。他知道我是他的狂热粉丝，但是他那个时候很讨厌我，他一句话都不跟我说，之后还说我是个难以忍受的人。不过话说回来，我可能真的不讨人喜欢吧。

Meat Loaf

密特·劳弗

音乐家

受访时间：2013 年 5 月 11 日

16 岁时，我迷上了美式足球，因为它可以让我通过攻击别人来发泄我的愤怒。这就是我 20 世纪 70 年代末在舞台上表演的内容。事实上，我现在还在舞台上表演。我一直是个表演者——我在大学时组建了一个民谣三重唱小组，20 世纪 60 年代我也还有一个乐队。但我一直把这个当一种娱乐，直到 1970 年，我来到百老汇参演《头发》这一部音乐剧，我才开始认真起来。大家可以看到，我对表演的态度并不是很认真，他们告诉我，如果我更认真地去对待表演这件事，我能够做得更好。

基本上，由于演员的身份，我在音乐行业里一直都是个局外人。因此人们总是说："如果你是一个演员，你不可能理解你所唱的歌——你无法感知这首歌的内涵。"我要反驳："去把这些话告诉主演《欲望号街车》的马龙·白兰度，又或者告诉德尼罗、约翰尼·德普吧。"有时候，乐评人不是很聪明。这就像告诉一个演员："这是你的剧本——我们需要真实的你去把信息传达给观众。"有些人在我的脸书上说："我更喜欢能够自己写歌的人。"我回答："好吧，我写过歌——只是我不喜欢这些歌而已。"没有多少人知道我曾给野性呼唤乐队写过一首名为《魔力》的歌。

我从来不是个循规蹈矩的人，直到现在也是如此。我不同意政府做的大多数决定,在我和米特·罗姆尼交谈前,我从来没有公开为总统候选人做过任何事情。我们面对面地谈论了关于美国失业和国防等问题,房间里只有我们两人。看我脸书的人都感到很惊讶,他们说:"你居然这么聪明!"因为我的名字是密特·劳弗[①],大家都认为我是个十足的傻瓜。我经常阅读莎士比亚和田纳西·威廉斯的著作,我总是尽我所能去阅读更多作品。

我的父亲是个酒鬼,有时候会一连消失三四天。虽然我对于父亲每次殴打母亲的记忆早已模糊,但是我始终记得他打我,把我扔来扔去。酗酒是一种病,我并不因此记恨他,我爱我的父亲。有太多的人说:"我小时候挨过打,导致我现在也这么对我的孩子们。"他们不为自己的问题负责,但我不会这样。在我看来,我的性格没有受到我父亲的影响。当我情绪暴躁的时候,这只是我的错,而不是父亲的错。我很容易上瘾,但这是我自己的问题。

如果我现在见到少年时期的我,我一定会揍那个神志不清的自己。我的母亲患乳腺癌,病了很长一段时间,还有很多童年回忆我已经不记得了。在我 18 岁的时候,我的母亲去世了。也许,心理医生会想帮我处理母亲离世这件事对我的影响,但我很好,我不想面对这件事。如果能回到少年时期,我会劝告他不要吼他的母亲。她对我说的最后一句话是"你去哪儿了",我逃到了加利福尼亚,因为我无法直面她的离世。我用了 10 年的时间来接受这个事实。

年轻时的我不会为即将到来的名望感到高兴。他们在推广《地狱蝙蝠》这张专辑时,会不断向我展示这些把我称为新星的广告,而我总是摘下"明星"的标签,我并不觉得自己跟明星沾边。我想我是有名气的人,但这并不是我的目标。我不像麦当娜——她很聪明并且工作得很出色——她的目标是成为一个明星,而我的目标只是工作。

---

① 译注:"meat loaf"有肉块之意,类似傻大个儿。

我的每首歌都有着不同的特点，同时，我还会通过拍手或者诸如此类的触动点使它们生机勃勃，就像灵魂进入你的身体。我在舞台上表现狂野，如果这也符合你的胃口，我在台下也如此——就像我在《名人学徒》这个节目中对加里·布西大声吼叫。不过，他们没按后续的事情发展做剪辑，我后来一直在为这件事情道歉。

我不会后悔任何事，因为它们已经无法改变。我的职业生涯已经有47年了，我犯过错误，但只是因为那时我不知道怎么做会更好。我也是叛逆的，当有人让我做一些事时，我发现说"不"很难，因为我不想让他们失望。当我的医生告诉我不要再发声时，我说："今晚我要唱3个小时的歌。"

我当时并不知道其中缘由，我在20世纪80年代失声了，但那是心理上的原因。我的音乐造诣深厚，这让我认识了托德·朗德格伦①，和他有了交流的机会。我对他的一首改编乐曲提出了一些看法，他说："如果你不能和我谈论音乐方面的话题，就不要和我说话。"于是我就说："去你的。"唱片公司催促我们尽快制作出一张新唱片，我觉得这是很愚蠢的做法——《地狱蝙蝠》这张专辑花费了很长时间去制作，这就是它优质的原因。除了失声，我没有别的办法解决这个困境，所以我只能这么做了。

我希望我可以回到1975年的某一天。当时，我在纽约的一家咖啡厅里，拿到我的咖啡，然后问坐在我旁边的人："能麻烦递一下代糖吗？"一听到他的声音，我就知道他是约翰·列侬。如果我在音乐界有个偶像，那只能是他了。我很想和他交谈，但是我想说的每句话，都会在心里自我否决："不，这太蠢了。"所以，我和他说的唯一一句话就是："谢谢你把代糖递给我。"

---

① 托德·郎德格伦，音乐家和唱片制作人。

Mick Fleetwood

米克·弗里特伍德

音乐家

受访时间：2015 年 5 月 18 日

16 岁那年，年轻的米克·弗里特伍德在空想中虚度光阴。学校、顺从、游戏规则——这一切都让我十分困惑。我 15 岁时辍学，顿时感觉解脱了。我很高兴，我很激动，我是一个冒险家。我仿佛变成了迪克·惠廷顿，想出发去看看外面正在发生着什么。我曾凭空构思出了这个确实可能实现的幻想——去伦敦打鼓。

我深受我的姐妹莎莉和苏珊的启发，苏珊是一位优秀的女演员，而莎莉已经在伦敦了，她是令我着迷的艺术世界里的一位雕塑家。在我去寄宿学校上学前，她带我去了很多切尔西的咖啡厅，我敢肯定我把那里浪漫化了。我看到学生们在那里一边抽烟，一边弹民谣吉他，角落里的唱机上还播放着一张兰尼·布鲁斯的唱片。我真想加入那个俱乐部，而我只懂打鼓。虽然没有出众的天赋和技艺，但是我会打鼓，或许我能以此加入俱乐部。

我了解我的父亲——他就是我，我就是他。他年轻时去冒险，沿着莱茵河划独木舟，他记录下了自己的所见所闻——他是一个梦想家。他加入了陆军和英国皇家空军，虽然他不喜欢加入军队，但是被飞行深深吸引。与其说他是个作战飞行员，不如说他是个飞机驾驶员——他喜欢置身于天地之间。他不是那种留着小胡子、空话连篇，视战争为游戏的人。他只是众多恪守本分的人中的一个,却不得不违抗自己的意愿去杀人。他对事物有很深刻的思考,大概一生都渴望成为一名作家。因此,做事不因循守旧的我,令他感到欣喜若狂。他一定也很希望自己能像我一样随心所欲。

我的生活既滑稽又疯狂,但是我从来没有把自己弄得崩溃不已、焦头烂额。我一直有这样的梦想,成为一个乐队的鼓手。老实说,我想我从来没有忘记过那个愿景,但有时,它可能越来越接近。乐队声名大噪,我的生活也变得错综复杂。在很多方面,愿景依然只是愿景,但是其唯一可取之处是我仍然在做我能做的一件事——我一直在打鼓。没错,我有时候会分心,但不管我是否遭受经济困难和家庭问题,我也一直坚持打鼓。

我的打鼓本领,就像我考试不及格时的安全防线。如今,我对事情的好坏有了更好的认知,但是以前,即便在最糟糕的时候,我总是会有一种幸福感——每当坏事发生,我的音乐总能陪伴我渡过难关。我的父母会经常说:"没事的,谁会管你有多少银行存款呢?"

如果我能回到过去,我会想办法直面我身处的风口浪尖。我本不想和我的两个孩子——阿米莉亚和露西——还有我的第一任妻子珍妮如此疏远,我知道她们在篝火中被烧伤了。我对她们或是她们对我从来没有任何恶意,但是总有一种无声的悲戚——如果我那时方法得当,我想我会做得更好,我会陪在她们身边更久一些。

我认为,人不能带着遗憾生活。我想,那是一场注定失败的比赛。但是你需要有风度,并承认自己很脆弱,尤其是随着岁月流逝,你会回忆过去的时光。我会对以前年轻又自恋的自己说:"你就像一个傻瓜,一屁股坐进篝火里,还自以为不会被烧到。"毫无疑问,我的行为伤害了我的家人——我是个充满爱的人,但是我的生活却走在了一条我无法摆脱的轨道上。

每当我想起彼得·格林①时,我都会感到悲痛万分。他在高声呼喊着。你去听听《世故男人》和《绿色的钱魔》——这些歌就像魔鬼的诱惑,活生生将他吞噬②。他讲过吃迷幻药的事,他已经如此敏感易怒,开始质疑一切了。他出身于艰苦的工人阶级,我却对工人阶级毫无概念。我的家庭并不富裕,但是我所处的世界和他截然不同,我拥有一个美好的童年——我没有任何借口。彼得有着他想摆脱的记忆,我想他已经摆脱了,然后心生内疚,因为他得到了他曾经想要的一切。

　　如果当时,我像现在一样了解精神疾病和危险信号的知识,我会对彼得更好。但是我不知道,一切都太晚了——我太自私。我等了好几年时间,只想让老彼得回来,但是他再也没有回来。他变了,但是还活着。我不得不放弃这段我曾经拥有的感情,但是我亏欠那个男人一切,以及他从一开始对我的信任。

　　我会告诉那个十几岁的米克,他将来很幸运。他觉得学习很辛苦,但是我会告诉他:"别担心,只要坚持你的感受就好,这才是最重要的,永远不要放弃。"我想对他说——这件事我仍然不太擅长——"你不必因为自己语言表达不好而感到不安,你很惊慌,这妨碍了你表达自己的想法。"我知道我现在可以表达自己的想法了,但是在当时,我只希望人们知道我不是一个讨厌的白痴。

---

① 佛利伍麦克合唱团的创始人,长期患有的精神疾病,导致他于 1970 年离开乐队。
② 格林说,他吸毒后,做了一场梦,醒来后写下了这首与金钱有关的歌,恶魔即代表着金钱。

Dame Mary Beard

玛丽·比尔德爵士

作家、古典学家

受访时间：2014 年 7 月 21 日

16 岁时，我是个矛盾体，既是一个超级书呆子，也是一个自以为很酷、很激进的自恋的人——我无法确定自己究竟是哪种人。我在学校学习拉丁语、希腊语和古代史，对课本中提到的那些地方非常向往。我住在舒兹伯利，有着强烈的去大城市和参加政治活动的渴望。

我想成为一名考古学家，并参与了一些考古发掘工作。如果能告诉父母，自己认真地做了一些美好的事情，会是一件很棒的事。但实际情况是，自己和其他年轻人住在一个营地玩得非常开心。这就像一个考古界的"格拉斯顿伯里音乐节——有时也困难重重。

16 岁时我喜欢化浓妆，在打扮上的花销很大，但我认为别人也会这样。我觉得说"那个谁不在意自己的相貌"是不对的。例如，不染发是在表明这个人以另一种方式关心自己的头发。

男孩们备受关注。没有什么比拥有一个男友更迷人的了。我们学校离舒兹伯利的学校很近，所以，有很多和男性外出约会的机会，但这样的约会通常都不令人满意——只有亲吻和一些暧昧的书信。我会告诉 16 岁时的自己，那些亲吻的环节之后，不会有任何结果。

即使在舒兹伯利市，也有人尝试吸食轻微的非法毒品。空气中会弥漫着大麻的味道，但你不刻意吸入，也不会进入体内。在这里很难做到不吸烟,所以吸烟并不会被视作恶习。

我当然要喝酒,因为我经常去酒吧。还记得我的母亲会喝吉尼斯黑啤酒——这似乎有点怪异——父母在家里会喝雪利酒,我也跟他们一起喝。以前不像现在有瓶装的红酒,也不是能存放在冰箱里的东西。

我在封闭式管理的女子学校上学。我会告诉 16 岁时的自己,有些人认为,女人生孩子后就应放弃工作,有些工作天然就不适合女性从事。当我到剑桥后,发现那里就有这样的人,我感到很矛盾。我早已是踌躇满志,却未意识到这是一场战斗。

在古罗马和古希腊没有"青少年"这个年龄分类——直接从童年就步入成年,而没有从童年到成年之间痛苦而漫长的过程。思考我们与古人的不同,是件有趣的事情。我们会自然地认为青少年有叛逆期,难以相处。可是从某种程度上讲,这是现代人造成的。在古典世界里,很少听到关于叛逆青少年的故事。

对于一个住在舒兹伯利的十几岁的少女来说,安吉拉·戴维斯确实是个迷人的女人。在我家里有一张她的海报,她是人们熟知的激进革命者的代表——一个美丽的黑人女人!我喜欢詹尼斯·乔普林,认为鲍勃·迪伦很酷,但安吉拉·戴维斯才是我心目中的英雄。我不记得我是怎么会对黑人权力运动产生兴趣的,但我确实很感兴趣。

如果有人在我 16 岁时告诉我,我将成为一名古典文学教授,并且会上电视,我绝不会相信。人们总是不可能完全记得自己的抱负,因为你总是在改变它们。但我知道,年轻时的自己将会为我曾经所做的一切感到高兴。

Colm Tóibín

科尔姆·托宾

作家

受访时间：2018 年 4 月 2 日

    我的父亲在我 12 岁时去世了，我念中学的前 3 年，在他曾任教的学校上学。几年后，直到我必须接受心理治疗时，我才意识到，学生时代的我，总是选择坐在一个没有人能坐在旁边的座位。我径直走向教室后面，独自坐下，不再理睬我的老朋友们。基本上，我有几年断绝了与外界的联系。没有老师关注到这个刚失去父亲的男孩，每天独自坐在教室，独自回家，没人能真正理解一个 11 岁孩子的感受。或者更确切地说，没人去发现这个 11 岁的孩子无法理解他在经受的情绪。我希望自己——或者我身边的任何人——能稍微理解我这种未经察觉的悲痛，我只是不知道究竟在我身上发生了什么事。

    父亲过世后，姐姐离家上学去了，所以家里只有我、弟弟和母亲。我们不谈论这个话题，这是个无法提及的话题。短时间内，房子里挤满了人，然后他们纷纷离开了。我非常思念父亲，但更重要的是，不知如何应对这巨大的失落感。全家人都难以控制这种情绪。如果我能回到过去，我会对母亲说："看看吧，我们必须勇敢面对这些问题。"然而，我却开始痴迷于诗歌。叶芝、希尼、西尔维娅·普拉斯的诗——我肯定是爱尔兰唯一一个读到"你站在那黑板的前面，爸爸，在你留给我的那张照片里"[1]这样诗歌的男孩。我开始在一个又一个的笔记本上创作诗歌，或许我本来也会那样做，但从情感上而言，诗歌填满了我内心的空白，现在仍然如此。

16岁时，我性格外向，是个相当合群的男孩，结交了许多朋友。我的很多朋友都喜欢女孩，我也乐于与女孩聊天。我知道有些朋友对女孩非常痴迷，我会想："嗯，当我遇到合适的人时，我也会这样。"我花了很长时间才弄明白这件事。你看，同性恋这件事就在于如果你不了解它，一开始时你就很难理解究竟发生了什么事。我一定早已意识到，我很享受任何能欣赏其他男孩形体的机会，但我仍然没有完全意识到这关乎性取向——我只是将此想法抛之脑后而不去正视。我没有参照点。我的意思是，你听过"酷儿"这个词，但你没有亲眼见过，所以你不知道那到底是什么，就像"幽灵"这个词一样。

上大学时，我曾遇到一个真正炫耀自己性取向的男孩。我像躲瘟疫一样的躲避他，直到有一天我恰好坐在他旁边，发现他其实是个很风趣的人。他转过身对我说："你也是，对吧？"我们开始交往，我依然难以确定自己的性取向。之后我去了巴塞罗那，某天，有两个很帅的男孩开始跟着我。在我的人生字典里有很多单词，但"猎艳"不在其中，所以我就只是想："这些小伙子好得不能再好了。"然后，我返回去跟他们回家，这个经历使人异常兴奋。

上大学时，很多人创作的诗和短篇小说都比我好。其实，一直都有这种情况。我曾把我创作的诗歌邮寄给当地的报纸，却从未被刊出过。在读过朋友们创作的诗歌之后，我发现自己的诗好像缺少了灵气。从西班牙回来后，我开始从事记者的工作，但仍然有创作诗歌的热情。我想："天哪，我是那种有诗歌创作热情却无诗歌创作天赋的悲伤之人。"我开始创作短篇小说，但还是被拒了——写得太烂。我开始试着写长篇，但

---

[1] 摘自西尔维亚·普拉斯的《父亲》。

多年之后才得以出版，这是个伟大的时刻。18 个月后，我收到邮寄给我的第一本出版的书。从此，我的人生开启了新的篇章。

我不会带 16 岁时的自己陪我出席奥斯卡盛宴，因为这会让人很失望。他那会儿不会太多关注娱乐圈的事。你在奥斯卡颁奖典礼上见过小说家吗？你会被安排在最后一排，不能从正门入场，没有红地毯，我觉得这一切都很好笑。我从侧门入场，但又很想跟我在电影上认识的人打招呼，比如尼克·霍恩比和西尔莎·罗南。所以，我会在门厅里等着。但是有个人过来对我说："先生，请你往里走——你挡着路了。"我只好离开，但又偷偷溜了回来，他又对我说了一遍。后来，我去参加了《名利场》的聚会，当我要走进去的时候，艾尔顿·约翰正从里面走出来。我似乎想对他说点什么，但又想："我对他非常了解，但我确信他完全不想了解我。"入场之后，我发现每个人都对一个女人异常好奇，我问这个女人是谁，人们告诉我她就是 Lady Gaga。奥斯卡之夜对写小说的人来说，一点都不重要。

倘若有机会能与任何人做最后一次交谈，这人必定是我的父亲，我想告诉他发生在我身上的所有事情。我未曾与父亲以成年人的方式有过交谈和争论，关于教会——我父亲是天主教徒——或者关于政治——他是个民族主义者。我想告诉他，爱尔兰发生的变化。

我进入了新闻界，我曾在西班牙和美国漂泊，最后还是返回祖国。我从来没有做过职业规划，我现在在纽约的哥伦比亚大学，每年教一学期的课。我有一个朋友住在洛杉矶，他是个游泳健将，但在打网球上，我能赢过他，而且他年龄比我小。你不可能知道这对我的意味着什么——如果他知道我在网球挥拍上付出的努力、经历的痛苦和输掉的比赛。说实话，我想对 1967 年那个独自坐在基督教兄弟会学院的教室后面的男孩说："51 年后，你的生活将异常精彩：你会在加州的早晨醒来，窗外的石榴树映入你的眼帘；你可以直接从花园里的橘子树上摘下果实，榨成早餐喝的果汁；你会和一个比自己更年轻的运动员打网球，而且还会赢过他。"

第十二章

爱 情

我想我要娶你,因为我再也不会感到无聊了。

—— 尼尔·盖曼

E.L. 詹姆斯

作家

受访时间：2012 年 12 月 10 日

实际上，即使是在 16 岁时，我和男孩的相处就已经很成功了。我并不认为自己特别有魅力——戴着珠子项链，穿着沙漠靴和印度长裙，有点像个嬉皮士——但我们得说，我们周围就是有男孩绕来绕去。

我 16 岁的时候，开始有点叛逆了，但我并不认为自己是个烦躁的少年。母女间的关系很具挑战性，但我想在那个年纪都是这样。除此之外，我在学校过得很开心，有很多朋友，还在英伯瑞超市做兼职，所以有一点钱。那时我可能以为自己有焦虑症，但现在回想起来，我觉得自己只是一个焦虑的青少年，后来变成一个同样焦虑的成年人。我那时认为自己肯定超重了，但实际上并没有。我会对年轻时的自己说："看在上帝的分上，你现在不用为自己的体重烦恼——你可以以后再担心。"

如果能回到过去，遇到年轻时的自己，我会发现她有点沉默寡言，但很有趣。我们都会很紧张，非常渴望彼此间的交流沟通，她最苦恼的是关于跟男孩交往和考试成绩的事。如果我告诉她，接下来将发生的事，一方面，她会为自己的作品得以出版而自豪——她从小学就开始写小说了。但另一方面，一想到出名，她就完全吓坏了。如果我暗示她成功的程度，她会害怕到晕倒。说实话，我现在还是这种感觉。

我会告诉 16 岁的自己，要重视自己的隐私。我并不觉得自己是公众人物，但人们会毫无根据地对你做出假设，这令人恐惧。自从《五十度灰》开始走红后，我经历了这样的过程。我意识到自己不想成为名人，我对众多的采访、上电视以及诸如此类的事毫无兴趣。我想在逛我的网站、听我的 iPod 时，无人知晓我是谁。我的电视事业一直很成功，我也很享受，所以，在人到中年之时，突然发生在我身上的这些就是一笔巨大的额外红利，相当有趣，但我几乎觉得这些都是发生在别人身上的事。参观好莱坞对我来说真是糟糕的一周。我想回到过去，再慢慢地经历一次，并接受这些事实。我遇到了最有趣、最有才华的人。这一切像旋风一样，不过压力稍稍有些大。只有晚上回到家洗衣服以及与孩子们聊天的我，才是真实的我，其他的都有几分虚幻。

我并不会改动我写的书——我是为自己创作的，对书中任何词句的改写都会变得言不由衷。但如果我知道这些书会如此成功，可能会回去告诉自己："永远不要与媒体谈论这些书。"在与媒体打交道时，我尝试努力地做我自己，但因为很多内容都被断章取义，所以近来我变得更加谨慎。人们痴迷于我的性生活，这怪异至极——这是一部虚构的作品！

正如十几岁的孩子对待他们的母亲一样，我的儿子们总是会取笑我。但他们对这一切都很冷静，非常支持我，为我感到骄傲。他们也会有一丁点尴尬，不过对这些事不太感兴趣，他们正在过着自己的生活，这非常好。我知道他们没读过我的书，他们一点也不喜欢读书——他们是男孩子，他们有 PS3[①]。我和尼尔都是作家，而我们的孩子却都不读书，这真是莫大的遗憾和讽刺。我父亲在 2002 年逝世，但母亲读过几本我的书，她很喜欢，也为我骄傲。

我相信读者们大多对爱情故事兴趣浓厚——绝大多数人的反应都如此。媒体看来好像对性关注更多，但读者想要的只是爱情故事而已。女

[①] 译注：PlayStation 3，简称为"PS3"，是日本索尼电脑娱乐推出的一款家庭用电视游戏主机。

人喜欢读充满激情的爱情故事，这种爱情故事体现爱情的本质。我也收到了很多男性读者的来信——其中一位71岁男士写的一封信非常精彩，他在信中写道："谢谢你让我回想起坠入爱河是什么滋味。"这是如此甜蜜。

我最喜欢的书是那种能捕捉恋爱感觉的书，《暮光之城》绝对算得上其中的一本，《五十度灰》最初就是《暮光之城》的同人小说。我认为，这本书描述的爱情故事绝对美妙绝伦。我也喜欢《简·爱》，还有《爱玛》——奈特利先生！实在太可爱了。爱玛没有意识到自己恋爱了，就像《五十度灰》里的克里斯蒂安一样——也没有意识到自己恋爱了。

我丈夫很优秀，也很顾家。我要给年轻时的自己提出的、关于男人的建议是：找一个能让你开怀大笑的男人比什么都重要。幽默感可以帮你战胜很多事，而你需要一个能让你自由呼吸的男人。

我一直想成为一名母亲，尽管真的实现时，我并没有做好心理准备去面对抚养孩子所须付出的艰辛，但我感到非常幸运。还有另一个我不想谈的故事，生孩子对我们夫妇来说并不容易，当我们终于有了孩子……我不认为我有孩子是理所当然的事。我喜欢孩子们——他们也超棒。我第一个儿子的出生是如此令人不可思议，一个小小的婴儿，一份礼物，我简直欣喜若狂。

Neil Gaiman

尼尔·盖曼

作家

受访时间：2017年1月30日

1977年，我16岁，是个朋克摇滚乐迷。我说服了学校的3个朋友组成了一个叫"XXX"的乐队——我是主唱和词曲作者。我……"大放异彩"这个形容可能不太准确，但我已经不再是书呆子了。多年以后，我去英国广播公司四台录制一个喜剧，之后遇到了史蒂夫·邦特。他说，"哦，你是尼尔·盖曼！"我想等着他说他的孩子们喜欢动画片《鬼妈妈》，结果他说的却是："我去看过你的演出。"我看到了他眼睛里为那个瞬间发出的光亮，真希望能回到过去，把这光亮献给那个在学校礼堂里第一次演出的少年尼尔。我也希望能告诉年轻的尼尔，他最终放弃了成为摇滚明星的所有幻想。在未来一段不同寻常的岁月里，他将站在塔斯马尼亚的舞台上，向包括大卫·伯恩在内的支持者朗诵他的诗歌。或者他在卡耐基音乐厅举行的演唱会门票会销售一空，他在演唱会上朗诵，然后会和弦乐四重奏乐队一起演唱乡村歌曲《精神病人》。所以，他终究会实现那些做摇滚明星的梦想。

朋克精神一直以来都是一种驱动力——通过做某件事来完成另外一件事。你不需要知道你在做什么，因为你可以在工作中学习。这意味着，当我初出茅庐成为一名作家时，我在打字机上贴了一句沃特斯的话："不要让你的嘴开出你的尾巴不能兑现的空头支票。"我知道用自己的方式来谈事情是很好的，但之后我不得不去做这件事。16 岁时，我认为一切将会奇迹般地发生。我做了 6 个月的自由撰稿人，收了创作两本书的预付款。我不知道我会不会写书——只是别人问的时候，我说可以。

我最近和我少年时的朋友一起聊天，真的非常有趣。我的朋友最近画了一幅漫画，内容是我年轻时发生在我周围的所有混乱不堪的事情。我只是平静地在走廊上读着《异乡异客》或《黑暗的左手》，非常兴奋地生活在书的世界里。我确实觉得我不适合待在现实里，在现实世界里我感到尴尬、不舒服、很不开心，但在书的世界里却异常开心。我把书籍作为生存指南，也作为逃避现实生活的一种方式。我梦想成为一名作家，但这似乎不可能，梦想就像是隐形着或拥有超高速能力一样。

如果我真的想要向年少的尼尔炫耀，我会把我的 5 个雨果奖给他看。对他来说，这些科幻奖比卡耐基奖或其他任何奖项都要重要。我曾经和哈兰·埃里森合作过，还和卢·里德共进晚餐，这些对他来说都是很酷的事。不过，一想到成年的尼尔获得了雨果奖，他可能会发出惊叹："哇，是的，我成功了。"如果我能告诉 12 岁的尼尔，有一天他会是《神秘博士》其中一集的写作者……他会更加惊讶。尤其这一集《博士的妻子》的创作灵感，是来自我 8 岁那年观看这部剧时产生的一个想法。

2009 年，我父亲在一次商务会议上去世，当时我正在前往纽约的路上，要参加一个作品签售会。我在出租车里接到姐姐的电话，她说父亲心脏病发作死了。我停了下来，愣了大约一会儿，然后继续去签售会现场。那里已有大约 12000 人，签售会从下午 1 点到晚上 9 点才结束。然后我回到了家，家里的电话答录机上有我爸爸的留言。这是一个令人高兴的信息，那恰好是一个很愉快的留言，他说："昨天是我和你的母亲结婚 50 周年纪念日——天气很好，你知道吗，50 年前的那天也是一个阳光明媚的日子。反正，我只是打电话跟你说一声，而你今天却不在家。"那是我第一次哭。我一听到他的声音就崩溃了。如果我早知道会发生这样的事……有很多事情，当我回过头来都会想："要是我当时问了你这个问题就好了,要是我当时把这个记下来就好了,要是我当时把这段对话录下来就好了。"

我想有些朋友会是永远的朋友,比如道格拉斯·亚当斯。我喜欢道格拉斯——他身材高大,性格复杂,令人气恼,又有令人赞叹的地方。他离世的时候,我正在接受电话采访。突然,一则新闻从我的电脑屏幕弹出:"道格拉斯·亚当斯死了。"大约一个月后,记者打电话给我,说正在抄录采访内容。但是,那些我当时看到道格拉斯去世的新闻之后的内容,都不能用了,因为我的心已经不在采访上。许多人都是我生活中的一部分风景——我希望我能回到过去,鼓励自己花更多的时间陪伴他们,从他们身上学到更多知识。每当有人死去,我就觉得自己被宇宙狠狠地揍了一顿。

时间就像一头牛,我想知道它奔跑的速度,希望能更享受它。1992年,斯蒂芬·金出席了我在波士顿的一个签售会——再说一次,我希望16岁的尼尔也能来,他一定会非常高兴——之后我去了斯蒂芬·金住的宾馆,他向我提出了很好的建议。他说:"你知道,你应该享受写作。这是一种魔法。你一开签售会,就会有几百人来。你是世界上最受欢迎的连环画杂志撰写人之一。享受这个过程吧。"然而,我从来没有享受过。因为我担心它会消失,我担心会破坏它。直到我在 48 岁遇到我的妻子阿曼达①,我才发现:"哦,你的生活和我的完全不同。你可以做你喜欢的事,见你喜欢的人,吃你喜欢的东西。我想我也可以试试。"

我仍然担心,我怀疑这就是我的性格,害怕自己做不到可能是我继续写作的动力。我的这一面也在我的书里有所体现——我做得很好,"威胁就在拐角处"。我的小说《车道尽头的海》实际上并不是自传,但那个孩子就是我。我回到了 7 岁,给自己一种我未曾得到过的特殊的爱。在那本书里,我对他说:"没事,一切都会好起来。"我从不觉得过去已

---

① 美国艺术家阿曼达·帕尔默。

经逝去，也不觉得年轻的尼尔不再存在。他还在那里，躲在某个图书馆里，寻找一扇把他带往安全避风港的门。

如果我能再活一次，我想重新过一次我在新奥尔良举办的 50 岁生日聚会。那天早上，我的妻子——当时还是我的未婚妻——把我骗进一家帽子店，给我买了一顶高顶礼帽。然后她说她要去找一家茶叶店，找到了就给我发短信。10 分钟后，我穿过一个大广场去接她。接着，我就看到了阿曼达，她打扮成新娘，摆出人形雕像的样子。然后，我们的一群朋友从人群中走了出来。我的朋友杰森主持了一场没有法律效力的婚礼，婚礼的当事人是一位戴礼帽的作家和一尊装扮成新娘的雕像，整个过程都很精彩。我看着周围所有我爱的人，心想："好吧，这就是你活了50 年的成果。"

"阿曼达真是太了不起了。"我当时这样想，"我想我要娶你，因为我再也不会感到无聊了。"她和我很像——都来自同一个星球，但是她做了那么多精彩绝伦、独一无二的事情，这些事是我从来没有想过的。做这些事情时我会说："真的吗？你真的要那么做吗？好吧，我会站在这里，抓着你的衣服，如果你被捕了，我会保释你出来。我爱你。"

Lin-Manuel Miranda

林－曼努尔·米兰达

剧作家、作曲家、作词家、演员

受访时间：2019年8月7日

我16岁时，痴迷于电影和音乐剧。我拼命学习，希望自己长大后能从事创作方面的工作。那时我已开始创作第一部音乐剧，这是我们在学校演出的一场20分钟的音乐剧，名叫《D大调的噩梦》。我已经和朋友们用我的摄像机拍了几部长达两小时的电影。16岁的我比现在更认真地对待这一切。记得有一天，当我真的想为我的音乐剧《地狱蝙蝠》拍摄一个场景时，我的朋友们却没有来，我大发雷霆，就像个愤怒的好莱坞大导演，把自己的房间搞得一团糟。然后我就想："好吧，除了我自己，我还伤害了谁？我现在得把这一切都弄清楚！"

我的父母都喜欢音乐剧——我们听了很多音乐剧演员的专辑，比如《卡米洛特》《音乐之声》，我父亲尤其喜欢《琼楼飞燕》，这部音乐剧由黛比·雷诺斯主演。他一生都喜爱黛比·雷诺斯的表演。我一直对嘻哈音乐非常感兴趣，我成长的地方离嘻哈音乐发源地南布朗克斯只有一个街区。嘻哈音乐在20世纪90年代初期真的非常流行，形成了很多不同的流派，比如探索一族、瑞德博士、毕基……我很庆幸自己成长在那个时代，那时嘻哈音乐可以是任何内容，可以讲述很多不同的故事。我认识了一些最会讲故事的人，比如毕基。所以，对我来说，把嘻哈音乐引入戏剧是件轻而易举的事，因为嘻哈音乐当然也能像音乐剧一样讲故事。

我一定是个焦虑的孩子。我认为这并不意外——在我的音乐剧节目中，所有的主角都曾尽力解决这种青少年成长的遗留问题，以及探寻这种情况需要持续多长时间。我认为，作为一个纽约人，这是根深蒂固的，但我从小就痛苦地意识到这种心理阴影[1]。我想："我们可能只有一次机会，在这段时间里我能做些什么呢？"镜头切换到我正在捣毁我的卧室，因为我的朋友们都没来拍摄视频。

我也是个敏感且善解人意的孩子。每当在新闻上看到一些坏消息，都会使我整天处于恐惧状态，因为我看到了发生在世界另一端的可怕事情。我想这会增加父母的压力，我会把同情心扩展到让人崩溃的地步。我是说，这会毁了我的一整天。但我也感觉到我的母亲非常努力地保护我。她很早就发现了这个情况，她为应对这种情况所做的准备是……告诉我说："你想当作家，对吗？那么，这对创作是有用的东西。记住这是什么感觉。总有一天，你的某个角色也会有这种感觉，你便可以把这段记忆叙述出来。"

如果你现在见到年轻的林-曼努尔·米兰达，我想你会觉得他很有趣。他并不是没有魅力，只不过很严肃。如果你想和他谈论电影或戏剧，他会喋喋不休地讲述他的理论。也许他的紧张会让人难以忍受。想象一下你遇到的难以忍受的唱片店店员——那就是我16岁的样子——"你真正需要理解的是……"但当你亲身经历后，你会意识到这是多么困难，你会变得更加善良。即使你没有回应，你也只能说："嗯，他们都尝试过了。"你观看了音乐剧《理发师陶德》或《西区故事》后，才会真正屈服，然后在音乐剧的结尾你被送回了地球，你会想："这里到底发生了什么？要是有一天我也能创作出如此精彩、深刻、复杂的音乐剧就好了。"

我想年轻的我会非常惊喜地发现自己找到了真爱，并想和她共度一生，我们会有孩子。因为那是容易害怕的年纪，你可能会说："唉，我是

---

[1] 他在幼儿园时最好的朋友在自己家后面的湖里被淹死了。

世界上最丑陋、最不可爱的人。会有人亲吻我吗"以及"我能和你发展到第一阶段吗",就像可以给男孩们看的那样。所以我担心我可能永远找不到合适的人,当听到自己找了一个女孩,两个人在同一所高中,并且两人的家只隔了两条走廊时,年轻的我会非常震惊。但我会告诉他要放松心情。我遇到第一个正式女朋友时,大约是在大学二年级,我们的这段感情维持了很长时间,因为我想:"好吧,就这样了。没有其他人会爱我。我已经找到了那个命中注定的人,所以我要在大学期间珍惜这段感情。"我们都不敢放手。我要告诉年轻时的自己:"偶尔感到失落和孤独没有关系,在你的生命中还会遇到很多人。"

我想告诉年轻时的自己,要早点去接受心理治疗。当我和第一个正式女友分手时,我的内心简直要崩溃了。当时我的脑海里有很多巨大的谬论一直挥之不去,我以为只有我才会想这些事。这就是心理治疗的最大好处,你终于承认了这个是只存在于你心里的巨大秘密。结果,心理医生说:"是的,这很正常。你还有其他什么想法?"那个东西在你头脑里感觉很大,一旦你把它放在面前,它就会变得很小。在我的一生中,我曾两次进入心理强化期,都是因为生活发生了重大变化。

我一生中最紧张的一次,是2009年我在白宫为美国前任总统贝拉克·奥巴马及夫人米歇尔·奥巴马演唱《汉密尔顿》的开场曲[①]。此前,我只对我的妻子和钢琴手演唱过这首歌。他们要求从《身在高地》[②]中选一首歌,但他们也说"除非你有关于美国历史的一些东西"。我为《亚历山大·汉密尔顿》创作了16小节的乐曲。我得到的第一张信任票来自当晚的制作人斯坦·利斯,他是好莱坞的传奇人物。我把歌词寄给了他——我甚至还没有完成作曲——他回信说:"好吧,你的工作可以结束了。"我曾问过他:"演唱一个关于妓女的儿子的故事会很酷吗?"他

---

① 这是当晚音乐和演讲活动的一部分。
② 米兰达的第一部也是唯一创作的作品。

说："嗯，这听起来很酷。"但是，这是年轻人的傲慢！我对 28 岁狂妄自大的我感到震惊，竟然在那样特殊的舞台上尝试一些没有经过验证的东西。我只创作了 16 个小节！39 岁的我，绝不会在白宫做这么冒险的事。但对 28 岁的我来说，那只是一场演出，没有什么损失，所以，我去表演了！

我在白宫开始唱这首歌之前一直很紧张，假如你能在 YouTube 视频网站上找到视频，你可以观看一下。你会看到我向在场的人解释节目安排时，说话结巴，当我解释"为什么乔治·华盛顿的财政部部长汉密尔顿是'嘻哈的化身'"时，你可以看到他们都大笑起来。我尖叫着说"你们笑吧，但这是真的"！我的嗓子嘶哑了。的确，开场不太好，但演出一开始，我知道我创作的 16 小节音乐剧很精彩，你可以看到我的表演越来越自信了。事实证明，演出效果很不错。

我从小学到的最重要的东西就是耐心。19 岁时，我开始创作音乐剧《身在高地》。28 岁时，我们开始在百老汇演出。那时，我是替补演员，我迫不及待地想要做主演。我创作完一首歌，就希望能在剧院上演。我喜欢听到观众的掌声。我们还获得了在戏剧节上演出《身在高地》的机会。如果我独自一人，我可能会没有耐心，可能早在某次会演中就推出这部音乐剧，但不会产生任何效果。幸运的是，我遇到了汤米·凯尔。汤米说："我们应该使这部音乐剧产生更好的效果。"后来，我们陆续遇到了音乐剧中所有重要人物，表演一步一步有了质的飞跃。当我们来到百老汇时，我们已经做好了充分的准备。

如果我能回到我生命中的任何时刻，那一定是我们小学六年级表演音乐剧的那周。我的雄心勃勃的音乐老师指导着一群六年级的学生，做了一场长达 4 小时的大型演出，把 6 部音乐剧浓缩为 20 分钟的不同版本——这是一场工作量很大的音乐剧演出。我不得不在《俄克拉何马！》中扮演农夫，在《欢乐今宵》中扮演康拉德·伯迪，在《绿野仙踪》中扮演虎克船长和反串北方女巫，在《小提琴手》中扮演儿子，在

《西区故事》中扮演贝纳多。演出非常辛苦,但是,在学校表演音乐剧充满了乐趣。然后,我们所有人的父母和学校全体师生观看了演出。六年级的表演是一件大事。当你在四、五年级的时候,你会想:"上了六年级,戏剧表演将是什么样?"所以,你的整个生命都在为此做准备。事实上,我们演了6部戏剧!这对我来说是一个疯狂的梦。那是我一生中最激动人心的一周。

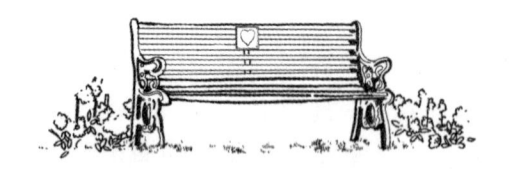

John Cleese

约翰·克里斯

演员

受访时间：2015 年 1 月 5 日

    我曾经是一个非常单纯的少年。因为运动对我来说至关重要，所以我在一所橄榄球训练学校读书。但我的身材不适合打橄榄球，学校对我没有吸引力——这项运动太注重肌肉而不是大脑。但我确实喜欢足球和板球，如果我能在布里斯托尔城或萨默塞特打球，我会死而无憾。我最快乐的时光是在预备学校的最后一年，那时我大约 13 岁，那是一个美好的夏天。我有一群小团体里的朋友，我是板球队的队长。我充满自信，因为我擅长打板球。

    在我入教之后不久，我就认为宗教是一堆垃圾。我期待着一缕金色的烟雾会降临到我身上，但当它从未降临时，我愤然放弃了这种期待。当我为入教而学习时，我觉得，让我学习宗教的精神领域的过程是可悲的。我希望有人能问我，是否认为有来生以及来生的样子，而不是给我一个关于我必须相信什么的教条。

    倘若我现在遇到年轻的约翰，我会努力激发他对更广泛领域的涉猎，推荐一些书给他阅读。我一生中最大的遗憾，就是年轻时缺乏了智力上的刺激。我对于人生的意义之类的事情有一点点兴趣，但是学校和我的父母都没有以任何方式激发我的这些兴趣。母亲喜欢阅读《每日快报》、关于医生和护士恋爱的书籍，父亲则喜欢阅读关于内维尔·舒特的报道，对历史或哲学方面的书毫无兴趣。我的父母没有为我树立很好的榜样，但我从母亲那里学到了她的幽默感。毫无疑问，我们交流得最顺畅——当我们开怀大笑时，我们是最亲密的。

我想，我花了太多的时间在我认为我应该做的事情上，但并未获得足够的乐趣。问题是，我在剑桥大学上学时，太尽职尽责了。我非常钦佩像斯蒂芬·弗雷这样的演员，他扔下一句"我不会去上课的"，然后就把时间投入想做的事情上。在普通人眼里，我可能会有点古怪，因为我比较内向，经常坐在剑桥大学的宿舍里，开着安格普台灯阅读一本书。在剑桥大学有一个叫"书呆子"的社团，从来没有人主动邀请我加入，因为他们从来没有觉得我足够正经严肃。但我在那里过得很快乐，直到我第一次坠入爱河，心碎的感觉开始了，多年之后这种伤痛才渐渐消失。

我的感情生活发展得很晚，因为我总是不能做出明智的选择，我把约会前不存在的压力带进了生活。我对女人犯了一系列的错误，她们——这么说吧，她们对我提出了很多要求，而我常常无法满足她们。我发现和女性交谈很困难，因为我一直在男校上学。我和母亲的关系也总是我对她唯命是从，这让我更难和异性相处。我在人际关系上的表现也与此相似。我有安抚女人的倾向，如果我对某件事不满意，我很可能会把它掩盖起来。随着时间的推移，我变得越来越擅长这个了，我身上有一些我父亲的影子。如果我遇到某个人，我会想："让这个人开心就好了。"不幸的是，不快乐的人往往会一直不快乐。

我在剑桥大学的美好时光很快就过去了，我开始培养出一种更狂野、更有创造力的幽默感。在我拍完一部非常传统的电视剧《弗罗斯特报告》之后，我拍摄了喜剧《火车奇遇记》，在剧中，我的幽默变得更狂野和愚蠢。当然，这是对巨蟒剧团的完美介绍。当时，巨蟒剧团处于风雨飘摇中，但我们觉得成员的数量会给人以安全感。我们都觉得这很有趣，虽然我们不知道其他人是否会这样认为，但这给我们增添了比自己想象中要更多一点的信心。如果我没有遇到他们，我可能还会继续当作家。我需要在一个团队里表演，这就是我从来没做过《约翰·克里斯秀》的原因。

我很偶然地进入了一个备受关注的行业。如果我是一名律师——当我从剑桥大学毕业时，我看起来就会是一名律师——我就不会受到报纸的审视。那些新闻报道不容易处理，尤其是在青少年时期。我记得我的牙医说，我的下颌轮廓变了，因为自从我得到那么多的关注后，我开始磨牙。

除了我和女儿们的关系之外，爱情对我来说总是比工作重要得多。我记得特里·吉利安曾经对我说："你总是说这份工作对你来说不是特别重要，但是看看现在，《旺达》的成功让你多么开心啊。"事实上，那只是因为当时我和一个女人正相处得很好。尽管我花了很长时间才找到一段美好的感情，但我现在很幸福。如果你问我现在最想要什么？我想，如果有人给我 200 万英镑，我就能在伦敦买一座带花园的房子，我和珍妮就可以再养一只猫和一只狗，我接下来的 9 个月可以什么都不用做，尽情阅读。

对我来说，雄心壮志的重要性非常有限。正如托马斯·格雷的伟大诗句讲的那样："光荣之路只会通向坟墓。"我 19 岁时学会了这首诗，从那时起就一直带在身旁。这一切最终意味着什么？你可能是一个国王或有很多钱，但这对你重要吗？你会更快乐吗？"一切都是为了大众眼中的成功"是美国人对我们的误导，这是一件最悲哀的事情，也是我说他们是一群可怜的、神经质的、好胜的家伙的原因。

我只需要几样东西就会觉得很幸福：猫、书、美味的食物和好天气。很多人想给我颁发荣誉——"你能过来做这个吗？"——我想，也许曾有一段时间我会因此受宠若惊，但现在我不再需要了。对我来说，我留下的事业遗产是什么并不重要，更重要的是，当我死的时候，我亲近的人会认为我是个正派、善良的人。

Olivia Colman

奥利维娅·科尔曼

演员

受访时间：2013 年 4 月 15 日

16 岁时，我对装扮成男孩非常着迷。尽管困难重重，我还是取得了较大的成功。在满是女孩的房间里，我不确定她们是否能认出我，但我总是和她们相处融洽。我想，她们应该是觉得和我在一起很有趣。我对男孩们要求不多，也不做作。

我在学校成绩不太好，过去常常害怕去上学。学习对我来说从来都不是容易的事，我总觉得自己一定还有别的事情可以做。随着年龄的增长，我开始有点喜欢学校了，因为老师们开始像对待成年人一样对待我们。16 岁那年，我出演了自己的第一部舞台剧——《春风不化雨》里的简·布罗迪——我立刻决定："这就是我想做的。我不想做其他任何事。"这也是一种幸运吧，因为我没有资格做其他的事情。

年少时，我有很多私下里担心的事：学校的作业、我的长相、我的发型……但我很擅长伪装，我从来都不是那种不苟言笑的乖戾少年。我可爱的教父说，见到我，他总是很高兴，因为我是唯一一个微笑的青少年。我非常敬畏他，我觉得这是对我最好的评价。所以我想要不辜负他对我的期望。人人都崇拜他，他有点像喝了点酒的奥列佛·里德。他风趣机智、英俊潇洒。当我扮演简·布罗迪小姐时，他给予我最热烈的称赞："太棒了，太棒了，真是太精彩了。"

我曾是一个非常快乐的少年,但即使是最理智的人,当他们的荷尔蒙飞舞时,也会有点疯狂。曾经有一段时间,我厌食,对自己的身材很不自信。我曾经有些抑郁,现在依然如此,但我还是一直对每个人保持微笑。我知道成长的过程中也会有黑色阴霾,而它终将过去。我的朋友和我亲爱的丈夫了解我,他们知道只要喝点茶,拥抱一下,一切都会过去。在生完第一个孩子后,我患上了产后抑郁症,但我深知我爱我的孩子,并且总是能够看到我生命中所拥有的一切。要是能回到年轻时代,我想告诉年轻时的自己:"没事的,一切都将过去。每个人都爱着你,不要在这一刻做出草率的决定。你可以让世界运转,并拥有美好的时光。假如你不再苗条——去他的苗条。"总的来说,我是一个乐观向上的人。

我希望16岁时的我少穿点衣服,我会对自己说:"如果你不喜欢你现在的身体,你就等着你长大了再看看吧。"有了孩子后,我的身体发生了变化,但现在我感觉更自信了。我想告诉年轻的奥利维娅:"你真的很可爱,也值得被爱。"

我不会告诉年轻时的自己将会发生在她身上的事情——如果我告诉她要去实现她的梦想,她就会停止尝试。你需要激情,确实需要。我现在仍然能感觉到激情,我知道不工作、不奋斗的感觉,因为我有整整一年没有工作,我经历了好几次失败的试镜。今天,我仍能感受到那种焦虑,我不想再有那种状态了。不要去预设担心,应该就会好很多。

在我做过的所有事情中,我想,年少的我可能最喜欢帕迪·康斯戴恩的电影《暴龙》。虽然我一直想演一些伟大的角色,但年轻时的我并不会因为我是以喜剧演员而闻名感到惊讶——我与人相处的方式总是很有趣。我非常享受在喜剧《窥视秀》《烦恼的牧师》和《二零一二》中表演的每一秒,罗伯特·韦伯和大卫·米切尔是我在这个世界上最喜欢的两个人。

我一直非常想成为一位母亲,我总是多愁善感——我就是那个会留在电影院里哭泣的人——当我有了孩子后,我彻底抑郁了。所以,现在只要一想到伤心的事，我就会哭，哪怕是在公交车上。我无法控制自己的情绪，我的丈夫也一样。我们一起观看《忙碌的产房》，每当看到有新生儿出生时，我们都会抱着对方哭泣。我在拍摄《小镇疑云》时，忍不住地流泪，"你的孩子会比你先走"的想法真是太可怕了。我在结束一个场景的拍摄后，听到他们说"你在这场戏里没有哭"，我就会想："哇，真好——幸好没哭。"

我很想回到过去，重温第一次见到我的丈夫、第一次彼此表达爱意的情景。那是在排演一部戏剧中的场景时，我的第一反应就是："这就是我要嫁的人。"我完全陷入了爱情之中——我并没有表现得很酷。一开始，他没有发现。可能他的理解力很迟钝，我必须提醒他。我记得大约3个月后的一天，他问："你在想什么？"我说："我爱你。"我知道，从那以后他的心也属于我了。7年后我们结婚了，我们在一起19年，他是世界上最好的男人。

Simon Callow

西蒙·卡洛

演员

受访时间：2009 年 11 月 23 日

    16 岁时，我又矮又胖，对自己的皮肤很不满意。但其他人可能并没有注意到这点，因为我口齿伶俐，喜欢大吵大闹，性格外向。从学术水平的角度来看，我的学校糟糕透顶，但我有一位很优秀的老师，他介绍我认识了波德莱尔、福楼拜、莫扎特和雪莉。如果我能找到一种享受游戏的方式，情况会好得多，但游戏中充斥着大男子主义和攻击性的文化，我对此痛恨极了。

    我想我的青春期不快乐，部分是由于性取向——我认为自己与众不同，但不知道该怎么做。我觉得，没有一个我认识的人会理解。更通俗一点地说，我讨厌 16 岁，我讨厌童年——是的，我厌恶它。我认为这是一段令人难以置信的乏味时期，但你必须通过，就像在医院，你欠大人的人情，而你自己又没有钱。我渴望到外面的世界里去，我感觉自己被囚禁了。

    我很想回去把少年西蒙送进公立学校，只因为在那里他可能会遇见一个重要的人，并且拥有一段美好的恋情。事实上，直到 21 岁我才找到真爱。

    我和母亲独自生活——母亲和父亲在我 18 个月大的时候就离婚了。我和母亲住在一间狭小的公寓里，我们相处得并不融洽，因为我们的性情截然不同。她很古怪，满脑子都是理论——她喜欢瑞典改良式的烹饪，这意味着我要吃很多沙拉，而孩子们当然讨厌这些食物。她是个很有实验精神的厨师，但没有烹饪的天赋。她很严厉，喜欢法律和规则，也喜欢体罚。如果我不做家庭作业，我就得做家务。当然，不得不说我们也经常在一起为一件事开怀大笑。

与我的母亲相反，我有两个优秀的祖母。我的奶奶是一个非常坚强、勤劳的女人，她很爱我，常带我去看电影和戏剧。我的外婆可能是对我一生影响最大的人，她美丽大方，秀外慧中，宽容大度，喜欢参加聚会。她没有接受过很多正规的教育，但她相信人格至高无上。她总是把豆形软糖、香烟和抗生素扔给我——她根本不做任何设限。在她看来，如果她喜欢这些东西，那么一个13岁的男孩为什么不能喜欢呢？

如果我现在遇到小西蒙，我会认为他是个爱吵闹、好动、固执己见、爱炫耀的人，但并不愚蠢。我可能会惊讶于他超强的阅读能力，也可能惊讶于他是一个非常善良的人。16岁时的我发现自己会成为一名演员一定很震惊，因为他的理想是成为一名作家，并持之以恒地写作。但当我毕业后，经常去剧院，我给劳伦斯·奥利弗写了一封信。他回信说，如果我这么喜欢戏剧，为什么不去到里面找一份工作呢？于是，我听从了他的建议，在老维克剧院的票房部门工作，直到我最终去学习表演。

我很想知道，如果我去百老汇演出《莫扎特传》，会发生什么。因为在《莫扎特传》①中饰演萨列里的保罗·斯科菲尔德不想去，所以我也没有去，但我本来是很想去的。这件事可能改变了我的生活，因为这是10年来最惊人的成功。刚开始演戏的时候，我希望成为一个古典演员，扮演伟大的莎士比亚笔下的所有角色。我从未做过这些事情，但我做过很多其他的事情：导演、编剧、情景喜剧和电影。我扮演过几个著名的配角，比如《莫扎特传》和《看得见风景的房间》。但我想拍更多的电影，

---

① 指1979年在国家剧院的演出。

扮演更重要的角色。

我的母亲总是在精神上激励我,我非常感谢她,因为我从来没有厌倦过拍电影。我想我并非生来就有权获得幸福——我不能真正地放松和享受乐趣,因为我一直想要工作。如果我必须在享受快乐和专心工作之间做出选择,我总是会选择专心工作。

我为《四个婚礼和一个葬礼》感到非常骄傲,那是艾滋病流行的高峰期,能扮演一个没有死于艾滋病的男同性恋真是太精彩了。那部电影可能改变了许多人对同性恋的看法,剧本写得很巧妙,有些人可能直到葬礼上才注意到我和约翰·汉纳是恋人。这是一件令人震惊的事。这部剧是如此可爱、诙谐和值得纪念,我认为以前没人拍过这样的剧。休·格兰特在影片中说:"我们从未注意到自己的婚姻生活已经很完美了。"是的,他指的是我们。我们曾经拥有伟大的爱情故事。

Wilko Johnson

维尔科·约翰逊

音乐家

受访时间：2015 年 7 月 6 日

我十几岁的时候就开始写日记。现在让我读那时候的日记会是一种折磨——我对即将发生的事情非常紧张。我真想坐上时光机，走到那个少年跟前，拍他的头，跟他说："你这个浑蛋！你什么都不知道。这些都不重要。"但是，你时常会发现一些细微的暗示会变得非常重要，比如你买的一张唱片。

我讨厌上学。哦，天哪，我讨厌学习。学校糟透了，不是吗？你在那里，被那些胳膊肘上蒙着皮补丁的平庸之辈指手画脚——你实际上在遭受压迫。你总是会听到有些名人告诉你，某位老师曾改变了他们的生活。我对此很惊讶，在我遇到过的老师中，我找不到一个不被我鄙视的。

我曾经对音乐一无所知，但当我大约 15 岁时，我开始喜欢弹吉他来吸引女孩的注意力。通过学习吉他，我开始深入了解音乐。我听到了滚石乐队，惊为天人。然后，我调查了影响他们的因素。于是，我发现了美国蓝调音乐。我从未想过要成为摇滚明星，只是为了好玩。我那时肯定不敢相信，我人生中的几十年都过着我梦想中的和摇滚乐相伴的生活。

每个人一定都曾问过自己："如果医生告诉我我要死了，我会有什么反应？"2013 年，当我被告知自己已经是癌症晚期，无法动手术时，我震惊了——但我很快镇定下来。我坚决反对沉湎于错误的希望，或是寻找灵丹妙药。尽管这个肿瘤最终重达 3.5 千克,婴儿般大小,在我体内不断生长,但我仍然感觉自己很健康。我没有减轻体重,也没有任何疼痛,所以我不想浪费剩下的那一点点时间。

在我被确诊后的整整一年里,我都认为生活已经结束了。我有一种奇怪而强烈的意识,这非常有趣——我看到的一切都与众不同。我认真地思考着,我对生活有着无法用语言表达的真实看法。我完全相信我将会死去,也完全接受了现实,我开始真正体会到活着的感觉。

就在被确诊一年多后,我遇到了一位顶尖的外科医生,他告诉我,他可以为我做手术。我被误诊了。我记得,这个让我印象深刻的男人坐在我的床边,向我讲述这个大型的复杂手术。我当时看着他,心里想:"这个人是在告诉我他真的能治好我吗?在接受无法治愈的诊断一年之后?这是不是今年又要发生的一件疯狂的事?"还没等我反应过来自己身在何处,我就在医院里醒来了。几天后,外科医生来病房见我,说他拿到了化验报告,他们已经"全部解决了"。我的哥哥和我坐在一起,我们开始鼓掌!

假若时光倒流,在我被确诊为癌症晚期的那一刻,我会悄悄告诉自己,我真的能活下去。我会这样做吗?不,我想我不会。在那一年里,发生了许多令人惊奇的事情。我的告别巡演、制作专辑——所有的一切都充满了感动。街上的人们走到我跟前,和我握手。我记得在京都的一场演出,现场非常拥挤。哦,天哪,在唱到一首歌的结尾"再见,约翰尼"时,我向下看,只看到满场都是流满泪水的脸,他们抬头看着我,一起唱着"再见"。这并没有让我伤心,我觉得能感受到这样的感情很奇妙。我带着成袋的信件回到了家,这些信都是那些真正关心我的人用心碎的文字写的,这使我非常感动。如果我没有勇敢面对死亡,这一切都不会发生。当我站在舞台上时,它是如此地势不可当,我告诉自己:"你知道吗?所有的一切几乎都是值得的。"

我现在正乘降落伞回到人间。有一段时间,我甚至不敢大声说"他们已经把所有的肿瘤都取出来了，我被治愈了"。但现在，我可以说了。当我回顾那一年，它几乎像一个褪色的梦。现在，我又像其他人一样害怕去看医生，怕他们告诉我，我得了癌症。我不会有"哦，没关系，我以前也这样做过。我将拥有一段心里亮堂而透彻的时光"的想法，以前所有的恐惧又回来了。我知道我的身体现在真的好起来了，但不幸又一次降临到我身上——我变回了以前的我，在这地方闷闷不乐。

如果我能回到过去，重新活一遍，我想回到20世纪70年代中期。那时，我的生活一切静好，费尔古德医生做的事也很好。我有我的小家，我总是摆弄一台摄像机，里面有数小时的家庭录像。当我看它们的时候，我看到了我的妻子艾琳——这并没有让我难受，她在那里，这挺好。然后，我看到我的儿子，在后花园蹒跚学步的孩子。哦，天哪，这让我心碎了。如果你有孩子，你会非常爱他们。还有什么能比3岁的小孩更让你爱的呢？但是时间不断地把他们从你身边带走。那个3岁的孩子，你再也见不到他了。

我从不为找女朋友而担心，因为我19岁的时候就开心地结婚了。我一直都是已婚状态，我和我的妻子一直在一起，直到10年前她死于癌症。我仍然爱着她，还是很想念她。我16岁时第一次看到她，是在坎维岛青年俱乐部，我还能想象出她站在那里的样子。然后，我的乐队在学校的毕业生聚会上演奏，我和她跳舞。她的朋友告诉我，我一直在和艾琳跳舞，那是我第一次听到她的名字。几个星期后，我陪她走回家，在她家门外亲吻了她。这让我开心得差点飞起来，完全找不着北！我记得她去世的时候，我去殓房看她，她躺在一张桌子上。上帝，我的老天爷……她看起来像个圣人。我吻了她，她身体冰冷。我记得最后的吻和最初的吻，其间经历了40年的美好时光。

关于
《大志》杂志

　　《大志》杂志 1991 年由约翰·伯德和戈登·罗迪克创立。目标明确而简单：为社会弱势群体——无家可归的人、边缘化的人、一无所有的人、流落街头的人或面临无家可归危险的人——提供赚取合法收入的机会。他们会努力工作，建设自己的未来。那是举手，而不是伸手。

　　实现这一愿景的方法是出版一本公正、顽强，富有挑战性、有运动精神、同情心的杂志，由《大志》团队制作，然后以定价的一半提供给愿意贩售的街头流浪者，由他们再卖给读者。进价与售价间的差，就是销售杂志的人的收入。

　　近 30 年来，这种身份和工作方式已经在我们的工作宗旨中根植。这本由专业记者团队制作的杂志，还保留了一个栏目。我们为那些被忽视或没有平台的人在常规媒体上发声提供机会，我们不会替那些被遗忘的人说话，我们邀请他们为自己说话。然后，我们向执政者发起提议，迫使他们采取适当对策。

　　杂志内容是最关键的，必须有趣、不迂腐，尖锐、有根据。它能够接触到最著名的人物，并让他们向别人透露他们不愿透露的事情。他们和读者一样，相信《大志》杂志。

　　在街上卖东西的行为是革命性的，起源于伦敦的《大志》杂志在英国已售出超过 2.1 亿册。商贩们从中赚到了超过 1.15 亿英镑，这些钱原本可能来自非法手段或施舍。大约 92,000 名男性和女性通过销售这个杂志摆脱了贫困。

　　它激发了一个全球网络的建立，目前世界上有 100 多家类似的街头杂志,其中包括澳大利亚、日本、韩国、南非和中国台湾的《大志》杂志。英国的《大志》杂志现在也有一个叫 Big Issue Invest 的、成功的社会投资机构,还有一家实体店。

《大志》杂志挑战了不公正的现实,我们会坚持不懈。

《大志》杂志
英国编辑